샤밧가이드

목 차

테필린

제1 구원의 말씀   1
제2 봉헌의 말씀   3
제3 섬김의 말씀   5
제4 축복의 말씀   6

씨두르 סדור

샤하리트 <아침기도>

일어날 때 השכמת הבוקר   9
탈릿 쓰기 עטיפת טלית   10
모닝 블레싱 ברכות השחר   11
오퍼링 קרבנות   16
향 קטרת   18
카디쉬   19
찬양의 절들 פסוקי דזמרה   22
아쉬레 אשרי   26
바다의 노래 שירת הים   31
바레쿠-예배로의 부르심   36

쉐마 שמע   38
아비누   43
슈모네 에스레-아미다   44
타하눈(간구)   61
토라를 아크에서 꺼냄   67
아쉬레 אשרי   70
카디쉬   73
알레누   75
요일별 시편   78
민하 <오후기도>   81
마아리브 <저녁기도>   81
Bed time SHEMA   82

샤밧 가이드

샤밧 가이드   91
샤밧과 절기의 촛불켜기   93
노래들 중의 노래   97
카발라트 샤밧   116
샤밧과 절기의 마아리브(저녁기도)   121
샤밧-샤하리트<아침기도>   127
샤밧-민하<오후기도>   201
샤밧 마무리   209
하브달라(샤밧과 절기 후)   210
하브달라 찬양   215

샤밧 회중예배 가이드

메시아닉 샤밧 회중예배 Ⅰ
대전 메시아닉 교회　　　219
메시아닉 샤밧회중예배 Ⅱ
부천 제자공동체 교회　　228

찬 양

쉐마 이스라엘	237	히네 엘 예슈아티	249
아비누 쉐바샤마임	238	예슈아 엘 야카르	250
마 토부	239	할렐리 나프쉬	251
카도쉬 카도쉬	239	바룩 하바	252
아돈 올람	240	하임 라네짜흐	252
오쎄 샬롬	241	토브 레호돝 라도나이	253
가돌 엘로하이	242	키 코 아하브	254
람 베니싸 하마쉬아흐	243	예슈아 아니 오헤브 오트카	254
미 카모카	244	임 타암두 비드바리	255
베네에마르	244	마 예디돝	256
아쉬라 라도나이	245	아니 쉘카	257
에쉬포크 레파네이카	246	베콜 엘 아바르카 후	258
하 티크바	247	할렐루 엘 아도나이	259
히네 마 토브	248	만가지 이유(송축해 내 영혼)	260

부 록

유대문헌　　　263
월별 영적기류　269
토라포션　　　276

 샤밧가이드 안내

메시아닉교회의 씨두르 기도집을 참조하여 제작된 책자로써, 샤밧이나 절기 및 평일에 교회나 가정에서 사용할 수 있다. 특별히 성경이 히브리어로 기록되어 있어 원어의 접근이 어려웠으나, 씨두르를 습관적으로 단순, 집중, 반복으로 읽다보면 자연스럽게 히브리어가 읽혀지고 알아지게 될 것이다.

샤밧가이드 발행인 약력(김길중 목사)

대전신학대학교(통합) 학사   한국메시아닉교단 대표
총회신학대학원 목회학석사   토라출판사 대표
복음신학대학원 신학석사   토라연합신학원 학장
대전대학교대학원 사회복지석사 대전메시아닉교회 담임
토라신학대학원 신학박사
코헨대학교 교육학박사

샤밧가이드 ────────────

발 행 / 김길중 목사 kkjgs@hanmail.net
편 집 / 백승희 간사 clara144@naver.com
발행일 / 2019.12.23 (유대력 5780. 키슬레브월 25일 하누카)
펴낸곳 / 토라출판사

  신고번호 : 제 2014-000034호
  주   소 : 대전광역시 동구 대전로 437 2층 (가오동)

정 가 / 15,000원

  참고자료 / 시두르 기도집, 대전메시아닉 교회 예배, 부천제자공동체 교회 예배

  도움을 주신 분들 / 샤밧가이드 출간을 위해 도움을 주신 메시아닉 모든 교우분들께
            감사의 말씀을 드립니다.

테필린 תפילין

제 1 구원의 말씀 (출13:1~10)

קַדֶּשׁ־לִי
리-쉬데카

미쯔라임의 노예 생활에서 해방된 것을 잊지 마라.

1 וַיְדַבֵּר יְהוָה אֶל־מֹשֶׁה לֵּאמֹר: 르모레 쉐모-엘 이나도아 르베답예와	여호와께서 모쉐에게 일러 가라사대
2 קַדֶּשׁ־לִי כָל־בְּכוֹר פֶּטֶר כָּל־רֶחֶם 헴레-콜 르테페 콜베-콜 리-쉬데칸 בִּבְנֵי יִשְׂרָאֵל בָּאָדָם וּבַבְּהֵמָה לִי הוּא: 후 리 헤마베바우 담아바 엘라쓰이 네브비	이스라엘 자손 중에 사람이나 짐승이나 무론하고 초태생은 다 거룩히 구별하여 내게 돌리라 이는 내 것이니라 하시니라.
3 וַיֹּאמֶר מֹשֶׁה אֶל־הָעָם זָכוֹר אֶת־הַיּוֹם 욤하- 엘르 코자 암하-엘 쉐모르 메요와 הַזֶּה אֲשֶׁר יְצָאתֶם מִמִּצְרַיִם מִבֵּית עֲבָדִים 딤바아 트벱임 임라쓰미밈 템짜예 르쉐아 제핫 כִּי בְּחֹזֶק יָד הוֹצִיא יְהוָה אֶתְכֶם מִזֶּה 제밎 켐엩 이나도아 찌호 드야 크제호베 키 וְלֹא יֵאָכֵל חָמֵץ: 쯔메하 켈아예 로웰	모쉐가 백성에게 이르되 너희는 미쯔라임에서 곧 종 되었던 집에서 나온 그 날을 기억하여 유교병을 먹지 말라. 여호와께서 그 손의 권능으로 너희를 그곳에서 인도하여 내셨음이니라.
4 הַיּוֹם אַתֶּם יֹצְאִים בְּחֹדֶשׁ הָאָבִיב: 브비아하 쉬데호베 임찌요 템앝 욤하	아빕월 이 날에 너희가 나왔으니
5 וְהָיָה כִי־יְבִיאֲךָ יְהוָה אֶל־אֶרֶץ הַכְּנַעֲנִי 니아나케핫 쯔레-엘 이나도아 카아비예-키 야하웨 וְהַחִתִּי וְהָאֱמֹרִי וְהַחִוִּי וְהַיְבוּסִי אֲשֶׁר נִשְׁבַּע 바쉬니 르쉐아 씨부예하웨 비힡하웨 리모에하웨 티힡하웨 לַאֲבֹתֶיךָ לָתֶת לָךְ אֶרֶץ זָבַת חָלָב וּדְבָשׁ 쉬바데우 브라할 밭자 쯔레에 락 텔라 카테보아라 וְעָבַדְתָּ אֶת־הָעֲבֹדָה הַזֹּאת בַּחֹדֶשׁ הַזֶּה: 제핫 쉬데호바 졷핱 다보아하-엘 타드바아웨	여호와께서 너를 인도하여 크나안 사람과 헽 사람과 에모리 사람과 히뷔 사람과 예부스 사람의 땅 곧 네게 주시려고 네 조상들에게 맹세하신 바 젖과 꿀이 흐르는 땅에 이르게 하시거든 너는 이 달에 이 예식을 지켜

테필린

6 שִׁבְעַ֥ת יָמִ֖ים תֹּאכַ֣ל מַצֹּ֑ת וּבַיּוֹם֙ הַשְּׁבִיעִ֔י
  쉬브앝 야밈 토칼 맡쫕 우바욤 핫쉬비이

חַ֖ג לַיהוָֽה׃
하그 라아도나이

7 מַצּוֹת֙ יֵֽאָכֵ֔ל אֵ֖ת שִׁבְעַ֣ת הַיָּמִ֑ים וְלֹֽא־
맡쫕 예아켈 엩 쉬브앝 하야밈 벨로-

יֵרָאֶ֨ה לְךָ֜ חָמֵ֗ץ וְלֹֽא־יֵרָאֶ֥ה לְךָ֛ שְׂאֹ֖ר
예라에 레카 하메쯔 벨로- 예라에 레카 세오르

בְּכָל־גְּבֻלֶֽךָ׃
베콜- 게불레카

8 וְהִגַּדְתָּ֣ לְבִנְךָ֔ בַּיּ֥וֹם הַה֖וּא לֵאמֹ֑ר בַּעֲב֣וּר
베힉가드타 레빈카 바욤 하후 레모르 바아부르

זֶ֗ה עָשָׂ֤ה יְהוָה֙ לִ֔י בְּצֵאתִ֖י מִמִּצְרָֽיִם׃
제 아사 아도나이 리 베짵티 밈미쯔라임

9 וְהָיָה֩ לְךָ֨ לְא֜וֹת עַל־יָדְךָ֗ וּלְזִכָּרוֹן֙ בֵּ֣ין
베하야 레카 레옽 알- 야드카 울지카론 벤

עֵינֶ֔יךָ לְמַ֗עַן תִּהְיֶ֛ה תּוֹרַ֥ת יְהוָ֖ה בְּפִ֑יךָ כִּ֚י
에네카 레마안 티흐예 토랕 아도나이 베피카 키

בְּיָ֣ד חֲזָקָ֔ה הוֹצִֽאֲךָ֥ יְהוָ֖ה מִמִּצְרָֽיִם׃
베야드 하자카 호찌아카 아도나이 밈미쯔라임

10 וְשָׁמַרְתָּ֛ אֶת־הַחֻקָּ֥ה הַזֹּ֖את לְמוֹעֲדָ֑הּ
베샤마르타 엩- 하훜카 핫쫕 레모아다-

מִיָּמִ֖ים יָמִֽימָה׃
미야밈 야미마

칠일 동안 무교병을 먹고 제 칠일에는 여호와께 절기를 지키라.

칠일 동안 무교병을 먹고 유교병을 너희 곳에 있게 하지 말며 네 지경 안에서 누룩을 네게 보이지도 말게 하며

너는 그 날에 네 아들에게 뵈어 이르기를 이 예식은 내가 미쯔라임에서 나올 때에 여호와께서 나를 위하여 행하신 일을 인함이라 하고

이것으로 네 손의 기호와 네 미간의 표를 삼고 여호와의 토라로 네 입에 있게 하라. 이는 여호와께서 능하신 손으로 너를 미쯔라임에서 인도하여 내셨음이니

연년이 기한에 이르러 이 규례를 지킬찌니라.

제 2 봉헌의 말씀 (출13:11~16)

וְהָיָה כִּי־יְבִאֲךָ
카아비예 -키 야하붸

미쯔라임에서 해방되어 나온 사실을 자손들에게 의무적으로 전달하라.

11 וְהָיָה כִּי־יְבִאֲךָ יְהוָה אֶל־אֶרֶץ הַכְּנַעֲנִי
니아나케핳 쯔레에 -엘 이나도아 카아비예 -키 야하붸

כַּאֲשֶׁר נִשְׁבַּע לְךָ וְלַאֲבֹתֶיךָ וּנְתָנָהּ לָךְ׃
락 -나타네우 카테보아라붸리 카레 바쉬니 르세아카

여호와께서 너와 네 조상에게 맹세하신대로 너를 가나안 사람의 땅에 인도하시고 그 땅을 네게 주시거든

12 וְהַעֲבַרְתָּ כָל־פֶּטֶר־רֶחֶם לַיהוָה וְכָל־
-콜붸 이나도아라 헴레 -르테페 -콜 타르바아하붸

פֶּטֶר שֶׁגֶר בְּהֵמָה אֲשֶׁר יִהְיֶה לְךָ הַזְּכָרִים
림카제핳 카레 예흐이 르쉐아 마헤베 르게쉐 르테페

לַיהוָה׃
이나도아라

너는 무릇 초태생과 네게 있는 생축의 초태생을 다 구별하여 여호와께 돌리라 수컷은 여호와의 것이니라.

13 וְכָל־פֶּטֶר חֲמֹר תִּפְדֶּה בְשֶׂה וְאִם־לֹא
로 -임붸 쎄베 데프티 르모하 르테페 -콜붸

תִפְדֶּה וַעֲרַפְתּוֹ וְכֹל בְּכוֹר אָדָם בְּבָנֶיךָ
카네바베 담아 르코베 콜붸 토프라아봐 데프티

תִּפְדֶּה׃
데프티

나귀의 첫 새끼는 다 어린 양으로 대속할 것이요 그렇게 아니하려면 그 목을 꺾을 것이며 너의 아들 중 모든 장자 된 자는 다 대속할 찌니라.

14 וְהָיָה כִּי־יִשְׁאָלְךָ בִנְךָ מָחָר לֵאמֹר מַה־
-마 르모레 르하마 카빈 카레아쉬이 -키 야하붸

זֹּאת וְאָמַרְתָּ אֵלָיו בְּחֹזֶק יָד הוֹצִיאָנוּ יְהוָה
이나도아 누아찌호 드야 크제호베 브이라엘 타르마아붸 좉

מִמִּצְרַיִם מִבֵּית עֲבָדִים׃
딤바아 트베밉 임라쯔미임

장래에 네 아들이 네게 묻기를 이것이 어찜이냐 하거든 너는 그에게 이르기를 여호와께서 그 손의 권능으로 우리를 미쯔라임에서 곧 종이 되었던 집에서 인도하여 내실쌔.

15 וַיְהִי כִּי־הִקְשָׁה פַרְעֹה לְשַׁלְּחֵנוּ וַיַּהֲרֹג
그로하야봐 누헤레샬레 오르파 샤크히 -키 히예봐

그 때에 파르오가 강팍하여 우리를 보내지 아니하

테필린

יְהוָֹה כָּל־בְּכוֹר בְּאֶרֶץ מִצְרַיִם מִבְּכֹר אָדָם
아담 미브코르 미쯔라임 베에레쯔 베코르 -콜 아도나이

וְעַד־ בְּכוֹר בְּהֵמָה עַל־כֵּן אֲנִי זֹבֵחַ לַיהוָֹה
라아도나이 조베아흐 아니 켄 -알 베헤마 베코르 -브아드

כָּל־ פֶּטֶר רֶחֶם הַזְּכָרִים וְכָל־ בְּכוֹר בָּנַי
바나이 베코르 -브콜 핮제카림 레헴 페테르 -콜

אֶפְדֶּה:
에프데

16 וְהָיָה לְאוֹת עַל־ יָדְכָה וּלְטוֹטָפֹת בֵּין
벤 울토타포트 야드카 -알 올레 베하야

עֵינֶיךָ כִּי בְּחֹזֶק יָד הוֹצִיאָנוּ יְהוָֹה מִמִּצְרָיִם:
미미쯔라임 아도나이 호찌아누 야드 베호제크 키 에네카

매 여호와께서 미쯔라임 나라 가운데 처음 낳은 것을 사람의 장자로부터 생축의 처음 낳은 것까지 다 죽이신고로 초태생의 수컷은 다 여호와께 희생으로 드리고 우리 장자는 다 대속하나니

이것으로 네 손의 기호와 네 미간의 표를 삼으라 여호와께서 그 손의 권능으로 우리를 미쯔라임에서 인도하여 내셨음이니라 할찌니라.

제 3 섬김의 말씀 (신 6:4~9)

שְׁמַע
마쉐

יְהוָה는 에하드이심을 선포하라.

4 שְׁמַע יִשְׂרָאֵל יְהוָה אֱלֹהֵינוּ יְהוָה אֶחָד:
마쉐 이스라엘 아도나이 엘로헤누 아도나이 에하드

이스라엘아 들으라 여호와는 우리 엘로힘, 여호와는 에하드이시라.

5 וְאָהַבְתָּ אֵת יְהוָה אֱלֹהֶיךָ בְּכָל־לְבָבְךָ
웨아하브타 엩 아도나이 엘로헤카 베콜-레바베카

וּבְכָל־נַפְשְׁךָ וּבְכָל־מְאֹדֶךָ:
우베콜-나프쉐카 우베콜-메오데카

너는 마음을 다하고 혼을 다하고 힘을 다하여 여호와 네 엘로힘을 사랑하라.

6 וְהָיוּ הַדְּבָרִים הָאֵלֶּה אֲשֶׁר אָנֹכִי מְצַוְּךָ
웨하유 하데바림 하엘레 아쉐르 아노키 메짭웨카

הַיּוֹם עַל־לְבָבֶךָ:
하욤 알-레바베카

이 날 내가 네게 명령하는 이 말씀들을 너는 마음 속에 두고

7 וְשִׁנַּנְתָּם לְבָנֶיךָ וְדִבַּרְתָּ בָּם בְּשִׁבְתְּךָ
웨쉰난탐 레바네카 웨딥바르타 밤 베쉬브테카

בְּבֵיתֶךָ וּבְלֶכְתְּךָ בַדֶּרֶךְ וּבְשָׁכְבְּךָ וּבְקוּמֶךָ:
베베테카 우벨레크테카 받데렉 우베쇼크베카 우베쿠메카

너는 그것들을 네 자녀들에게 반복하고 집에 앉았을 때에든지 길을 걸어갈 때에든지 누웠을 때에든지 일어날 때에든지 말하여야 한다.

8 וּקְשַׁרְתָּם לְאוֹת עַל־יָדֶךָ וְהָיוּ לְטֹטָפֹת
우케샤르탐 레옽 알-야데카 웨하유 레토타폳

בֵּין עֵינֶיךָ:
벤 에네카

너는 또 그것들을 네 손에 매어 표적이 되게 하고 네 눈 사이에 표시들로 두어야 한다.

9 וּכְתַבְתָּם עַל־מְזוּזֹת בֵּיתֶךָ וּבִשְׁעָרֶיךָ:
우케타브탐 알-메주졷 베테카 우비쉐아레카

또 네 집의 문설주들과 네 대문들에 기록해야 한다.

제 4 축복의 말씀 (신11:13~21)

וְהָיָה אִם־שָׁמֹעַ
야하붸 임- 샤모아

토라(תּוֹרָה)의 말씀을 준행하면 복을 받고 거역하면 화를 당하게 된다.

13 וְהָיָה אִם־שָׁמֹעַ תִּשְׁמְעוּ אֶל־מִצְוֺתַי אֲשֶׁר
　　야하붸 임- 샤모아 티쉬메우 엘-미쯔보타이 아쉐르

אָנֹכִי מְצַוֶּה אֶתְכֶם הַיּוֹם לְאַהֲבָה אֶת־יְהוָה
　야붸 에트 레아하바 하욤 에트켐 메짜붸 아노키

אֱלֹהֵיכֶם וּלְעָבְדוֹ בְּכָל־לְבַבְכֶם וּבְכָל־
　　-콜브우 레바브켐 -베콜 우레아브도 엘로헤켐

נַפְשְׁכֶם׃
나프쉐켐

그리고 만일 너희가 오늘 내가 너희에게 명령하는 나의 명령들 곧 여호와 너희들의 엘로힘을 사랑하기 위한 그리고 온 마음과 온 혼으로 그를 섬기기 위한 나의 명령들을 듣고 순종하면

14 וְנָתַתִּי מְטַר־אַרְצְכֶם בְּעִתּוֹ יוֹרֶה
　요레 베이토 아르쩨켐 -메타르 베나타티

וּמַלְקוֹשׁ וְאָסַפְתָּ דְגָנֶךָ וְתִירֹשְׁךָ וְיִצְהָרֶךָ׃
　베이쯔하레카 베티로쉬카 데가네카 베아사프타 우말코쉬

내가 너희들의 땅에 이른 비와 늦은 비를 제때에 주리니 네가 네 곡식과 네 포도즙과 네 기름을 거둘 것이요

15 וְנָתַתִּי עֵשֶׂב בְּשָׂדְךָ לִבְהֶמְתֶּךָ וְאָכַלְתָּ
　베아칼타 리브헴테카 베사데카 에세브 베나타티

וְשָׂבָעְתָּ׃
베사바아타

또 내가 가축을 위하여 들에 풀을 내리니 네가 먹고 배부르리라.

16 הִשָּׁמְרוּ לָכֶם פֶּן יִפְתֶּה לְבַבְכֶם וְסַרְתֶּם
　베사르템 레바브켐 이프테 펜 라켐 히샤메루

וַעֲבַדְתֶּם אֱלֹהִים אֲחֵרִים וְהִשְׁתַּחֲוִיתֶם לָהֶם׃
　라헴 베히쉬타하비템 아헤림 엘로힘 바아바드템

너희들은 주의하라. 두렵건데 너희 마음에 유혹을 받아 너희가 돌이켜서 다른 신들을 섬기며 그들에게 경배하므로

17 וְחָרָה אַף־יְהוָה בָּכֶם וְעָצַר אֶת־הַשָּׁמַיִם
　하샤마임-엩 베아짜르 바켐 야하붸- 아프 베하라

וְלֹא־יִהְיֶה מָטָר וְהָאֲדָמָה לֹא תִתֵּן אֶת־
　-엩 티텐 로 베하아다마 마타르 이흐예 -베로

יְבוּלָהּ וַאֲבַדְתֶּם מְהֵרָה מֵעַל הָאָרֶץ הַטֹּבָה
　하토바 하아레쯔 메알 메헤라 바아바드템 예불라

여호와의 진노가 너희를 향해 불같이 타올라 그분께서 하늘을 닫아 비를 내리지 아니하시며 땅이 열매를 내지 아니하시므로 여호와께서 너희에게 주신 좋은 땅에서 너희가 속히

멸망할까 염려하노라.

אֲשֶׁר יְהוָה נֹתֵן לָכֶם׃
아쉐르 아도나이 노텐 라켐

그러므로 너희는 나의 이 말들을 너희 마음과 너희 혼에 두고 또 그것들을 너희 손에 메어 표적이 되게 하고 네 눈 사이에 표시들로 두어야 한다.

18 וְשַׂמְתֶּם אֶת־דְּבָרַי אֵלֶּה עַל־לְבַבְכֶם
베삼템 엩-데바라이 엘레 알-레바브켐

וְעַל־נַפְשְׁכֶם וּקְשַׁרְתֶּם אֹתָם לְאוֹת עַל־
베알- 나프쉐켐 우케샤르템 오탐 레옽 알-

יֶדְכֶם וְהָיוּ לְטוֹטָפֹת בֵּין עֵינֵיכֶם׃
예드켐 베하유 레토타폴 벤 에네켐

또 그것들을 너희 자녀들에게 가르치고 네 집에 앉았을 때에든지 길에서 걸을 때에든지 누웠을 때에든지 일어날 때에든지 그것들에 관하여 말하고

19 וְלִמַּדְתֶּם אֹתָם אֶת־בְּנֵיכֶם לְדַבֵּר בָּם
벨리마드템 오탐 엩-베네켐 레다베르 밤

בְּשִׁבְתְּךָ בְּבֵיתֶךָ וּבְלֶכְתְּךָ בַדֶּרֶךְ וּבְשָׁכְבְּךָ
베쉬브테카 베베테카 우베레크테카 바데렠 우베샤크베카

וּבְקוּמֶךָ׃
우베쿠메카

또 네 집의 문기둥과 문에 기록해야 한다.

20 וּכְתַבְתָּם עַל־מְזוּזוֹת בֵּיתֶךָ וּבִשְׁעָרֶיךָ׃
우케타브탐 알- 메주좋 베테카 우비쉬아레카

그리하면 너희들과 너희 자녀들의 날들이 땅 위에 하늘의 날들로써 크게 증가될 것이다. 여호와께서 너희 아버지들에게 주리라고 맹세하신 땅에서 그렇게 될 것이다.

21 לְמַעַן יִרְבּוּ יְמֵיכֶם וִימֵי בְנֵיכֶם עַל
레마안 이르부 예메켐 비메이 베네켐 알

הָאֲדָמָה אֲשֶׁר נִשְׁבַּע יְהוָה לַאֲבֹתֵיכֶם לָתֵת
하아다마 아쉐르 니쉬바 아도나이 라아보테켐 라텥

לָהֶם כִּימֵי הַשָּׁמַיִם עַל־הָאָרֶץ׃
라헴 키메이 핫샤마임 알- 하아레쯔

✡ 시두르 סדור

샤하리트 <아침 기도>

1. 일어날 때   השכמת הבוקר

우리는 엘로힘에 대한 감사와 함께 일어난다. 왜냐하면 그분께서 우리의 능력을 회복하셔서 사자와 같은 용맹함으로 창조주를 섬길 결심을 하게 하시기 때문이다.
(침대에서 나오기 전에, 다른 사람과 대화하거나 활동을 시작하기 전에 감사기도)

מוֹדֶה אֲנִי לְפָנֶיךָ מֶלֶךְ חַי וְקַיָּם
얌카베   이하   렉멜   카네파레   니아   데모

שֶׁהֶחֱזַרְתָּ בִּי נִשְׁמָתִי בְּחֶמְלָה רַבָּה אֱמוּנָתֶךָ:
카테나무에   바랍   라헴베   티맡쉬니   비   타르자헤헤쉐

나는 당신께 큰 감사를 드립니다. 오, 살아계신 영원한 왕이시여! 당신은 나의 네샤마(숨,영)를 긍휼하심으로 회복시키셨습니다. 당신의 신실하심이 어찌 그리 크신지요.

의식적인 절차에 따라 손을 씻는다. (오른손으로 그릇에 물을 떠서 그것을 왼손으로 옮긴 다음 오른손에 물을 붓는다. 그리고나서 오른손으로 왼손에 물을 붓는다. 이것을 세번 반복하고 나서 낭송한다.)

רֵאשִׁית חָכְמָה יִרְאַת יְהוָה שֵׂכֶל טוֹב לְכָל
콜레   브토   켈쎄   이나도아   얄르이   마크호   트쉬레

עֹשֵׂיהֶם תְּהִלָּתוֹ עֹמֶדֶת לָעַד:
드아라   뎉메오   토라힐테   헴쎄오

בָּרוּךְ שֵׁם כְּבוֹד מַלְכוּתוֹ לְעוֹלָם וָעֶד:
드에봐   람올레   토쿠말   드보케   쉠   룩바

여호와를 경외하는 것이 지혜의 시작이로다. -모든 행하는 자들에게 선한 통찰력이로다. 그의 찬양이 영원하도다.
바룩 쉠케보드 말쿠토 레올람 바에드.

 씨두르

2. 탈릿 쓰기   עטיפת טלית

탈릿을 쓰기 전에, 다음의 구절을 낭송하며 찌찌트를 살펴본다.

오 내 혼아 여호와를 찬송하라. 오 여호와 나의 엘로힘이여, 당신은 심히 위대하시며 영광과 위엄으로 옷 입으셨나이다. 당신께서 옷으로 덮는 것같이 빛으로 자신을 덮으시며 하늘들을 휘장같이 펼치시고 (시104:1~2)

탈릿을 펼치고, 자신을 둘러쌀 준비를 하고, 다음의 블레싱을 낭송한다.

בָּרוּךְ אַתָּה יְהֹוָה אֱלֹהֵינוּ מֶלֶךְ הָעוֹלָם
바룩 아타 아도나이 엘로헤누 멜렉 하올람

אֲשֶׁר קִדְּשָׁנוּ בְּמִצְוֹתָיו וְצִוָּנוּ לְהִתְעַטֵּף בַּצִּיצִת:
아쉐르 키드샤누 베미쯔보타브 베찌바누 리히트아텦테 밫찌짙

여호와 우리의 엘로힘 온 우주의 왕이시여 당신을 송축합니다.
당신은 우리를 당신의 명령들로 거룩하게 하시는 분이십니다. 그리고 우리를 찌찌트로 둘러싸도록 명령하신 분이십니다.

10

3. 모닝 블레싱　ברכות השחר

기도의 집에 들어감에 대한 감사기도

◆ 마토브　מה־טבו

מַה־טֹּבוּ אֹהָלֶיךָ יַעֲקֹב מִשְׁכְּנֹתֶיךָ יִשְׂרָאֵל:
마- 부토 오할레카 야아콥 미쉬케노테카 이쓰라엘

오 야아콥이여 네 장막들이 어찌 그리 좋은가! 이스라엘이여, 네 처소들이 어찌 그리 좋은가.

וַאֲנִי בְּרֹב חַסְדְּךָ אָבוֹא בֵיתֶךָ אֶשְׁתַּחֲוֶה
봐아니 브로베 하쓰데카 아보 베테카 에쉬타하붸

אֶל־הֵיכַל קָדְשְׁךָ בְּיִרְאָתֶךָ:
엘- 헤칼 코드쉐카 베이르아테카

나로 말하건대 오직 나는 주님의 풍성한 헤쎄드(인애)를 누리고 주의 집에 들어가 주를 경외함 속에서 주의 거룩한 전을 향하여 경배하리이다.

יְהוָה אָהַבְתִּי מְעוֹן בֵּיתֶךָ וּמְקוֹם
아도나이 아하브티 메온 베테카 우메콤

מִשְׁכַּן כְּבוֹדֶךָ:
미쉬칸 케보데카

여호와여 주의 집이 거하는 곳과 주의 존귀가 거하는 곳을 내가 사랑합니다.

וַאֲנִי אֶשְׁתַּחֲוֶה וְאֶכְרָעָה אֶבְרְכָה לִפְנֵי
봐아니 에쉬타하붸 붸에크라아 에브레카 리프네

יְהוָה עֹשִׂי:
아도나이 오씨

그리고 내가 경배하고 절하며 나를 만드신 이 곧 여호와 앞에 무릎을 꿇을 것입니다.

וַאֲנִי תְפִלָּתִי־לְךָ ׀ יְהוָה עֵת רָצוֹן אֱלֹהִים
봐아니 테필라티-레카 아도나이 에트 라쫀 엘로힘

בְּרָב־חַסְדֶּךָ עֲנֵנִי בֶּאֱמֶת יִשְׁעֶךָ:
브라베-하쓰데카 아네니 베에멭 이쉬에카

오 여호와여 나의 기도가 주를 향하게 하소서. 주의 크신 헤쎄드(인애) 안에서 주의 구원의 진리 안에서 나에게 응답하소서.

◈ 아돈 올람 אֲדוֹן עוֹלָם

אֲדוֹן עוֹלָם אֲשֶׁר מָלַךְ בְּטֶרֶם כָּל יְצִיר
르찌예 콜 렘테베 락말 르쉐아 람올 돈아

נִבְרָא: לְעֵת נַעֲשָׂה בְחֶפְצוֹ כֹּל אֲזַי מֶלֶךְ
렉멜 이자아 콜 쪼프헤베 싸아나 엩레 라브니

שְׁמוֹ נִקְרָא:
라크니 모쉐

וְאַחֲרֵי כִּכְלוֹת הַכֹּל לְבַדּוֹ יִמְלוֹךְ נוֹרָא:
라노 록임 도바르레 콜학 롵켈키 레하아붸

וְהוּא הָיָה וְהוּא הֹוֶה וְהוּא יִהְיֶה בְּתִפְאָרָה:
라아프티베 예흐이 후붸 붸호 후붸 야하 후붸

וְהוּא אֶחָד וְאֵין שֵׁנִי לְהַמְשִׁיל לוֹ לְהַחְבִּירָה:
라비헤하레 로 쉴함레 니쉐 엔붸 드하에 후붸

בְּלִי רֵאשִׁית בְּלִי תַכְלִית וְלוֹ הָעֹז וְהַמִּשְׂרָה:
라쎄미함붸 즈오하 로붸 맅브타 리벨 쉴오레 리벨

וְהוּא אֵלִי וְחַי גֹּאֲלִי וְצוּר חֶבְלִי בְּעֵת צָרָה:
라짜 엩베 리브헤 르쭈붸 리알고 이하붸 리엘 후붸

וְהוּא נִסִּי וּמָנוֹס לִי מְנָת כּוֹסִי בְּיוֹם אֶקְרָא:
라크에 욤베 씨코 낱메 리 쓰노마우 씨닛 후붸

בְּיָדוֹ אַפְקִיד רוּחִי בְּעֵת אִישַׁן וְאָעִירָה:
라이아베 샨이 엩베 히루 드키프아 도야베

וְעִם רוּחִי גְּוִיָּתִי יְהוָה לִי וְלֹא אִירָא:
라이 로붸 리 이나도아 티야비게 히루 임붸

우주의 주권자 어떠한 것도 창조되기 전에 통치하셨던 분이시여, 모든 것이 그분의 뜻으로 만들어졌을 때 그분의 이름은 왕으로 불려졌습니다.

그리고 모든 것을 완성하신 후에도 그분 홀로 영화롭게 통치하실 것입니다. 그분은 전에도 계셨고 지금도 계십니다. 그리고 그분은 영화로움 속에서 영원히 계실 것입니다. 그는 에하드이십니다. 그분께서는 둘이 아니십니다. 그분과 비교할 수 있는 그 어떤 존재도 없습니다. 시작도 없으시고 끝도 없으십니다. 그리고 (역사를 움직이는) 힘과 권력이 그분께 있습니다. 그리고 그는 나의 엘이십니다. 살아계신 나의 구속자이십니다. 환난의 때에 내 영토의 반석이십니다. 그리고 그분은 나의 기적이십니다. 나의 피난처이십니다. 내가 부르는 날에 나의 응답이십니다. 그분의 손에 내 영을 맡깁니다. 내가 잠자는 순간에도 그리고 내가 깨어 있는 순간에도 그리고 내 영이 떠난다 할지라도 여호와가 나에게 계십니다. 그리고 나는 두려워하지 않을 것입니다.

◆ 토라 블레싱　ברכות התורה

다음의 블레싱을 낭송하기 전에 토라를 읽거나 공부하는 것은 금지된다.
그러나 한 번 하면 토라공부를 할 때마다 다시 할 필요는 없다.

בָּרוּךְ אַתָּה יְהֹוָה אֱלֹהֵינוּ מֶלֶךְ הָעוֹלָם
람올하　렠멜　누헤로엘　이나도아　타앝　룩바

אֲשֶׁר קִדְּשָׁנוּ בְּמִצְוֹתָיו וְצִוָּנוּ לַעֲסוֹק בְּדִבְרֵי תוֹרָה:
라토　레브디베　크쏘아라　누바찦붸　브이타보쯔미베　누샤드키　르쉐아

여호와 우리의 엘로힘 온 우주의 왕이시여 당신을 송축합니다.
당신은 우리를 당신의 명령들로 거룩하게 하시는 분이십니다. 당신은 우리가 토라의 말씀에
마음을 빼앗기도록 명령하신 분이십니다.

여호와 우리의 엘로힘 토라의 말씀들이 당신의 백성 이스라엘 가족의 입에 달콤하게 하소
서. 우리와 우리의 자손들과 당신의 백성들의 자손들과 이스라엘의 집, 우리 모두 토라를 그
것의 목적을 위하여 공부하게 하소서. 바룩 앝타, 토라를 그의 백성에게 가르치는 분이시여.

בָּרוּךְ אַתָּה יְהֹוָה אֱלֹהֵינוּ מֶלֶךְ הָעוֹלָם
람올하　렠멜　누헤로엘　이나도아　타앝　룩바

אֲשֶׁר בָּחַר בָּנוּ מִכָּל־הָעַמִּים וְנָתַן לָנוּ אֶת
엩　누라　탄나붸　밈암하　콜밐　누바　르하바　르쉐아

תּוֹרָתוֹ בָּרוּךְ אַתָּה יְהֹוָה נוֹתֵן הַתּוֹרָה:
라토핱　텐노　이나도아　타앝　룩바　토라토

여호와 우리의 엘로힘 온 우주의 왕이시여 당신을 송축합니다.
모든 열방 중에서 우리를 택하사 토라를 우리에게 맡겨주신 분이시여, 당신을 송축합니다.
오 토라를 주신 분이시여.

< 민수기 6:24-26 >

יְבָרֶכְךָ יְהוָה וְיִשְׁמְרֶךָ׃
카레메쉬이붸 이나도아 카케레바예

여호와께서 네게 복을 주시고 너를 지키시기를 원하며,

יָאֵר יְהוָה פָּנָיו אֵלֶיךָ וִיחֻנֶּךָּ׃
카넥훈비 카레엘 브이나파 이나도아 르에야

여호와께서 자신의 얼굴로 네게 빛을 비추사 네게 은혜 베푸시기를 원하고,

יִשָּׂא יְהוָה פָּנָיו אֵלֶיךָ וְיָשֵׂם לְךָ שָׁלוֹם׃
롬샬   카레 쎔야붸 카레엘 브이나파 이나도아 싸잇

여호와께서 자신의 얼굴을 네게로 향하여 드사 평강 주시기를 원하노라.

너희가 나를 사랑하면 내 명령들을 지키라. 나의 명령들을 가지고 지키는 자라야 나를 사랑하는 자니 나를 사랑하는 자는 내 아버지께 사랑을 받을 것이요, 나도 그를 사랑하여 그에게 나를 나타내리라. (요14:15,21) 내가 내 아버지의 명령들을 지켰고, 그분의 사랑 안에 거하는 것같이 너희도 내 명령들을 지키면 내 사랑 안에 거하리라. 내가 아버지의 말씀을 저희에게 주었사오며, 세상이 저희를 미워하였사오니 이는 내가 세상에 속하지 아니함 같이 저희도 세상에 속하지 아니함을 인함이니이다. (요15:10, 17:10) 예슈아께서 나아와 말씀하여 이르시되 하늘과 땅의 모든 권세를 내게 주셨으니 모든 것을 가르쳐 지키게 하라. 볼지어다 내가 세상 끝날까지 너희와 항상 함께 있으리라 하시니라. (마28:18~20) 용이 여자에게 진노하여 그 여자의 씨중에 남은 자들 곧 엘로힘의 명령들을 지키고 예슈아 마쉬아흐의 증거를 가진 자들과 전쟁을 하려고 나아가니라. (계12:17) 성도들의 인내가 여기 있나니 이들은 엘로힘의 명령들과 예슈아를 믿는 믿음을 지키는 자들이니라. (계14:12)

◆ 부활

나의 엘로힘 , 당신이 내 안에 주신 네샤마(숨,영) - 그 네샤마(숨,영)는 순결합니다. 당신께서 창조하셨습니다. 당신께서 조성하셨습니다. 당신이 내 안에 불어 넣으셨습니다. 당신께서 내 중심에서 지키고 계십니다. 그리고 결국 나로부터 거두어 가실 것입니다. 그리고 앞으로 도래할 시대에 내 안에 다시 회복시키실 것입니다. 내 네샤마(숨,영)가 내 중심에 있는 모든 시간 속에서, 나는 당신께 깊은 감사를 드립니다. 여호와 나의 엘로힘, 그리고 나의 아버지들의 엘로힘, 모든 일들의 주관자이시며, 모든 네샤마(숨,영)들의 주인이시여! 바룩 앝타 아도나이 죽은 몸들에게 네샤마(숨,영)를 다시 회복시키는 분이시여.

엘로힘 곧 우리 주 예슈아 마쉬아흐의 아버지를 찬송하리로다. 그분께서는 자신의 풍성하신 긍휼에 따라 예슈아 마쉬아흐를 죽은 자들로부터 부활하게 하심으로 우리를 다시 낳으사 산 소망에 이르게 하시는 도다. (벧전 1:3) 만일 예슈아를 죽은 자들로부터 일으켜 세우신 분의 영께서 너희 안에 거하시면 마쉬아흐를 죽은 자들로부터 일으켜 세우신 분께서 너희 안에 거하시는 그분의 영을 통하여 너희의 죽을 몸도 살리시리라. (롬8:11) 이 첫째 부활에 참여하는 자는 복이 있고 거룩하도다. 둘째 사망이 이들을 다스리는 권능이 없고 도리어 그들이 엘로힘과 마쉬아흐의 제사장이 되어 천 년 동안 그분과 함께 통치하시리로다. (계20:6)

바룩 앝타 아도나이 우리의 엘로힘, 우주의 왕이시여. 나의 눈에서, 눈꺼풀에서 잠을 제거하는 분이십니다. 그리고 여호와 엘로힘, 그리고 우리 아버지들의 엘로힘 우리가 당신의 토라(토라를 공부하는 것)에 습관이 들고, 우리를 당신의 명령들로 살아가게 하신 당신의 뜻이 이루어질 것입니다. 우리를 잘못된 능력으로 이끌지 마소서. 범죄와 죄의 힘 속으로 이끌지 마소서. 반역의 권세 속으로 이끌지 마소서. 경멸하는 힘이 나를 지배하지 못하게 하소서. 악의 성향이 우리를 선한 경향성과 선한 행위에 붙들어 두소서. 우리의 악한 경향성이 당신에게 복종하도록 강권하소서. 당신의 눈과 우리를 바라보는 모든 자들의 눈에 오늘, 그리고 매일 당신의 은혜, 헤쎄드(인애), 그리고 긍휼이 있게 하소서.
바룩 앝타 아도나이 당신의 백성 이스라엘 위에 헤쎄드(인애)를 주시는 분이시여.

 씨두르

4. 오퍼링 קרבנות

◈ 놋대야 הכיור

<출애굽기 30:17~21>

여호와께서 모쉐에게 말씀하셨다. 이르시기를, "너는 씻기 위하여 놋대야와 그 놋받침을 만들어야 한다. 너희 회막과 제단 사이에 그것을 놓고 물을 거기에 담아야 한다. 아하론과 그의 아들들은 거기에서 그들의 손과 그들의 발을 씻어야 한다. 그들이 회막에 들어갈 때에 물로 씻어야 한다. 그러면 그들은 죽지 않으리니 그들이 여호와께 사르는 제물을 태우는 것으로 섬기기 위하여 제단에 나아갈 때도 죽지 않을 것이다. 그들은 그들의 손과 그들의 발을 씻어야 한다. 그래야 그들은 죽지 않을 것이다. 그것은 그들 곧 그와 그의 자손에게 그들 대대로 영원한 규례로 있어야 한다."

◈ 재를 취함 תרומת הדשן

<레위기 6:8~13>

여호와께서 모쉐에게 말씀하셨다. 이르시기를, "아하론과 그의 아들들에게 명령하라. 이르시기를, 이것이 올림제의 법이다. 그 올림제물은 제단의 화로 위에 밤새도록 아침까지 있어야 하고 제단의 불은 거기에서 타고 있어야 한다. 그 제사장은 그의 맨살 위에 모시 예복과 모시 바지를 입고 모시 두루마기를 입고, 그 불이 제단 위에서 올림제물을 삼키고 남은 그 재를 들어 올려 제단 옆에 두어야 한다. 그리고 그는 그의 옷들을 벗고 다른 옷으로 갈아입고 그 진 바깥 정결한 장소로 그 재를 나가게 해야 한다. 그 불은 제단 위에서 타고 꺼지지 말아야 하니 그 제사장은 아침마다 나무들을 그 위에서 태워야 한다. 그는 그것 위에 올림제물을 정돈하고 그것 위에 화목제물의 기름들을 태워야 한다. 불은 항상 제단 위에서 타고 꺼지지 말아야 한다.

◈ 타미드 오퍼링 קרבן התמיד

<민수기 28:1~8>

여호와께서 모쉐에게 말씀하셨다. 이르시기를, "이스라엘 자손에게 일러라. 내 제물과 내 빵과 기쁜 향기인 내 사르는 제물을 너희는 그 정해진 시간에 내게 바치는 것을 지켜야 한다.

너는 그들에게 일러야 한다. 너희가 여호와께 바칠 사르는 제물은 이러하다. 1년된 흠 없는 새끼 숫양을 매일 2마리씩 항상(תָּמִיד) 올림제물로 바쳐야 하고 새끼 숫양 1마리를 너는 아침에 바쳐야 하고 두번째 새끼 숫양을 저녁 때 바쳐야 한다. 그리고 곡식제물로서 고운 가루 10분의 1에파를, 찧어 짠 기름 4분의 1힌에 섞고, -항상 드리는 올림제물은 여호와께 기쁜 향기인 사르는 제물로 시나이 산에서 바쳐졌다.- 그것의 술 제물은 새끼 숫양 1마리에 4분의 1힌씩이며 성소에서 여호와께 독주로 부어야 하고 두 번째 새끼 숫양을 너는 저녁 때 바쳐야 한다. 아침처럼 곡식제물과 술 제물과 함께 너는 여호와께 기쁜 향기인 사르는 제물로 바쳐야 한다. 제단 북쪽 여호와 앞에서 그것을 잡아야 한다. 그리고 아하론의 아들들인 그 제사장들이 제단 주위에 그 피를 뿌려야 한다.(레1:11)

יְהִי רָצוֹן 당신의 뜻이 이루어질 것입니다. 여호와 우리의 엘로힘, 그리고 우리 아버지들의 엘로힘, 이 낭송은 가치 있고 받아들여질 만한 것입니다. 그리고 당신 앞에서 호의적인 것입니다. 우리가 당신의 요구에 의하여 이 장소에서 계속해서 정시(모에드)에 제사를 드렸던 것처럼.

5. 향   קטרת

알타, 당신은 그분이십니다. 여호와 우리의 엘로힘, 당신 앞에서 우리의 아버지들이 거룩한 성전에 서서 정시(모에드)에 향기로운 향을 태워드렸습니다. 당신이 모쉐와 당신의 선지자들을 통해서 명령하셨던 것처럼, 당신의 토라에 쓰여진 것처럼.

< 출30:34~36, 7~8>

여호와께서 모쉐에게 말씀하셨다. 너는 향품들 곧 소합향과 나감향과 풍자향의 향품들과 순수한 유향을 취하라. 그것은 각각 같은 분량이어야 한다. 너는 그것으로 향 제조법에 따라 향을 잘 섞고 소금을 쳐서 정결하고 거룩하게 만들어 너는 그것 중의 일부를 곱게 빻아서 내가 너와 만날 회막 안 증거궤 앞에 두어야 한다. 그것은 너희에게 지성물이 될 것이다. 아하론은 그 분향단 위에 향기로운 향을 피워야 한다. 매일 아침 그가 등잔들을 정리 할 때 그는 그것을 피우고 아하론이 저녁 때 등잔들을 켤 때 그는 그것을 피워 항상 그 향은 너희 대대로 여호와 앞에 있어야 한다.

해 뜨는 곳에서부터 해 지는 곳까지 내 이름이 이방 나라들 가운데서 크게 될 것이며 모든 장소에서 내 이름을 위하여 분향이 되고 정결한 곡식제물이 드려지리니 이는 내 이름이 이방나라들 안에서 크기 때문이다. 만군의 여호와께서 말씀하셨다. (말1:11) 그분께서 그 책을 취하시매 네 짐승과 스물네 장로가 저마다 하프와 향이 가득한 금 대접들을 가지고 어린양 앞에 엎드리니 이 향은 성도들의 기도라. (계5:8) 또 다른 천사가 금 향로를 가지고 와서 제단 앞에 서고 많은 향을 받았으니 이것은 그로 하여금 그 향을 모든 성도들의 기도와 함께 왕좌 앞에 있는 금 제단 위에 드리게 하려 함이더라. 성도들의 기도와 함께 피어난 향의 연기가 천사의 손에서 나와 엘로힘 앞으로 올라가더라. (계8:3~4)

6. 카 디 쉬

⟨카디쉬 낭송-엘로힘의 이름을 거룩하게 함⟩
아래에서, 괄호 속의 말은 카디쉬를 낭송하는 사람이 아닌 회중이 낭송한다.

יִתְגַּדַּל וְיִתְקַדַּשׁ שְׁמֵהּ רַבָּא:
　　달갇잍　쉬다칻잍붸　　메쉼　-바랍

위대하신 그분의 이름이여, 높임을 받으시고 거룩히 여김을 받으소서

אָמֵן: - ※회중
　아멘

|회중-아멘|

בְּעָלְמָא דִּי בְרָא כִרְעוּתֵהּ:
베알마　디　베라　키르에우테-

그의 기쁘신 뜻을 따라 창조된 세상에서

וְיַמְלִיךְ מַלְכוּתֵהּ בְּחַיֵּיכוֹן וּבְיוֹמֵיכוֹן
　붸얌맄　말쿠테-　　베하예콘　우비요메콘

וּבְחַיֵּי דְכָל בֵּית יִשְׂרָאֵל בַּעֲגָלָא וּבִזְמַן
우베하예　데콜　베트　이쓰라엘　바아갈라　우비즈만

קָרִיב: וְאִמְרוּ אָמֵן:
카리브　베이므루　아멘

그리고 당신의 생명 안에서 그리고 당신의 날들 안에서, 모든 이스라엘 집의 생명의 시간들 안에서 그분이 가까운 시간 안에, 그의 왕권으로 통치하시기를. 아멘으로 화답하라.

※회중

אָמֵן: יְהֵא שְׁמֵהּ רַבָּא מְבָרַךְ לְעָלַם
아멘　예헤　쉐메-　라바　메바랔　르올람

וּלְעָלְמֵי עָלְמַיָּא:
울알메　알마야

| 아멘. 위대한 그분의 이름을 영원, 영원, 원토록 송축할지어다. |

יְהֵא שְׁמֵהּ רַבָּא מְבָרַךְ לְעָלַם וּלְעָלְמֵי
예헤　쉐메-　라바　메바랔　르올람　울알메

עָלְמַיָּא:
알마야

위대한 그분의 이름을 영원, 영원, 영원토록 송축할지어다.

יִתְבָּרַךְ וְיִשְׁתַּבַּח וְיִתְפָּאַר וְיִתְרוֹמַם
이트바랔　베이쉬탑바흐　베이트파아르　베이트로맘

וְיִתְנַשֵּׂא וְיִתְהַדָּר וְיִתְעַלֶּה וְיִתְהַלָּל שְׁמֵהּ
베이트낫쎄　베이트핟다르　베이트알레　베이트할랄　쉐메-

דְּקֻדְשָׁא בְּרִיךְ הוּא:
데쿧샤　브맄　후

송축 받으시며, 찬송 받으시고, 영광 받으시며, 높임 받으시고, 칭송 받으시고, 위엄 있으시며, 예배 받으시며, 찬양 받으소서. 거룩하신 그분의 이름! 베맄 후 (그분을 송축합니다.)

씨두르

	회중※ ※회중
בְּרִיךְ הוּא	|베릭 후 (그분을 송축합니다.)|
후 릭베	
※1 לְעֵלָּא מִן כָּל בִּרְכָתָא וְשִׁירָתָא	세상에 이미 알려진 것보다도 더 큰 축복과
타라쉬붸 타카르베 콜 민 라엘레	노래와 찬양과
תֻּשְׁבְּחָתָא וְנֶחֱמָתָא דַּאֲמִירָן בְּעָלְמָא:	깊은 사랑을 당신께 올려드립니다.
마알베 란미아다 타마헤네붸 타하베쉬투	
וְאִמְרוּ אָמֵן:	아멘으로 화답하라.
멘아 루임붸	
※회중- אָמֵן:	|※회중-아멘|
멘아	

로쉬 하샤나에서 욤 키푸르까지 대체 ※1

לְעֵלָּא וּלְעֵלָּא מִכָּל
칼믹 라엘울 라알레

뒤로 세 걸음 간다. 왼쪽으로 절하면서 '오쎄….' 앞으로 절하면서 '베알콜….' 잠시 머물러 섰다가 앞으로 세 걸음 온다.

עֹשֶׂה שָׁלוֹם בִּמְרוֹמָיו	그분의 높은 곳에 샬롬이 있도다.
브이마로빔 롬샬 쎄오	
הוּא בְרַחֲמָיו יַעֲשֶׂה שָׁלוֹם עָלֵינוּ	그분이 우리를 위해 샬롬을 이루시는도다.
누레알 롬샬 쎄아야 인마하라베 후	
וְעַל כָּל יִשְׂרָאֵל: וְאִמְרוּ אָמֵן:	그리고 모든 이스라엘 위에! 아멘으로 화답하라.
멘아 루임붸 엘라쓰이 콜 알붸	
※회중- אָמֵן:	|※회중-아멘|
멘아	

** 샤밧과 절기에는 샤밧기도문에 있는 시편 30편으로 넘어간다.

◈ 찬양의 절들(시편)로의 도입

<시편 30편>

-다뷛을 위한 그 집을 봉헌하는 노래 시편

내가 당신을 높입니다. 오 여호와여. 이는 당신께서 나를 건져주셨고, 내 원수들로 하여금 나를 누르고 기뻐하지 못하게 하셨음이니이다. 오 여호와여, 내가 당신께 부르짖으매 당신께서 나를 고치셨나이다. 오 여호와여, 당신께서 내 혼을 쉬올에서 올리시고 나를 계속해서 살게 하사 구덩이로 내려가지 아니하게 하셨나이다. 오 그분의 성도들아, 너희는 여호와께 노래하며 그분의 거룩하심을 기억하고 감사할지어다. 이는 그분의 분노는 잠시뿐이요, 그분의 원하심은 생명이라. 저녁에는 눈물로 지내나 아침에는 환성을 지르리로다. 내가 형통할 때에 말하기를, 내가 영원히 흔들리지 아니하리라 하였도다. 여호와여, 당신께서 원하실 때 내 산을 굳게 세우셨사오나 당신께서 당신의 얼굴을 숨기시니 내가 근심하였나이다. 내가 구덩이로 내려갈 때에 내 피가 무슨 유익이 있으리이까. 흙이 당신께 감사하겠나이까. 그것이 당신의 진리를 전할 수 있겠나이까. 오 여호와여, 들으시고 내게 은혜를 베푸소서. 여호와여, 나를 돕는 이가 되소서.

<하짠> 당신께서 나를 위하여 통곡을 바꾸사 춤이 되게 하시며 당신께서 나의 굵은 베옷을 벗기시고 기쁨으로 띠를 동여매게 하셨나이다. 이것은 내 영광이 잠잠하지 아니하고 당신께 찬송을 드리게 하려 하심이니이다. 오 여호와 나의 엘로힘이여, 내가 당신께 영원토록 감사하리이다.

7. 찬양의 절들   פסוקי דזמרה

בָּרוּךְ שֶׁאָמַר 를 낭송하는 동안 서 있는다. 낭송하는 동안 탈릿의 앞에 있는 찌찌트 두 개를 잡아서 오른손에 쥐고, 낭송이 끝날 때 찌찌트에 키스하고 놓는다. 여기서부터 슈모네 에스레이 아미다 기도가 끝날 때까지 반드시 응답해야 하는 기도를 제외하고 대화는 금지된다.

בָּרוּךְ שֶׁאָמַר 말씀으로 세상을 있게 하신 분을 송축하라. 그분을 송축하라. 시작을 이루신 그분을 송축하라. 법으로 명하시고 완성하시는 그분을 송축하라. 온 땅 위에 깊은 자비의 사랑을 베푸시는 그분을 송축하라. 모든 창조물 위에 깊은 자비의 사랑을 베푸시는 그분을 송축하라. 그를 경외하는 자에게 선한 상을 베푸시는 그분을 송축하라. 영속하시고 영원히 살아계시는 그분을 송축하라. 구속하시고 구원하신 그분을 송축하라. – 그의 이름을 송축하라! 바룩 앝타 아도나이 멜렉 하올람. 깊은 자비의 사랑을 베푸시는 엘로힘, 아버지시여. 당신의 백성의 입을 통해 찬양 받으시는 분이시여. 그의 성도들과 그의 종들의 입술에 의해, 그리고 당신의 종 다뷛의 시들을 통해 찬송과 영광 받으시는 분이시여. 우리는 당신을 찬미할 것입니다. 여호와 우리의 엘로힘, 찬양과 시(노래)들로 우리는 당신을 높일 것입니다. 당신을 찬양합니다. 당신께 영광을 돌립니다. 당신의 이름과 당신의 통치를 기억할 것입니다. 우리의 왕, 우리의 하나님.

<하짠> 여호와 온 세상에 생명을 주시는 분, 그 이름이 영원히 찬양 받으시고 영광 받으시는 왕이시여. 바룩 앝타 여호와 찬양 받기에 합당한 왕이시여.
[회중-아멘]

< 역대상 16:8~36 >

여호와께 감사하라. 그의 이름을 불러라, 민족들에게 그의 행하신 일들을 알려라. 그를 노래하고 그를 찬송하라. 그의 모든 놀라운 일들을 말하라. 그의 거룩하신 이름을 자랑하라. 여호와를 찾는 자들아, 마음을 기쁘게 하라. 여호와, 그의 능력을 구하라. 항상 그의 얼굴을 찾으라. 그가 행하신 그의 놀라운 일들 곧 그의 이적들과 그의 입의 심판들을 기억하라. 그의 종 이스라엘의 씨들아! 그의 택하신 자들인 야아콥의 자손아! 그는 우리 엘로힘 여호와시니 온 땅에 그의 심판들이 있다. 그의 언약을 영원히 기억하라. 천 대에게 명령하신 말씀, 곧 아브라함과 맺으셨고 이쯔학과 맹세하셨으니 그가 야아콥에게 규례로 그것을 세우셨고 이스라엘에게 영원한 언약으로 세우셨다. 이르시기를, "내가 네게 크나안 땅을 줄 테니 너희 유업의 지분으로 줄 것이다. 너희가 적은 수였을 때 잠시 그곳에서 우거했다. 그들이 나라에서 나라로 다니며 이 왕국에서 다른 백성에게로 다녔다. 그러나 그는 사람이 그들을 압제하도록 놓아두지 않으시고 그들을 위하여 왕들을 꾸짖으시기를, "너희는 내 마쉬아흐에게 손을 대지 말며 내 예언자를 해치지 말라."
온 땅이여, 여호와께 노래하며 날마다 그분의 예슈아를 기쁜 소식으로 전할지어다. 그의 영광을 이방 나라들에게 알리고 그의 놀라운 일들을 온 민족들에게 알려라. 참으로 여호와는 크시니 매우 찬양 받으셔야 하고 모든 신들 위에 경외함을 받으셔야 한다.

<하짠> 참으로 민족들의 모든 신들은 우상들이다. -그러나 여호와는 하늘들을 만드셨도다.

그 앞에는 위엄과 존귀가 있고 그가 계시는 곳에는 권능과 기쁨이 있다. 만국의 족속들아, 여호와께 돌려라. 영광과 권능을 여호와께 돌려라. 그의 이름의 영광을 여호와께 돌려라. 예물을 들고 그 앞으로 들어가 존귀한 성소에서 여호와께 경배하라. 온 땅아, 그 앞에서 떨어라. 세상이 굳건하여 흔들리지 않는다. 하늘은 기뻐하고, 땅은 즐거워하며 이방 나라들에서 '여호와께서 다스리신다'고 말하게 하라. 바다와 그 충만한 것들이 소리치게 하라. 바다와 그 충만한 것들이 소리치게 하라. 그 땅을 심판하러 오시는 그 때 여호와 앞에서 숲의 모든 나무들이 기뻐 외칠 것이다. 여호와께 감사하라. 참으로 그는 선하시며 참으로 그의 헤쎄드(인애)가 영원하시다. 그들로 말하게 하라. '우리를 구원해 주십시요, 우리 구원의 엘로힘, 우리를 그 이방 나라들로 부터 모아 주셔서 당신의 거룩한 이름을 찬양하며 당신을 찬양함으로 영광을 돌리게 하여 주십시요.' '이 세상으로부터 다가올 세상까지 이스라엘의 엘로힘을 송축하라.' 모든 백성이 '아멘. 여호와를 찬양하라'고 말했다.

<하짠> 우리 엘로힘 여호와를 높이고 그의 발등상에 경배하라 그는 거룩하시다. (시99:5)
우리 엘로힘 여호와를 높이고 그의 거룩한 산을 향하여 경배하라 참으로 우리 엘로힘 여호와는 거룩하시다. (시 99:9)

그분은 동정심이 많으시므로 그들의 불법을 용서하시어 그들을 멸하지 아니하시고 참으로 여러 번 자신의 분노를 돌이키시며 자신의 진노를 다 내지 아니하셨도다. (시78:38) 오 여호와시여, 당신의 긍휼을 내게서 거두지 마시오며 당신의 헤쎄드(인애)와 당신의 진리로 항상 나를 보존하소서. (시40:11) 오 여호와여, 당신의 긍휼과 당신의 헤쎄드(인애)가 옛적부터 항상 있었사오니 그것들을 기억하소서. (시25:6) 너희는 엘로힘께 능력을 돌릴지니 그분의 위엄이 이스라엘 위에 있고 그분의 능력이 구름들 속에 있도다. 오 엘로힘이여, 당신은 당신의 거룩한 처소들 밖에서 무서운 이시니 곧 이스라엘의 하나님은 자신의 백성에게 능력과 권능을 주시는 이시니이다. 엘로힘을 송축할 지어다, 바룩 엘로힘. (시68:34~35) 오 여호와 엘אל이여 , 원수 갚는 일이 당신께 속하였나이다. 오 엘אל이여, 원수 갚는 일이 당신께 속하였사오니 친히 자신을 나타내소서. 땅의 심판자이시여, 친히 일어나사 교만한 자들에게 마땅히 보응하옵소서. (시94:1~2) 구원(예슈아)은 여호와께 속한 것이오니 당신의 복이 당신의 백성 위에 있나이다. 쎌라.(시3:8)

<하짠> 만군의 여호와께서 우리와 함께 하시니 야아콥의 엘로힘은 우리의 피난처이시로다. 쎌라. (시46:7) 오 만군의 여호와여, 당신을 신뢰하는 자는 복이 있나이다. (시84:12) 여호와여, 구원하소서. 왕께서는 우리가 부를 때에 우리 말을 들으소서. (시28:9)

당신의 백성을 구하시고 당신의 상속에게 복을 주시며 또 그들을 먹이시고 영원토록 들어 올리시옵소서.(시28:9) 우리의 혼이 여호와를 기다리나니 그분은 우리의 도움과 우리의 방패시로다. 이는 우리가 그분의 거룩한 이름을 신뢰하였으므로 우리 마음이 그분을 기뻐할 것임이로다. 오 여호와여, 우리가 당신께 소망을 두는 대로 당신의 헤쎄드(인애)를 우리에게 베푸소서. (시33:20~22) 오 여호와여 우리에게 당신의 헤쎄드(인애)를 보이시며 우리에게 당신의 구원을 허락하소서. (시85:7) 일어나 우리를 도우소서. 당신의 헤쎄드(인애)로 인하여 우리를 구속하소서. (시44:26) 나는 너를 미쯔라임(이집트) 땅에서 인도하여 낸 여호와 네 엘로힘이니 네 입을 크게 열라. 내가 채우리라. (시81:10) 이러한 백성은 행복하니이다. (시144:15)

<하짠> 오직 내가 당신의 헤쎄드(인애)를 신뢰하였사오니 내 마음이 당신의 구원(예슈아)를 기뻐하리이다. (시13:5) 내가 여호와를 위하여 노래하리니 이는 그분께서 나를 관대히 대하셨음이로다. (시13:6)

감사의 노래 מזמור לתודה (시편 100편)을 낭송하는 동안 서 있는다. 유월절 기간동안에는 생략된다.

감사의 시 (시편 100편)

온 땅아, 여호와께 함성을 올려라. 여호와를 기쁨으로 섬겨라. 그 앞에 기뻐 외치며 나아오라. 여호와 그분께서 엘로힘이심을 너희는 알지어다. 그분은 우리를 만드신 이시요, 우리는 스스로 있는 것이 아니니 우리는 그분의 백성이요, 그분의 풀밭에 거하는 양이로다. 그 문에 감사함으로 들어가라. 그의 뜰에 찬양하며 들어가라. 그에게 감사하라. 그의 이름을 송축하라.

<하짠> 여호와는 선하시니 그분의 헤쎄드(인애)는 영원하며 그분의 진리는 모든 세대에 지속되리로다.

호샤나 라바에는 시편 19편과 함께 계속된다. 다음 기도는 특별한 집중을 요구한다.

여호와의 영광이 영원히 지속되리니 여호와께서 친히 행하시는 일들을 기뻐하시리로다. (시 104:31) 지금부터 영원토록 여호와의 이름을 찬양할지로다. 여호와는 모든 민족들보다 높으시며 그분의 영광은 하늘들보다 높으시도다. (시113:2~4) 여호와 당신의 이름이 영원하리이다. 여호와 당신을 기억함이 모든 세대에 두루 미치나이다. (시135:13) 여호와께서 자신의 왕좌를 하늘들에 예비하셨으므로 그분의 왕국이 모든 것을 다스리는도다. (시103:19) 하늘들은 기뻐하고 땅은 즐거워하며 사람들은 민족들 가운데서 이르기를, 여호와께서 통치하신다 할지로다. (대상16:31) 여호와는 영원무궁토록 왕이시오니 이방나라들이 그분의 땅에서 멸망하였나이다. (시10:16) 여호와께서 통치하시니 그분은 권위를 입으셨도다. 여호와께서 능력을 입으시며 그것으로 친히 띠를 띠셨으므로 세상도 굳게 서서 흔들리지 아니하시는도다. (시93:1) 여호와께서 영원무궁토록 통치하시리이다. (출15:18) 여호와는 영원무궁토록 왕이시오니 이방나라들이 그분의 땅에서 멸망하였나이다. (시10:6) 여호와께서 이방나라들의 계획을 무산시키시며 만백성의 계략들을 무효로 만드시는도다. (시33:10) 사람의 마음에 많은 계획이 있을지라도 오직 여호와의 뜻만이 서리라. (잠19:21) 여호와의 계획은 영원히 서고 그분의 마음의 생각들은 모든 세대에 이르리로다. (시33:11) 이는 그분께서 말씀하시매 그것이 이루어졌으며 명령하시매 그것이 굳게 섰음이라. (시33:9) 이는 여호와께서 찌온을 택하셨음이라. 그분께서 그곳을 자신의 거처로 삼기를 갈망하셨음이라. (시132:13) 이는 여호와께서 자신을 위하여 야아콥 곧 이스라엘을 자신의 특별한 보배(쎄굴라)로 택하셨음리로다. (시135:4) 이는 여호와께서 자신의 백성을 버리지 아니하시며 자신의 상속을 저버리지 아니하실 것임이로다. (시94:14)

<하짠> 그분은 동정심이 많으시므로 그들의 불법을 용서하시어 그들을 멸하지 아니하셨고 참으로 여러 번 자신의 분노를 돌이키시며 자신의 진노를 다 내지 아니하셨으니. (시78:38) 여호와여, 구원하소서. 왕께서는 우리가 부를 때에 우리 말을 들으소서. (시20:9)
그러하온즉, 오 여호와여, 내가 열방 가운데서 당신께 감사를 드리며 당신의 이름을 찬양하리이다. (시18:49)
오 모든 민족들아, 너희는 여호와를 찬양하라. 모든 백성들아, 너희는 그분을 찬양할지어다. (시117:1) 오 너희 민족들아, 그분의 백성과 함께 기뻐하라. (신32:43)

8. 아쉐레 אשרי

אַשְׁרֵי יוֹשְׁבֵי בֵיתֶךָ עוֹד יְהַלְלוּךָ סֶּלָה:
라쎌 카루렐할예 드오 카테베 베쉬요 레쉬아

당신의 집에 사는 자들은 행복합니다. 언제나 그들이 당신을 찬양합니다. 쎌라

אַשְׁרֵי הָעָם שֶׁכָּכָה לּוֹ אַשְׁרֵי הָעָם שֶׁיהוָה
이나도아쉐 암하 레쉬아 로 카카쉑 암하 레쉬아

אֱלֹהָיו:
브이하로엘

그분과 같이 되는 백성은 행복합니다.
여호와께서 자기들의 엘로힘인 백성들은 행복합니다.

영이 가난한 자들은 행복하다, 하늘의 왕국이 그들의 것이기 때문이다.
애통하는 자들은 행복하다, 그들이 위로를 받을 것이기 때문이다.
온유한 자들은 행복하다, 그들이 땅을 상속받을 것이기 때문이다.
의에 주리고 목마른 자들은 행복하다, 그들이 배부를 것이기 때문이다.
긍휼을 베푸는 자들은 행복하다, 그들이 긍휼을 얻을 것이기 때문이다.
마음이 순수한 자들은 행복하다, 그들이 엘로힘을 볼 것이기 때문이다.
화평케 하는 자들은 행복하다, 그들이 엘로힘의 자녀라 일컬음을 받을 것이기 때문이다.
의로 인하여 핍박받는 자들은 행복하다, 하늘의 왕국이 그들의 것이기 때문이다.
사람들이 나 때문에 너희를 모욕과 박해하며, 너희를 거슬러 거짓으로 온갖 사악한 말을 하면,
너희는 행복하다, 기뻐하고 크게 즐거워하라, 이는 하늘에서 너희 보상이 크기 때문이다.
그들이 너희 전에 있던 대언자들도 이같이 핍박하였다.

אַשְׁרֵי הָעָם שֶׁכָּכָה לּוֹ אַשְׁרֵי הָעָם שֶׁיהוָה אֱלֹהָיו:
브이하로엘 이나도아쉐 암하 레쉬아 로 카카쉑 암하 레쉬아

이러한 백성은 행복합니다. 여호와께서 그들의 엘로힘인 백성은 행복합니다.

<시편 145> 다뷧의 찬양시

내가 당신을 높입니다. 왕이신 나의 엘로힘이시여. 내가 당신의 이름을 영원토록 송축합니다. 매일 내가 당신을 송축하니 당신의 이름을 영원토록 찬양합니다. 여호와는 크셔서 매우 찬양 받으시니 그의 크심을 측량할 수 없습니다. 대대로 당신의 행하심을 찬송하고 당신의 권능을 그들이 전할 것입니다. 존귀하고 영광스러운 당신의 위엄과 당신의 권능을 그들이 전할 것입니다. 존귀하고 영광스러운 당신의 위엄과 당신의 놀라운 말씀들을 내가 묵상할 것입니다. 당신의 두려운 권능을 그들이 말하며 당신의 크심을 내가 전할 것입니다. 당신의 크신 선하심의 기억을 그들이 쏟아내고 당신의 의를 그들이 기뻐 외칠 것입니다. 여호와는 은혜로우시고 자비로우시며 오래 참으시고 헤쎄드(인애)가 크십니다. 여호와는 모두에게 선하시며 그의 자비하심이 그가 만드신 모든 것들 위에 있습니다. 당신께서 만드신 모든 것들이 당신께 감사를 드립니다. 여호와여, 당신의 경건한 자들이 당신을 송축합니다. 당신의 왕국의 영광을 그들이 말하며 당신의 권능을 그들이 전하리니, 사람들에게 그의 권능과 그의 왕국의 존귀와 영광을 알리기 위함입니다. 당신의 왕국은 영원한 왕국이며 당신의 통치권은 모든 세대에 있습니다. 여호와께서는 넘어지는 모든 자를 붙드시며 엎드리는 모든 자를 일으키십니다. 모든 눈이 당신을 바라니 당신은 때에 따라 그들에게 그들의 음식을 주시고 당신의 손을 여셔서 모든 생명의 원함을 만족시켜 주십니다. 여호와께서는 곧 그를 부르는 모든 자에게 가까이 계십니다. 그를 경외하는 자들의 기뻐하는 것을 그가 행하시며 도움을 청하는 그들의 소리를 들으시고 그들을 구원하실 것입니다. 여호와께서는 그를 사랑하는 모든 자를 지키시나 모든 악인들은 몰살시키십니다.

<하짠> 여호와의 찬양을 내 입이 전하고 모든 육체는 그의 거룩한 이름을 영원토록 송축할 것입니다.

우리는 지금부터 영원토록 여호와를 송축하리로다. 여호와를 찬양하라.

<시편 146>

할렐루야! 내 혼아, 여호와를 찬양하라. 내가 사는 동안 여호와를 찬양할 것이다. 내가 계속 내 엘로힘을 찬송할 것이다. 귀인들을 의지하지 마라. 구원할 능력이 없는 사람의 아들을 의지하지 말라. 그의 영이 나가면 그는 그의 땅으로 돌아가리니 그 날에 그의 계획들은 사라질 것이다. 야아콥의 אל엘을 자신의 도움으로 삼는 자 곧 그의 엘로힘 여호와께 소망을 두는 자는 행복하다. 그는 하늘과 땅을 만드셨고 바다와 그 안에 있는 모든 것을 만드셨고 영원히 진리를 지키시는 분이시다. 억눌린 자들에게 공의를 행하시며 배고픈 자들에게 빵을 주신다. 여호와는 갇힌 자들을 풀어주신다. 여호와는 눈먼 자들의 눈을 여신다. 여호와는 엎드

리는 자를 일으키신다. 여호와는 의인들을 사랑하신다. 여호와는 나그네들을 지키시며 고아와 과부를 도와 일으키시나 악인들의 길은 굽게 하신다.

<하짠> 여호와께서 영원히 다스리시니 찌욘아! 네 엘로힘께서 대대로 다스리신다. 할렐루야!

<시편 147>

할렐루야! 여호와를 찬양하라. 이는 우리 엘로힘을 찬송하는 것이 선하기 때문이다. 이는 찬양이 마땅하고 아름답기 때문이다. 여호와께서 예루샬라임을 세우시고 이스라엘의 쫓겨난 자들을 모으신다. 그는 마음이 상한 자들을 고치시고 그들의 상처를 싸매시며 별들의 수를 세시고 그것들 모두의 이름들을 부르신다. 우리 주님은 크시고 힘이 많으시니 그의 명철은 셀 수가 없다. 여호와께서 온유한 자들은 도와 일으키시나 악인들은 땅 끝까지 낮추신다. 여호와께 감사함으로 화답하라. 우리 엘로힘께 수금으로 찬송하라. 그는 하늘을 구름들로 덮으시고 땅에 비를 준비하셔서 산들에 풀을 자라게 하시고 짐승에게 먹이를 주시며 외치는 까마귀들에게 먹이를 주신다. 말의 능력을 그가 기뻐하지 않으시고 사람의 강한 다리들을 그가 기쁘게 여기지 않으시며 여호와께서는 그를 경외하는 자들을 기쁘게 여기시니 그의 헤쎄드(인애)를 기다리는 자들을 기쁘게 여기신다. 예루샬라임아, 여호와를 칭송하라. 찌욘(시온)아, 네 엘로힘을 찬양하라. 이는 그가 네 성문들의 빗장들을 강하게 하시고 네 가운데 있는 네 자식들에게 복주시며 네 영토를 평안하게 하시고 가장 좋은 밀들로 너를 만족케 하시며 그의 말씀을 땅에 보내셔서 그의 말씀이 빨리 달리게 하시며 눈을 양털처럼 주시고 서리를 재처럼 흩으시며 추위를 빵 부스러기처럼 뿌리시고 -그의 추위 앞에 누가 설 수 있으랴?- 그의 말씀을 보내셔서 그들을 녹이시고 그의 바람을 불게 하셔서 물이 흐르게 하시며

<하짠> 그의 말씀을 야아콥에게 전하시고 그의 규례들과 그의 법도들을 이스라엘에게 전하신다. 그러나 그가 모든 이방 나라들에게는 그처럼 행하지 않으셔서 그들은 법규들을 알지 못한다. 할렐루야!

<시편 148>

할렐루야! 하늘에서 여호와를 찬양하라. 높은 곳에서 그를 찬양하라. 그의 모든 사자들아. 그를 찬양하라. 그의 모든 군대들아, 그를 찬양하라. 해와 달아, 그를 찬양하라. 빛나는 모든 별들아, 그를 찬양하라. 하늘의 하늘아, 그를 찬양하라. 하늘 위에 있는 물들아, 그를 찬양하라. 여호와의 이름을 찬양하라. 참으로 그가 명령하시니 그들이 창조되었고 그들을 영원토록 서 있게 하셨으니 그가 규례를 주셔서 어기지 않게 하셨다. 땅에서 여호와를 찬양하라. 수룡

들과 모든 깊은 바다들아, 불과 우박과 눈과 안개와 회오리바람 등 그의 말씀을 행하는 것들아, 산들과 모든 언덕들아, 열매 맺는 나무들과 모든 백향목들아, 짐승과 모든 가축들아, 기는 것과 날개 있는 새들아, 땅의 왕들과 모든 민족들아, 고관들과 땅의 모든 재판관들아, 청년들과 처녀들아, 노인들과 아이들아, 여호와의 이름을 찬양하라. 참으로 그의 이름만 홀로 높아지시니 그의 위엄이 땅과 하늘 위에 있으시다.

<하짠> 그가 그의 백성의 뿔을 높이셨으니, 그의 모든 경건한 자들 곧 그의 가까운 백성, 이스라엘 자손의 찬양을 높이셨다. 할렐루야!

내가 또 보고 들으매 왕좌와 짐승들과 장로들을 둘러싼 많은 천사들의 음성이 있으니 그들의 수가 만만이요, 천천이라. 그들이 큰 음성으로 이르되, 죽임을 당하신 어린양께서 권능과 부와 지혜와 힘과 존귀와 영광과 찬송을 받기에 합당하시도다 하더라. 또 내가 들으니 하늘과 땅 위와 땅 아래에 있는 모든 피조물과 바다에 있는 것들과 그것들 안에 있는 모든 것들이 이르되, 왕좌에 앉으신 분과 어린양에게 찬송과 존귀와 영광과 권능이 영원무궁토록 있으리로다 하니 네 짐승이 이르되 아멘, 하고 스물네 장로가 엎드려 영원무궁토록 살아 계시는 그분께 경배하더라. (계5:11~14)

< 시편 149 >

할렐루야! 새 노래로 여호와를 노래하라. 경건한 자들의 공동체에서 그를 찬양하라. 이스라엘이 자기를 만드신 분 때문에 기뻐하며 찌온의 자손이 그들의 왕 때문에 즐거워하게 하라. 그들이 춤으로 그의 이름을 찬양하며 작은 북과 수금으로 그를 찬송케 하라. 이는 여호와께서 그의 백성을 기쁘게 여기시며 온유한 자들을 구원(예슈아 ישועה)으로 영화롭게 하신다. 경건한 자들이 영광 가운데서 기뻐 뛰며 그들의 침대 위에서 기뻐 외치게 하라. 그들의 목소리로 엘אל의 높으심을 찬양케 하라. 그들의 손에 있는 양날의 칼로 이방 나라들에게 복수를 행하고 민족들에게 징계를 행하여

<하짠> 그들의 왕들을 사슬로 묶고 그들의 존경받는 자들을 족쇄로 묶어 기록된 법규대로 그들에게 집행했다. 그것이 그의 모든 경건한 자들의 아름다움이다. 할렐루야!

그들이 새 노래를 부르며 말했습니다. 당신께서 그 책을 취하시고 그 책의 봉인들을 열기에 합당하시오니 이는 당신께서 죽임을 당하사 당신의 피로 모든 족속과 언어와 백성과 민족 가운데서 우리를 구속하여 엘로힘께 드리시고 또 우리 엘로힘을 위하여 우리를 왕과 제사장으로 삼으셨음이니 우리가 땅에서 왕노릇하게 될 것입니다. (계5:9~10)

< 시편 150 >

그의 성소에서 엘אל을 찬양하라. 그의 강한 창공을 인하여 그를 찬양하라. 그의 권능을 인하여 그를 찬양하라. 그의 지극히 위대하심을 인하여 그를 찬양하라. 뿔나팔소리로 그를 찬양하라. 비파와 수금으로 그를 찬양하라. 작은 북과 춤으로 그를 찬양하라. 현악기와 피리로 그를 찬양하라. 심벌즈 소리로 그를 찬양하라. 심벌즈의 환호소리로 그를 찬양하라.

<하짠> 숨쉬는 모든 자들아, 여호와를 찬양하라. 할렐루야!

또한 이방인들로 하여금 엘로힘의 긍휼로 인하여 엘로힘께 영광을 돌리게 하려 하심이니 이것은 곧 기록된 바 이러한 까닭에 내가 이방인들 가운데서 여호와를 시인하며 당신의 이름을 찬송하리이다 함과 같으니라. 또 이르시되, 너희 이방인들아 그분의 백성과 함께 기뻐하라 또 모든 이방인들아 너희는 여호와를 찬양하라. 모든 백성들아 너희는 그분을 찬미할지어다. (롬15:9~11)

여호와를 영원토록 송축할지어다. 아멘, 아멘.
예루샬라임에 거하시며 찌욘에서 나오시는 여호와를 송축할지어다. 할렐루야!
엘로힘, 이스라엘의 엘로힘, 여호와를 송축할지어다. 그분은 홀로 놀라운 일들을 이루시는도다.

<하짠> 그분의 영광스러운 이름을 영원히 송축할지어다. 아멘, 아멘.

< 역대상 29:10~13 >

그러므로 다뷛이 온 회중 앞에서 여호와를 송축하여 이르되, 바룩 아타 아도나이 이스라엘의 엘로힘, 우리 아버지. 이 세상으로부터 영원까지 송축 받으시옵소서. 오 여호와여, 광대하심과 권능과 영광과 승리와 위엄이 당신의 것이오니 이는 하늘과 땅의 모든 것이 당신의 것임이니이다. 오 여호와여, 왕국도 당신의 것이오니 당신은 높임을 받으사 모든 것 위에 머리가 되셨나이다. 재물과 존귀가 다 당신께로부터 나오며 또 당신은 모든 것을 다스리사 손에 권능과 능력이 있사오니 모든 사람을 크게 하심과 강하게 하심이 당신의 손에 있나이다. 그러므로 우리 엘로힘이여, 이제 우리가 당신께 감사하오며 당신의 영화로운 이름을 찬양하나이다.

9. 바다의 노래 שירת הים

< 출 14:30~15:19 >

여호와께서 구원하셨도다 – on that day –그 날 여호와께서 이같이 이스라엘을 미쯔라임(이집트) 사람들의 손에서 구원하시니 이스라엘이 바닷가에서 죽은 미쯔라임(이집트) 사람들을 보았더라.

<하짠> 이스라엘이 여호와께서 미쯔라임(이집트) 사람들에게 행하신 큰 일을 보았으므로 백성이 여호와를 두려워하며 또 여호와의 말씀과 그분의 종 모쉐의 말을 믿었더라.

그때에 모쉐와 이스라엘 자손이 이 노래로 여호와께 노래하고 말하여 이르기를,

אָשִׁירָה לַיהוָה כִּי־גָאֹה גָּאָה סוּס וְרֹכְבוֹ רָמָה בַיָּם׃
얌바 마라 보케로붸 쓰쑤 아가 오가 -키 이나도아라 라쉬아

עָזִּי וְזִמְרָת יָהּ וַיְהִי־לִי לִישׁוּעָה זֶה אֵלִי וְאַנְוֵהוּ
후안붸 리엘 제 아슈리 리-히예봐 야 랕짐붸 지앝

אֱלֹהֵי אָבִי וַאֲרֹמְמֶנְהוּ׃
누멘롬아봐 비아 헤로엘

내가 여호와께 노래하리니 이는 그분께서 영화롭게 승리하셨음이요, 말과 거기 탄 자를 바다에 던지셨음이로다. 여호와는 나의 힘 그리고 나의 노래, 그리고 나에게 예슈아를 있게 하시는도다. 그는 나의 엘로힘이시니 내가 그분께 처소를 예비할 것이요, 내 아버지의 엘로힘이시니 내가 그분을 높이리로다.

יְהוָה אִישׁ מִלְחָמָה יְהוָה שְׁמוֹ׃
모쉐 이나도아 마하밀 쉬이 이나도아

전쟁하는 한 남자이시요, 여호와가 그분의 이름이시로다 (X 2)

그분께서 파라오의 병거들과 그의 군대를 바다로 던지시니 그가 택한 대장들도 홍해에 잠겼고 깊음들이 그들을 덮으매 그들이 돌처럼 바닥에 가라 앉았도다. 오 여호와여, 당신의 오른손이 권능으로 영화롭게 되었나이다. 오 여호와여, 당신의 오른손이 그 원수를 산산조각 내었나이다. 당신께서 당신을 대적하여 일어나는 자들을 당신의 크신 위엄으로 엎으셨나이다. 당신께서 진노를 일으키시매 그 진노가 그들을 지푸라기 같이 소멸시켰나이다. 당신의 거센 콧김에 물들이 함께 모이되 큰 물들이 산더미 같이 똑바로 일어서고 깊음들이 바다의 중심부에서 엉겼나이다. 그 원수가 말하기를, 내가 쫓아가서 따라잡고 노략물을 나누리라. 그들을 덮쳐 내 욕망을 채우리라. 내가 내 칼을 빼리니 내 손이 그들을 멸하리라 하였으나, 당신께서 당신의 바람으로 바람을 일으키시매 바다가 그들을 덮으니 그들이 강력한 물 속에 납같이 가라앉았나이다.

מִי־כָמֹכָה בָּאֵלִם יְהֹוָה מִי כָּמֹכָה
카모카 -미 이나도아 림엘바 카모카 -미

נֶאְדָּר בַּקֹּדֶשׁ נוֹרָא תְהִלֹּת עֹשֵׂה פֶלֶא:
레펠 쎄오 롤힐테 라노 쉬데코박 르다에네

누가 신들 중에 당신과 같겠습니까.
여호와여! 누가 당신과 같이 거룩함 속에서 영화로우시며
찬양할 만큼 두려우시며 이적들을 행하리이까. (X2)

당신께서 오른손을 내미신즉 땅이 그들을 삼켰나이다. 당신께서 구속하신 백성을 당신의 헤쎄드(인애)로 인도하시되 당신의 힘으로 그들을 인도하사 당신의 거룩한 처소에 들어가게 하셨나이다. 백성이 듣고 두려워하며 슬픔이 플레쉘의 거주민들을 사로잡으리니 에돔의 족장들이 놀라고 모압의 용사들이 벌벌 떨며 크나안의 거주민들이 다 녹으리이다. 그들에게 두려움과 무서움이 임하매 당신의 크신 팔로 인하여 그들이 돌같이 잠잠하리니, 오 여호와여, 당신의 백성 곧 당신께서 사신 그 백성이 건너기까지 그리하리이다. 당신께서 그들을 데려오사 당신의 상속의 산에 심으시리니, 오 여호와여, 그곳은 당신께서 거하시려고 만드신 곳이니이다. 오 아도나이(나의 주님 אֲדֹנָי)여, 그곳은 당신의 손으로 세우신 성소로소이다. 여호와께서 영원무궁토록 통치하시리이다.(여호와-그의 왕국이 영원 영원토록 지속되리로다.)

이는 파르오의 말과 병거들과 기병들이 함께 바다로 들어가매 여호와께서 바닷물을 되돌려 그들 위에 흐르게 하셨으나 이스라엘 자손은 바다 한가운데서 마른 땅 위로 갔음이더라.

< 신 32:39~43 > 모쉐의 노래

이제는 나 곧 내가 그인줄 알라. (X2)

나와 견줄 신이 없도다. 내가 죽이기도 하고 살리기도 하며 상하게도 하고 낫게도 하나니 내 손에서 능히 건져 낼 자가 없도다. 이는 내가 하늘을 향해 내 손을 들고 말하기를. 나는 영원히 사노라, 하기 때문이라. 내가 나의 번쩍이는 칼을 갈며 내 손에 심판을 쥐고 내 원수들을 보복하며 나를 미워하는 자에게 보응하리라. 내가 내 화살들로 하여금 피에 취하게 하고 내 칼로 하여금 고기를 삼키게 하리니 곧 원수에게 복수하기 시작한 때부터 죽임당한 자들과 포로된 자들의 피에 취하게 하리라, 하시는도다. 오 너희 민족들아, 그 분의 백성과 함께 기뻐하라. 이는 그분께서 자신의 종들의 피를 복수하사 자신의 대적들에게 원수를 갚으시고 자신의 땅과 백성에게 긍휼을 베푸실 것임이로다.

또 내가보니 불 섞인 유리 바다 같은 것이 있는데 짐승과 그의 형상과 그의 표와 그의 이름의 수를 이기고 승리한 자들이 엘로힘의 하프를 가지고 유리바다 위에 서서 엘로힘의 종 모세의 노래와 어린양의 노래를 부르며 이르되, 여호와 엘로힘의 전능자여, 당신께서 하시는 일들은 크고 놀랍나이다. 성도들의 왕이여, 당신의 길들은 의롭고 참되나이다. 오 여호와여 누가 당신을 두려워하지 아니하며 당신의 이름을 영화롭게 하지 아니하오리이까. 이는 오직 당신만 거룩하시기 때문이니이다. 당신의 심판들이 드러났사오매 모든 민족들이 나아와 당신 앞에 경배하리이다. (계 15:2~4)

<하짠> 이는 왕국이 여호와의 것이요, 그분께서 민족들 가운데서 다스리는 자이시기 때문이로다. 여호와께서 온 땅위에 왕이 되시리니 – 그날에 에하드이신 여호와가 계실 것이며 그분의 이름은 에하드이시리라. 오 이스라엘아 들으라. 여호와는 우리 엘로힘, 여호와는 에하드 이시다.

-일어서서 낭송한다. '이 순간부터 영원까지'부터 '합당합니다'는 멈추지 않고 단숨에 낭송한다.

당신의 이름이 영원히 찬양을 받으소서. 우리의 왕 우리의 엘로힘 하늘들과 온 땅위에 위대하시고 거룩하신 왕이시여. 오 여호와 우리의 엘로힘, 그리고 우리 아버지들의 엘로힘, 이 순간부터 영원까지 노래와 경배, 찬양과 찬송, 힘과 통치, 위대한 승리와 권능, 예배와 영화로움, 거룩함과 왕국, 송축과 감사를 드림이 합당합니다.

<하짠> 바룩 앝타 아도나이, 찬양 가운데서 위대한 왕이신 엘로힘, 감사의 엘로힘, 기적의 주권자, 찬송의 노래들을 선택하신 분이시여. 왕이신 엘로힘, 온 세상에 생명을 주신 분이시여.

씨두르

[회중-아멘.]
- 로쉬 하샤나로부터 욤키푸르까지 그리고 호쉬아나 라바에 많은 회중들이 시편 130편을 낭송한다. 아크가 열리고 각 절들이 리더에 의해 낭송된다. 그리고 회중에 의해 낭송된다.

שִׁיר הַמַּעֲלוֹת 위로 올라가는 노래

오 여호와여, 내가 깊음들 속에서 당신께 부르짖었나이다. 아도나이(나의 주님)여, 나의 음성을 들으시고 나의 간구하는 소리에 당신의 귀를 기울이소서. 오 아도아이(나의 주님)여, 여호와께서 불법들을 지켜보실진대 누가 능히 서리까. 그러나 용서가 당신께 있사오니 이것은 당신을 두려워하게 하려 하심이니이다. 내가 여호와를 기다리고 내 혼이 기다리며 나는 그분의 말에 소망을 두는도다. 내 혼이 아도나이(나의 주님)를 기다림이 파숫꾼이 아침을 기다림보다 더하도다. 이스라엘은 여호와께 소망을 둘지어다. 이는 여호와께 헤쎄드(인애)가 있으며 그분께 풍성한 구속이 있기 때문이로다. 그분께서 이스라엘을 그의 모든 불법에서 구속하시리로다.

- 만약 민얀이 있다면, 하짠이 하프-카디쉬와 보르후를 낭송한다.

◈ 하프- 카디쉬

יִתְגַּדַּל וְיִתְקַדַּשׁ שְׁמֵהּ רַבָּא:
달갇읻   웨읻칻닫쉬   쉬메-   라밥

위대하신 그분의 이름이여,
높임을 받으시고 거룩히
여김을 받으소서

※회중 - אָמֵן:
       아멘

|회중-아멘|

בְּעָלְמָא דִּי בְרָא כִרְעוּתֵהּ:
베알마   디   베라   키르-에우테

그의 기쁘신 뜻을 따라
창조된 세상에서

וְיַמְלִיךְ מַלְכוּתֵהּ בְּחַיֵּיכוֹן וּבְיוֹמֵיכוֹן
붸얌릭   말쿠-테   베하예콘   우베요메콘

וּבְחַיֵּי דְכָל בֵּית יִשְׂרָאֵל בַּעֲגָלָא וּבִזְמַן
우베하예 데콜   베트   이스라엘   바아갈라   우비즈만

קָרִיב: וְאִמְרוּ אָמֵן:
카립   웨임루   아멘

그리고 당신의 생명
안에서 그리고 당신의
날들 안에서, 모든
이스라엘 집의 생명의
시간들 안에서 그분이
가까운 시간 안에, 그의
왕권으로 통치하시기를.
아멘으로 화답하라.

회중※

אָמֵן: יְהֵא שְׁמֵהּ רַבָּא מְבָרַךְ לְעָלַם
아멘   예헤 쉐메- 라바 메바락 레올람

וּלְעָלְמֵי עָלְמַיָּא: |
울레알메 알마야

※회중
| 아멘.
위대한 그분의 이름을
영원, 영원, 영원토록
송축할지어다. |

יְהֵא שְׁמֵהּ רַבָּא מְבָרַךְ לְעָלַם וּלְעָלְמֵי
예헤 쉐메- 라바 메바락 레올람 울레알메

עָלְמַיָּא:
알마야

위대한 그분의 이름을
영원, 영원, 영원토록
송축할지어다.

יִתְבָּרַךְ וְיִשְׁתַּבַּח וְיִתְפָּאַר וְיִתְרוֹמַם
이트바락 베이쉬타박 베이트파아르 베이트로맘

וְיִתְנַשֵּׂא וְיִתְהַדָּר וְיִתְעַלֶּה וְיִתְהַלָּל שְׁמֵהּ
베이트낫세 베이트하다르 베이트알레 베이트할랄 쉐메-

דְּקֻדְשָׁא בְּרִיךְ הוּא
데쿠드샤 브릭 후

송축 받으시며, 찬송
받으시고, 영광받으시며,
높임 받으시고, 칭송
받으시고, 위엄 있으시며,
예배 받으시며, 찬양
받으소서. 거룩하신
그분의 이름! 베릭 후
(그분을 송축합니다.)

회중※

| בְּרִיךְ הוּא: |
브릭 후

※회중
|베릭 후 (그분을
송축합니다.)|

※1 לְעֵלָּא מִן כָּל בִּרְכָתָא וְשִׁירָתָא
레엘라 민 콜 비르카타 베쉬라타

תֻּשְׁבְּחָתָא וְנֶחֱמָתָא דַּאֲמִירָן בְּעָלְמָא:
투쉬베하타 베네헤마타 다아미란 베알마

וְאִמְרוּ אָמֵן:
베임루 아멘

세상에 이미 알려진
것보다도 더 큰 축복과
노래와 찬양과 깊은
사랑을 당신께
올려드립니다.

아멘으로 화답하라.

| ※회중-אָמֵן: |
아멘

|※회중-아멘|

※1 로쉬 하샤나에서 욤 키푸르까지 대체

לְעֵלָּא וּלְעֵלָּא מִכָּל
레엘라 울레엘라 미콜

10. 바레쿠 – 예배로의 부르심

-리더가 '바레쿠'에 절하고 '아도나이'에 일어선다.

$$בָּרְכוּ אֶת יהוה הַמְבֹרָךְ$$
락보함 이나도아 엩 쿠레바

-회중이 리더를 따라서 응답한다. '바룩'에 절하고 '아도나이'에 일어선다.

$$בָּרוּךְ יהוה הַמְבֹרָךְ לְעוֹלָם וָעֶד$$
드에봐 람올레 락보함 이나도아 룩바

왕 중의 왕이신 그분의 이름이여! 송축을 받으시고, 찬양을 받으시고, 영광 받으시고, 높임 받으시고, 칭송 받으소서. 땅의 왕들의 왕이시여, 거룩하신 분, 송축 받으실 바로 그분이시여. 그분은 처음과 나중이십니다. 그분 외에 다른 신이 없습니다. 그분의 이름을 찬양하라. 하늘을 타고 구름을 타고 다니시는 그분의 이름 여호와를 높이 찬양하라. 그분 앞에서 기뻐할지어다. 그분의 이름이 모든 송축과 찬양 위에 높임을 받으소서. 그분의 영광스런 왕국의 이름이 영원히 찬송 받을지어다. 지금부터 영원까지 여호와의 이름이 송축 받으시리로다.

◈ 쉐마 블레싱 ברכות קריאת שמע

בָּרוּךְ 바룩 앝타 아도나이 엘로헤누 멜렉 하올람.
빛을 조성하시고 어둠을 창조하신 분이시여. 샬롬을 만드시고 모든 것을 창조하시는 도다.

הַמֵּאִיר 깊은 사랑으로 땅과 그 위에 거하는 자들에게 빛을 비추시는 도다. 그의 선하심으로 매일 창조의 작품들을 새롭게 하시는 도다. 당신의 일하심이 어찌 그리 위대하신지요. 오 여호와여, 당신께서 행하신 일들이 어찌 그리 많은지요. 당신께서 지혜로 그것들을 다 만드셨사오니 당신의 부요하심이 땅에 가득하나이다. 그 때로부터 홀로 높임을 받으신 왕, 영원의 날들로부터 찬양 받으시고, 영광 받으시고, 높임 받으신 분이시여. 영원한 왕이시여, 당신의 풍성한 긍휼로 우리를 긍휼히 여기소서. 오 우리 능력의 주권자, 우리 요새의 반석, 오 우리 구원의 방패, 우리를 견고하게 하시는 분이시여. 여호와 우리 엘로힘 당신 손으로 만드신 모든 것의 찬양을 통해 송축 받으십니다. 당신께서 만드신 빛을 비춤으로 당신께서는 송축 받으실 것입니다. 그들이 당신을 영화롭게 할 것입니다. 쎌라!

תִּתְבָּרַךְ 당신은 송축 받으실 것입니다. 우리의 반석, 우리의 왕 그리고 구속자, 거룩한 자들의 창조자. 당신의 이름이 영원히 찬양 받으실 것입니다. 우리의 왕, 오 사역하는 자들을 만드신 분이시여, 그의 사역자들은 높은 곳에 서 있습니다. 그리고 모두 함께 경외함 속에서 목소리로 – 생명의 엘로힘 영원한 세상의 왕의 말씀들을 선포합니다. 그들 모두는 두려움과 경외함 속에서 그들을 창조한 자의 뜻을 행합니다.

<하짠> 그리고 그들 모두는 거룩, 순결, 찬양, 찬미 안에서 입을 엽니다.
그리고 송축하고, 경배하고, 영광을 돌리고, 존귀를 드리고, 거룩케 합니다. 그리고 왕권을 선포합니다.

אֶת־שֵׁם 엩 하쉠 하엘 함멜렉 학가돌 베하노라 카도쉬 후
그 엘로힘의 이름이여, 위대하시고, 능력 있으시며, 두려우신 왕, 그분은 거룩하십니다.

<하짠> 그리고 그들 모두는 서로 서로로부터 그들 위에 하늘 왕국의 결합을 받아들일 것입니다. 그리고 그들을 조성하신 분을 거룩하게 하기 위해 기쁨의 영 안에서, 분명한 언어 안에서, 그리고 달콤함 안에서 서로 서로에게 권위를 줄 것입니다. 모두가 에하드가 되어 거룩을 선포하며 경외함 안에서 말할 것입니다.

※모두가 큰 소리로

קָדוֹשׁ קָדוֹשׁ קָדוֹשׁ יְהוָה צְבָאוֹת
쯔바옽 이나도아 쉬도카 쉬도카 쉬도카

거룩하다. 거룩하다. 거룩하다.
만군의 여호와여, 그분의 영광이 온 땅에 충만하도다.

מְלֹא כָל־הָאָרֶץ כְּבוֹדוֹ:
도보케 쯔레아하-콜 로멜

קָדוֹשׁ קָדוֹשׁ קָדוֹשׁ יְהוָה אֱלֹהִים צְבָאוֹת
쯔바옽 힘로엘 이나도아 쉬도카 쉬도카 쉬도카

거룩하다. 거룩하다. 거룩하다. 여호와 만군의 엘로힘.

אֲשֶׁר הָיָה וְהֹוֶה וְיָבוֹא
보야붸 베호붸 야하 르쉐아

전에도 계셨고 지금도 계시고 앞으로도 오실 이시라.

בָּרוּךְ כְּבוֹד־יְהוָה מִמְּקוֹמוֹ:
모코므밈 이나도아-드보케 룩바

그 분의 선 곳으로부터 여호와의 영광이 임하여 송축 받으시는도다.

11. 쉐 마 שְׁמַע

-매일 쉐마를 낭송하기 전에 긍정적인 명령을 지키는 것에 집중한다. 각 단어를 또박또박 정확하게 발음하는 것이 중요하다. 민얀(종교적 의무에 필요한 성인 정원10명)이 없이 기도할 때는 다음의 세 단어를 기도하고 시작한다.

נֶאֱמָן / מֶלֶךְ / אֵל
만에네 / 렉멜 / 엘   엘, 신실하신 왕.

-첫 번째 절은 오른손으로 눈을 가리고 크게 낭송한다. 그리고 엘로힘의 절대적인 주권을 받아들이는 것에 집중한다.

שְׁמַע יִשְׂרָאֵל יְהוָה אֱלֹהֵינוּ יְהוָה אֶחָד:
드하에 이나도아 누헤로엘 이나도아 엘라쓰이 마쉐

오 이스라엘아, 들으라,
여호와는 우리 엘로힘, 여호와는 에하드이시라.

-조용히   [바룩 쉠 케보드 말쿠토 레올람]

이는 하늘에 증거하시는 세 분이 계시기 때문이니 곧 아버지와 말씀과 성령님이시라. 또한 이 세 분은 에하드이시니라. 여호와께서 온 땅위에 왕이 되시리니 – 그 날에는 에하드이신 여호와가 계실 것이며, 그 분의 이름은 에하드이시리라.

<신명기 6:5~9>

-신명기 6:5~9를 읽는 동안 엘로힘을 사랑하라는 계명을 받아들이는 것에 집중한다.

וְאָהַבְתָּ אֵת יְהוָה אֱלֹהֶיךָ בְּכָל־ לְבָבְךָ
카베바레 -콜베 카헤로엘 이나도아 엘 타브하아붸

너는 네 마음을 다하고 혼을 다하고 힘을 다하여 여호와 네 엘로힘을 사랑하라.

וּבְכָל־ נַפְשְׁךָ וּבְכָל־ מְאֹדֶךָ:
카데오메 -콜브우 카쉐프나 -콜브우

וְהָיוּ הַדְּבָרִים הָאֵלֶּה אֲשֶׁר אָנֹכִי מְצַוְּךָ
카베짭메 키노아 르쉐아 레엘하 림바데한 유하붸

이 날 내가 네게 명령하는 이 말씀들을 너는 마음 속에

| 두고 | הַיּוֹם עַל־ לְבָבֶךָ: |
| | 카베바레 -알 욤하 |

너는 그것들을 네 자녀들에게 반복하고, 집에 앉았을 때에든지, 길을 걸어갈 때에든지, 누웠을 때에든지, 일어날 때에든지 말하여야 한다.

| וְשִׁנַּנְתָּם לְבָנֶיךָ וְדִבַּרְתָּ בָּם בְּשִׁבְתְּךָ |
| 카테브쉬베 밤 타르바딥붸 카네바레 탐난쉰붸 |
| בְּבֵיתֶךָ וּבְלֶכְתְּךָ בַדֶּרֶךְ וּבְשָׁכְבְּךָ וּבְקוּמֶךָ: |
| 카메쿠브우 카베크쇼브우 크레데받 카테크레브우 카테베베 |

너는 또 그것들을 네 손에 매어 표적이 되게 하고 네 눈 사이에 표시들로 두어야 한다.

| וּקְשַׁרְתֶּם לְאוֹת עַל־ יָדֶךָ וְהָיוּ לְטֹטָפֹת |
| 폳타토레 유하붸 카데야 -알 트오레 탐르샤크우 |
| בֵּין עֵינֶיךָ: |
| 카네에 벤 |

또 네 집의 문설주들과 네 대문들에 기록해야 한다.

| וּכְתַבְתָּם עַל־ מְזוּזוֹת בֵּיתֶךָ וּבִשְׁעָרֶיךָ: |
| 카레아쉬비우 카테베 좉주메 -알 탐브타크우 |

-신명기 1:13~21을 낭송하는 동안, 모든 계명과 상과 벌의 개념을 받아들이며 집중한다.

< 신명기 11:13~21 >

그리고 만일 너희가 오늘 내가 너희에게 명령하는 명령들, 곧 여호와 너희들의 엘로힘을 사랑하기 위한, 그리고 온 마음과 온 혼으로 그를 섬기기 위한 나의 명령들을 듣고 순종하면, 내가 너희들의 땅에 이른 비와 늦은 비를 제 때에 주리니 네가 네 곡식과 네 포도즙과 네 기름을 거둘 것이요, 또 내가 가축을 위하여 들에 풀을 내리니 네가 먹고 배부르리라. 너희들은 주의하라. 두렵건대 너희 마음이 유혹을 받아 너희가 돌이켜서 다른 신들을 섬기며 그들에게 경배하므로 여호와의 진노가 너희를 향해 불같이 타올라 그분께서 하늘을 닫아 비를 내리지 아니하시며 땅이 열매를 내지 아니하게 하시므로 여호와께서 너희에게 주신 좋은 땅에서 너희가 속히 멸망할까 염려하노라. 그러므로 너희는 나의 이 말들을 너희 마음과 너희 혼에 두고 또 그것들을 너희 손에 매어 표적이 되게 하고 네 눈 사이에 표시들로 두어야 한다. 또 그것들을 너희 자녀들에게 가르치고 네 집에 앉았을 때에든지 길에서 걸을 때에든지 누웠을 때에든지 일어날 때에든지 그것들에 관하여 말하고 또 네 집의 문기둥과 문에 기록해야 한다. 그리하면 너희들과 너의 자녀들의 날들이, 땅 위에 하늘의 날들로써 크게 증가될 것이다. 여호와께서 너희 아버지들에게 주리리고 맹세하신 땅에서 그렇게 될 것이다.

씨두르

-민수기 15:37~41절을 낭송하기 전에, 오른손에 찌찌트(술)를 잡는다. 찌찌트(술)라는 단어가 나올 때, 그리고 문단의 끝에서 찌찌트(술)에 키스한다. '그것을 보고'가 나오면 찌찌트(술)를 눈 앞으로 지나게 한다.

-출애굽의 명령들을 이행하는 것에 집중한다.

< 민수기 15:37~41 >

여호와께서 모쉐에게 말씀하여 이르시되, 이스라엘 자손에게 말하고 명령하여 대대로 그들의 옷단에 술을 만들고 청색 끈을 그 단의 술에 붙이도록 하여 이것이 너희에게 술이 되게 할지니 이것은 너희로 하여금 그것을 보고 여호와의 모든 명령을 기억하여 행하게 하며 또 너희 마음과 눈을 따라 음행의 길로 가지 아니하게 하려 함이라. 그리하면 너희가 내 모든 명령을 기억하고 행하여 너희 엘로힘 앞에 거룩한 자가 되리라. 나는 너희 엘로힘이 되려고 너희를 미쯔라임(이집트) 땅에서 인도하여 낸 여호와 너희 엘로힘이니 곧 나는 여호와 너희 엘로힘이니라.

예슈아께서 대답하시되, 모든 명령 중에서 첫째 명령은 이것이니, 오 이스라엘아 들으라 여호와는 우리의 엘로힘, 여호와는 에하드이시라. 너는 네 마음을 다하고 혼을 다하고 생각을 다하고 힘을 다하여 여호와 네 엘로힘을 사랑하라 하셨으니 이것이 첫째 계명이니라. 둘째는 이와 같으니 곧 너는 네 이웃을 네 자신과 같이 사랑하라 하신 것이라. 이보다 더 큰 명령이 없느니라. (막12:29~31)
우리에게는 오직 에하드이신 엘로힘 곧 아버지가 계시기 때문이니 모든 것이 그분에게서 났고 우리도 그분 안에 있으며 또한 에하드이신 여호와, 예슈아 마쉬아흐가 계시기 때문이니 모든 것이 그분으로 말미암아 존재하고 우리도 그분으로 말미암아 존재하느니라. (cf 고전 8:3~6)
내가 그들 안에 있고 아버지께서 내 안에 계신 것은 그들로 하여금 에하드 안에서 완전함을 이루게 하려 함이며 아버지께서 나를 보내신 것과 또 나를 사랑하신 것같이 그들도 사랑하신 것을 세상으로 하여금 알게 하려 함이로소이다. (요17:23)

<하짠>

תְּהִלּוֹת לְאֵל עֶלְיוֹן בָּרוּךְ הוּא וּמְבֹרָךְ

락보움 후 룩바 욘엘 엘레 롵힐테

지극히 높으신 엘(אל)을 향한 찬양들이여! 송축 받으시는 그분을 송축하라!

모쉐와 이스라엘의 자녀들은 큰 기쁨으로 한 노래를 크게 불렀습니다. 그리고 그들 모두는 말하였습니다.

מִי־כָמֹכָה בָּאֵלִם יְהוָה מִי כָּמֹכָה

카모카 미 이나도아 림엘바 카모카 - 미

נֶאְדָּר בַּקֹּדֶשׁ נוֹרָא תְהִלֹּת עֹשֵׂה פֶלֶא:

레펠 쎄오 롵힐테 라노 쉬데코박 르다에네

누가 신들 중에 당신과 같겠습니까.
여호와여 누가 당신과 같이 거룩함 속에서 영화로우시며 찬양할 만큼 두려우시며 이적들을 행하리이까. (X2)

<하짠> 새 노래로 구속받은 자들이 바다에서 당신의 이름을 찬양했습니다. 그들 모두는 하나가 되어 감사를 드리고 당신의 통치를 깨달았습니다. 그리고 그들은 말했습니다.

יְהוָה יִמְלֹךְ לְעֹלָם וָעֶד

드에봐 람올레 록임 이나도아

여호와께서 영원 무궁토록 통치하시리라

-여기에서 뒤로 세 걸음 간다. '쉐모네, 에스레, 카디쉬, 케두샤 또는 아멘'에서 방해하거나 멈추는 것은 금지된다.

צוּר יִשְׂרָאֵל קוּמָה בְּעֶזְרַת יִשְׂרָאֵל
쭈르 이스라엘 쿠마 베에즈라트 이스라엘

וּפְדֵה כִנְאֻמֶךָ יְהוּדָה וְיִשְׂרָאֵל
우페데 킨우마카 예후다 베이스라엘

גֹּאֲלֵנוּ יְהֹוָה צְבָאוֹת שְׁמוֹ קְדוֹשׁ יִשְׂרָאֵל:
고알레누 아도나이 체바옷 쉐모 케도쉬 이스라엘

בָּרוּךְ אַתָּה יְהֹוָה גָּאַל יִשְׂרָאֵל:
바룩 아타 아도나이 가알 이스라엘

<하짠> 이스라엘의 반석이시여, 일어나사 이스라엘을 도우소서.

그리고 당신이 맹세하신대로 유다와 이스라엘을 구속하소서.

우리의 구속자, 그 이름은 만군의 여호와 이스라엘의 거룩하신 분,

이스리엘을 구속하신 분이시여.

-아비누와 슈모네 에스레이 기도를 하기 위해 엘로힘의 존전 앞으로 세 걸음 나온다.

12. 아 비 누 אָבִינוּ

אָבִינוּ שֶׁבַּשָּׁמַיִם יִתְקַדַּשׁ שְׁמֶךָ
카쉼   쉬데칸잍   임마샤바쉡   누비아

하늘에 계신 우리 아버지여 당신의 이름이 거룩히 여김을 받으시오며

תָּבֹא מַלְכוּתֶךָ יֵעָשֶׂה רְצוֹנְךָ בָּאָרֶץ
쯔레알바   카쫀레   쎄아예   카테쿠말   보타

כַּאֲשֶׁר נַעֲשָׂה בַשָּׁמַיִם
임마샤밧   싸아나   르쉐아카

당신의 왕국이 임하시오며 당신의 뜻이 하늘에서 이루어진 것같이 땅에서도 이루어지이다.

תֶּן־לָנוּ הַיּוֹם לֶחֶם חֻקֵּנוּ
누케훅   헴레   욤하   누라-텐

오늘 우리에게 일용할 레헴(양식)을 주옵시고

וּסְלַח־לָנוּ אֶת־אַשְׁמָתֵנוּ כַּאֲשֶׁר סֹלְחִים
힘쏠   르쉐아카   누테마쉬아-엩   누라-흐라쏠우

אֲנַחְנוּ לַאֲשֶׁר אָשְׁמוּ לָנוּ
누라   무쉬오   르쉐아라   누흐나아

우리가 우리에게 빚진 자들을 용서하는 것같이 우리의 빚을 용서하옵시고

וְאַל־תְּבִיאֵנוּ לִידֵי מַסָּה כִּי
키   싸맛   데리   누에비테-알붸

אִם־הַצִּילֵנוּ מִן־הָרָע
라하-민   누레찌핫-임

우리를 인도하사 시험에 들지 말게 하옵시고 다만 악에서 구하시옵소서.

כִּי לְךָ הַמַּמְלָכָה וְהַגְּבוּרָה וְהַתִּפְאֶרֶת
렡에프티핱붸   라부그핱붸   카라맘함   카레   키

לְעוֹלְמֵי עוֹלָמִים אָמֵן
멘아   밈라올   메올레

이는 왕국과 권능과 영광이 영원토록 당신의 것임이니이다. 아멘

13. 슈모네 에스레 - 아미다

-슈모네 에스레를 낭송하는 동안에는 발을 모으고 선 채로 한다. 이것을 낭송하는 동안에는 침묵해야 하며, 어떤 방해가 있거나 다른 사람과 대화를 해서도 안된다. 다른 사람에게는 들릴 필요가 없지만, 자기만 알아들을 정도의 소리로 기도한다.

אֲדֹנָי שְׂפָתַי תִּפְתָּח וּפִי יַגִּיד תְּהִלָּתֶךָ׃

카테라힐테   드기약   피우   타프티   이타파쓰 이나도아

오 아도나이(나의 주님)시여! 당신이 나의 입술을 열어 주소서.
내 입이 당신의 찬양을 전하리이다.

아도나이 스파타이 티프타 우피 약기드 테힐라테카, 앝타 가돌 앝타 베아길라 비슈아테카 (X2)
/ 오 아도나이시여! 당신이 나의 입술을 열어 주소서. 내입이 당신의 찬양을 전하리이다.
  당신은 위대하십니다. 그리고 당신의 구원 안에서 기뻐할 것입니다.

아도나이 스파타이 티프타 우피 약기드 쉠 예슈아 임마누엘 임마누엘 하쉠 예슈아 함마쉬아흐 (X2)
/ 오 아도나이시여! 당신이 나의 입술을 열어 주소서. 내 입이 당신의 예슈아를 전하리이다.
우리와 함께 하시는 엘(אֵל). 그 이름 예슈아 함마쉬아흐.

예슈아 함마쉬아흐의 이름으로 구하오니 우리의 모든 기도를 들으소서.

◈ 아브라함, 이쯔학, 야아콥의 엘로힘(אֱלֹהִים)을 찬양 - 아보트 אבות

בָּרוּךְ אַתָּה יהוה אֱלֹהֵינוּ וֵאלֹהֵי
헤로붸   누헤로엘   이나도아 타앝   룩바

אֲבוֹתֵינוּ אֱלֹהֵי אַבְרָהָם אֱלֹהֵי יִצְחָק
학쯔이 헤로엘   함라브아   헤로엘   누테보아

וֵאלֹהֵי יַעֲקֹב הָאֵל הַגָּדוֹל הַגִּבּוֹר
르보기학 돌가학 엘하 콥아야   헤로붸

바룩 앝타 아도나이 엘로헤누, 우리 주 예슈아 함마쉬아흐의 엘로힘, 우리 아버지들의 엘로힘, 아브라함의 엘로힘 이쯔학의 엘로힘 야아콥의 엘로힘, 위대하시고 강력하시고 두려운 경외의 엘(אֵל), 선한 헤쎄드(인애)를 주시

✡ 씨두르

וְהַנּוֹרָא אֵל עֶלְיוֹן גּוֹמֵל חֲסָדִים
브하싸딤 게멜 엘욘 엘 브하노라

는 분, 모든 것을 창조하시는 분, 그리고 아버지들의 헤쎄드(인애)를 기억하시는 분, 그리고 그들의 자녀들의 자녀들을 위해 구속자(고엘)를 가져오시는 분, 주 예슈아여 속히 오소서.

טוֹבִים וְקוֹנֵה הַכֹּל וְזוֹכֵר חַסְדֵּי
하쓰데 베조케르 하콜 베코네 토빔

그분의 이름을 위해!

אָבוֹת וּמֵבִיא גוֹאֵל לִבְנֵי בְנֵיהֶם לְמַעַן
레마안 브네헴 리브네 고엘 우메비 아보트

사랑 안에서!

שְׁמוֹ בְּאַהֲבָה :
브아하바 쉐모

※ 로쉬 하샤나에서 욤 키푸르까지

זָכְרֵנוּ לְחַיִּים מֶלֶךְ חָפֵץ בַּחַיִּים וְכָתְבֵנוּ
베카트베누 바하임 하페츠 멜렉 레하임 자크레누

생명을 위해 우리를 기억하소서. 생명을 갈망하시는 왕이시여. 그리고 생명책에 우리를 기록하소서-당신을 위하여, 오 살아계신 엘로힘이시여.

בְּסֵפֶר הַחַיִּים לְמַעַנְךָ אֱלֹהִים חַיִּים :
하임 엘로힘 레마안카 하하임 베세페르

מֶלֶךְ עוֹזֵר וּמוֹשִׁיעַ וּמָגֵן בָּרוּךְ אַתָּה
아타 바룩 우마겐 우모쉬아 오제르 멜렉

우리의 왕이시며 돕는 이시며 구원자이시며 아브라함의 방패되신 주님. 바룩 앝타 아도나이 마겐(방패) 아브라함.

יהוה מָגֵן אַבְרָהָם :
아브라함 마겐 아도나이

◆ 죽은 자를 부활시키시는 분을 찬양   גבורות

אַתָּה גִבּוֹר לְעוֹלָם אֲדֹנָי
아도나이 레올람 깁보르 앝타

당신께서는 영원한 강력한 용사이십니다. 아도나이(나의 주님)!

מְחַיֶּה מֵתִים אַתָּה רַב לְהוֹשִׁיעַ :
레호쉬아 랍 앝타 메팀 메하예

죽은 자들을 살리시는 분이시여! 라브 레호쉬아-구원의 대장이십니다.

※※※1

מְכַלְכֵּל חַיִּים בְּחֶסֶד מְחַיֵּה מֵתִים
메팀 메하예 베헤쎄드 하임 메칼켈

헤쎄드(인애) 안에서 살아 있는 자들을 보전하소서 위대하고 깊은 사랑으로 죽은 자들을 살리소서.

בְּרַחֲמִים רַבִּים סוֹמֵךְ נוֹפְלִים וְרוֹפֵא
베로페 노플림 쏘멕 라빔 베라하밈

엎드린 자들에게 안수하시고 지

✡ 씨두르

חוֹלִים וּמַתִּיר אֲסוּרִים וּמְקַיֵּם אֱמוּנָתוֹ
호림 우마티르 아수림 움카예임 에무나토

לִישֵׁנֵי עָפָר:
리쉐네 아파르

지하시고 지원하소서.
상함을 치유하소서. 갇힌 자들 매인 자들을 자유케 하소서.
티끌에서 잠자는 자들을 위한 그분의 진리는 변하지 않습니다.

מִי כָמוֹךָ בַּעַל גְּבוּרוֹת וּמִי דּוֹמֶה לָּךְ
미 카모카 바알 게부롯 우미 도메 락

מֶלֶךְ מֵמִית וּמְחַיֶּה וּמַצְמִיחַ יְשׁוּעָה:
멜렉 메밑 우메하이예 우마쯔미아흐 예슈아

누가 당신과 같겠습니까. 강력한 일들의 주관자이시여! 누구를 당신과 비교하겠습니까. 삶과 죽음을 주장하는 왕이시여. 예슈아를 솟아나게 하소서.

※ 로쉬 하샤나에서 욤 키푸르까지

מִי כָמוֹךָ אַב הָרַחֲמִים
미 카모카 아브 하라하밈

זוֹכֵר יְצוּרָיו לְחַיִּים בְּרַחֲמִים:
조케르 예쭈라이브 레하임 베라하밈

누가 당신과 같겠습니까. 긍휼이 많으신 아버지여,
긍휼함 속에서 그분께서 만드신 것에 생명을 주시기 위해 기억하시는 분이시여.

וְנֶאֱמָן אַתָּה לְהַחֲיוֹת מֵתִים :
베네에만 아타 레하하요트 메팀

בָּרוּךְ אַתָּה יְהוָה מְחַיֵּה הַמֵּתִים :
바룩 아타 아도나이 메하이예 함메팀

죽은 자의 부활에 당신께서는 신실하십니다.
바룩 앝타 아도나이 메하이예 함메팀/
죽은 자를 부활시키시는 주님.

쉐미니 아쩨레트와 페싹 사이에 ※※※1

מַשִּׁיב הָרוּחַ וּמוֹרִיד הַגֶּשֶׁם
마쉽 하루아흐 우모리드 학게쉠

바람을 불게 하시고 비를 내리게 하시는 분이시여.

페싹에서 수콧까지 ※※※1

מוֹרִיד הַטָּל
모리드 핱탈

이슬을 내리게 하시는 분이시여.

◆ 케두샤   קְדוּשָׁה

■케두샤를 낭송할 때는 두 발을 모으고 서야 하고, 어떤 방해도 없어야 한다.
다음 단어를 말할 때는 발끝으로 선다.   קָדוֹשׁ   בָּרוּךְ   יִמְלֹךְ

נְקַדֵּשׁ אֶת שִׁמְךָ בָּעוֹלָם כְּשֵׁם שֶׁמַּקְדִּישִׁים
쉼디크마쉠 쉠케 람올바 카쉠 엩 쉬데칸네

אוֹתוֹ בִּשְׁמֵי מָרוֹם כַּכָּתוּב עַל יַד נְבִיאֶךָ
카에비네 드야 알 브루카카 롬마 메쉬비 토오

וְקָרָא זֶה אֶל זֶה וְאָמַר:
르마아붸 제 엘 제 라카붸

קָדוֹשׁ। קָדוֹשׁ קָדוֹשׁ יְהוָה צְבָאוֹת
옽바쩨 이나도아 쉬도카 쉬도카 쉬도카

מְלֹא כָל־הָאָרֶץ כְּבוֹדוֹ:
도보케 쯔레아하-콜 로믈

לְעֻמָּתָם בָּרוּךְ יֹאמֵרוּ:
루메요 룩바 탐마움레

בָּרוּךְ כְּבוֹד־יְהוָה מִמְּקוֹמוֹ:
모코므밈 이나도아-드보케 룩바

וּבְדִבְרֵי קָדְשְׁךָ כָּתוּב לֵאמֹר:
르모레 브투카 카쉐드코 레브디베우

יִמְלֹךְ יְהוָה। לְעוֹלָם אֱלֹהַיִךְ צִיּוֹן
욘찌 크이하로엘 람올레 이나도아 록임

לְדֹר וָדֹר הַלְלוּ־יָהּ:
-야-루렐할 르도바 르도레

לְדוֹר וָדוֹר נַגִּיד גָּדְלֶךָ וּלְנֵצַח נְצָחִים
힘짜네 흐짜네울 카레드가 드기낙 르도바 르도레

קְדֻשָּׁתְךָ נַקְדִּישׁ וְשִׁבְחֲךָ אֱלֹהֵינוּ מִפִּינוּ
누피밉 누헤로엘 카하브쉬붸 쉬디케나 카테샤둣케

לֹא יָמוּשׁ לְעוֹלָם וָעֶד כִּי אֵל מֶלֶךְ גָּדוֹל
돌가 렉멜 엘 키 드에바 람올레 쉬무야 로

וְקָדוֹשׁ אָתָּה:
타앝 쉬도카붸

בָּרוּךְ אַתָּה יְהוָה הָאֵל הַקָּדוֹשׁ:
쉬도카핰 엘하 이나도아 타앝 룩바

회중> 우리는 이 세상에서 당신의 이름을 거룩히 여깁니다. 그것은 그 이름이 하늘 높은 곳에서 거룩히 여김을 받는 것과 같습니다.

하짠> 당신의 예언자에 의해 쓰여진 것처럼, 하나가 다른 하나에게 크게 외쳐 이르되:

회중> 거룩하다 거룩하다 거룩하다 만군의 여호와여. 그분의 영광이 온 땅에 충만하도다.

하짠> 그들을 바라보는 자들이 말하는 도다 '바룩'

회중> 그분의 선 곳으로부터 여호와의 영광이 임하여 송축 받으시는도다.

하짠> 당신의 거룩한 말씀에 쓰여져 있기를

회중> 여호와께서 영원히 통치하시리니 찌욘아 네 엘로힘께서 모든 세대에 이르기까지 통치하시리로다. 너희는 여호와를 찬양하라.

하짠> 우리는 이 세대로부터 오는 세대까지 당신의 위대하심을 전할 것입니다. 우리는 당신의 거룩함을 선포할 것입니다. 우리는 영원히 당신을 거룩히 여길 것입니다. 우리 엘로힘이시여, 우리의 입에서 당신을 향한 찬양이 영원히 떠나지 않을 것입니다.
오 엘(אֵל)당신은 위대하고 거룩한 왕이십니다.

바룩 앝타 아도나이 거룩한 왕이시여.

씨두르

◆ 엘로힘의 이름의 거룩함 קְדוּשַׁת הַשֵׁם

אַתָּה קָדוֹשׁ וְשִׁמְךָ קָדוֹשׁ
쉬도카   카쉼붸   쉬도카   타앝

당신은 거룩하십니다.
그리고 당신의 이름은 거룩합니다.

וּקְדוֹשִׁים בְּכָל יוֹם יְהַלְלוּךָ סֶּלָה :
라쎌   카루렐할예   욤   콜베   쉼도케우

거룩한 자들이 모든 날 동안에 당신을 찬양합니다. 쎌라.

בָּרוּךְ אַתָּה יהוה הָאֵל הַקָּדוֹשׁ :
쉬도카핳   엘하   이나도아   타앝   룩바

바룩 앝타 아도나이 거룩한 엘(אל)이시여.

◆ 지식과 분별을 위한 간구 בִּינָה

אַתָּה חוֹנֵן לְאָדָם דַּעַת וּמְלַמֵּד
드메람움   앝다   담아레   넨호   타앝

당신은 사람을 긍휼이 여기심으로 지식(다아트)를 주십니다. 그리고 연약한 인간(에노쉬)에게 분별(비나)를 가르치십니다.

לֶאֱנוֹשׁ בִּינָה :
나비   쉬노에레

חָנֵּנוּ מֵאִתְּךָ דֵּעָה בִּינָה וְהַשְׂכֵּל :
켈스하붸   나비   아데   카트잍메   누네한

우리에게 은혜를 베푸사 당신으로부터 오는 여호와를 아는 지식(데아), 분별(비나) 통찰(하스켈)을 주소서. 지혜와 계시의 영을 주소서.

בָּרוּךְ אַתָּה יהוה חוֹנֵן הַדָּעַת :
트아다핟   넨호   이나도아   타앝   룩바

바룩 앝타 아도나이 호넨 하다아트
/지식을 은혜로이 주시는 분이시여.

◆ 우리의 아버지, 토라로의 회개 תְּשׁוּבָה

הֲשִׁיבֵנוּ אָבִינוּ לְתוֹרָתֶךָ וְקָרְבֵנוּ
누베르카붸   카테라토레   누비아   누베쉬하

우리의 아버지여, 우리를 당신의 토라로 회개(슈브)하게 하소서. 그리고 우리 왕이시여, 당신을 섬기도록 우리를 가까이 이끄소서.

מַלְכֵּנוּ לַעֲבוֹדָתֶךָ וְהַחֲזִירֵנוּ בִּתְשׁוּבָה
바슈테비   누레지하하붸   카테다보아라   누케말

שְׁלֵמָה לְפָנֶיךָ :
카네파레   마레쉬

그리고 당신의 얼굴을 향하는 완전한 회개 안에서 우리를 회복시키소서.

בָּרוּךְ אַתָּה יהוה הָרוֹצֶה בִּתְשׁוּבָה :
바슈테비   쩨로하   이나도아   타앝   룩바

바룩 앝타 아도나이 하로쩨 비테슈바
/회개를 원하시는 분이시여.

◆ 용서 סליחה

סְלַח לָנוּ אָבִינוּ כִּי חָטָאנוּ
쎌라흐 라누 아비누 키 하타누

מְחַל לָנוּ מַלְכֵּנוּ כִּי פָשָׁעְנוּ
메할 라누 말케누 키 파샤에누

כִּי מוֹחֵל וְסוֹלֵחַ אָתָּה:
키 모헬 붸쏘레아흐 아타

בָּרוּךְ אַתָּה יהוה חַנּוּן הַמַּרְבֶּה
바룩 아타 아도나이 한눈 함마르베

לִסְלוֹחַ:
리쓸로아흐

예슈아의 이름으로 기도하오니 우리를 용서하소서. 우리 아버지여 우리가 죄를 지었습니다.
우리를 벌하지 마소서 우리의 왕이시여. 우리가 법을 어겼습니다.
주께서는 벌하지 않으시는 분이시며 용서하시는 분이십니다.
바룩 앝타 아도나이
넘치는 용서를 은혜로이 주시는 분이시여.

◆ 구 속 גאולה

רְאֵה בְעָנְיֵנוּ וְרִיבָה רִיבֵנוּ וּגְאָלֵנוּ
에레 베안예누 붸리바 리베누 우그아레누

מְהֵרָה לְמַעַן שְׁמֶךָ כִּי גּוֹאֵל חָזָק אָתָּה:
메헤라 레마안 쉐메카 키 고엘 하작 아타

בָּרוּךְ אַתָּה יהוה גּוֹאֵל יִשְׂרָאֵל:
바룩 아타 아도나이 고엘 이쓰라엘

우리의 고통을 깊이 살피소서(르에). 그리고 우리의 주장을 변호하소서(리바). 그리고 속히 우리를 구속하소서 주의 이름을 위하여. 아도나이 예슈아 함마쉬아흐여 속히 오소서. 당신은 강한 구속자(고엘 하작)이십니다.
바룩 앝타 아도나이
이스라엘의 구속자이시여.

-금식하는 날에 하짠이 낭송한다.

우리에게 응답하소서. 여호와여 우리에게 응답하소서. 이 금식의 날에. 우리는 큰 애통함 가운데 있습니다. 우리의 악함을 보지 마옵소서. 우리로부터 당신의 얼굴을 감추지 마시옵소서. 그리고 우리의 간구를 외면하지 마옵소서. 우리가 부르짖을 때 가까이 하소서. 간절히 구하오니 당신의 헤세드(인애)가 우리를 위로하게 하소서. 그 때에는 그들이 부르기 전에 내가 응답할 것이요 그들이 아직 말하고 있을 때 내가 들으리라. (사65:24) 당신께서 말씀하신 것처럼 우리가 당신을 부르기 전에 우리에게 응답하소서. 당신은 여호와, 고통과 애통의 시간에 응답하시는 분이십니다. 당신은 고통과 애통의 모든 시간 속에서 구속하고 구출하시는 분이십니다. 바룩 앝타 아도나이 애통의 시간 속에서 응답하시는 분이시여.

씨두르

◆ 치유의 기도　רפואה

רְפָאֵנוּ יהוה וְנֵרָפֵא הוֹשִׁיעֵנוּ
누에쉬호　페라네붸 이나도아 누에파레

וְנִוָּשֵׁעָה כִּי תְהִלָּתֵנוּ אָתָּה וְהַעֲלֵה
레아하붸　타앝　누테라힐테　키 아쉐바닙붸

רְפוּאָה שְׁלֵמָה לְכָל מַכּוֹתֵינוּ כִּי
키　누테코막　콜레　마레쉴　아푸레

אֵל מֶלֶךְ רוֹפֵא נֶאֱמָן וְרַחֲמָן אָתָּה:
타앝　만하라붸　만에네　페로　렠멜　엘

בָּרוּךְ אַתָּה יהוה רוֹפֵא חוֹלֵי
레호　페로　이나도아　타앝　룩바

עַמּוֹ יִשְׂרָאֵל:
엘라쓰이　모암

우리를 치유하소서 주님, 그리하면 우리는 치유될 것입니다.
우리를 구원하소서 그리하면 우리가 구원될 것입니다.
우리의 모든 고통에 완전한 치유를 주소서.
[치유기도]
왕되신 엘(אֵל), 치료자이신 당신은 신실하고 긍휼이 많으십니다.
바룩 앝타 아도나이 로페 홀레이 암모 이스라엘/
그분의 백성 이스라엘의 아픔을 치유하시는 분이시여.

◆ 해의 축복을 위한 간구　ברכת השנים

-비르캇트 하샤님 블레싱은 페싹 절기기간부터 12월 4일 민하(혹은 윤년에는 5일)에 낭송된다. '이슬과 비의 축복을 주소서'는 12월 4일 마아리브부터 페싹까지 낭송된다.

בָּרֵךְ עָלֵינוּ יהוה אֱלֹהֵינוּ אֶת הַשָּׁנָה
나샷핫　엩　누헤로엘 이나도아 누레알 렠바

הַזֹּאת וְאֶת כָּל מִינֵי תְבוּאָתָהּ לְטוֹבָה
바토레　타아부테　네미　콜　엩붸　트죠핫

וְתֵן בְּרָכָה [טַל וּמָטָר לִבְרָכָה]
카라베리　르타마우　탈　카아베　텐붸

עַל פְּנֵי הָאֲדָמָה וְשַׂבְּעֵנוּ מִטּוּבֶךָ וּבָרֵךְ
렠바우　카베투밑　누에브쌉붸　마다아하 네페 알

שְׁנָתֵנוּ כַּשָּׁנִים הַטּוֹבוֹת:
트보토핫　님샤캇　누테나쉬

בָּרוּךְ אַתָּה יהוה מְבָרֵךְ הַשָּׁנִים:
님샤핫　렠바메 이나도아　타앝　룩바

여호와 우리 엘로힘, 우리를 위해 이 해를 축복하소서.
그리고 모든 종류의 소출을 최고로 선하게 축복하소서.
그리고 땅의 표면에 [이슬과 비의] 축복을 주소서.
당신께서 주시는 선한 것들로부터 우리에게 만족함이 있게 하소서. 가장 좋은 해들처럼 우리의 해를 축복하소서.
바룩 앝타 아도나이.
해들을 축복하는 분이시여.

[이스라엘을 위한 기도]

◆ 흩어진 백성을 다시 모음　　קִיבּוּץ גָלִיוֹת

תְּקַע בְּשׁוֹפָר גָּדוֹל לְחֵרוּתֵנוּ וְשָׂא
_{샤붸　누테루헤레　돌가　르파쇼베　카테}

우리의 자유를 위해 위대한 나팔을 부소서.

נֵס לְקַבֵּץ גָּלֻיּוֹתֵינוּ וְקַבְּצֵנוּ יַחַד
_{드하야　누쩨브캅붸　누테요루갈　쯔베캅레　쓰네}

흩어진 우리를 모이기 위한 깃발을 세우소서.

מֵאַרְבַּע כַּנְפוֹת הָאָרֶץ:
_{쯔레아하　트포칸　바레아메}

땅의 네 날개로부터 우리를 함께 모으시옵소서.

בָּרוּךְ אַתָּה יהוה מְקַבֵּץ נִדְחֵי עַמּוֹ
_{모암　헤드니　쯔베캅메　이나도아　타앝　룩바}

바룩 앝타 아도나이

יִשְׂרָאֵל:
_{엘라쓰이}

흩어진 그의 백성 이스라엘을 다시 모으시는 분이시여.

◆ 정의의 회복　　דִין

הָשִׁיבָה שׁוֹפְטֵינוּ כְּבָרִאשׁוֹנָה
_{나쇼리바케　누테프쇼　바쉬하}

우리의 통치자들을 처음처럼 회복시키소서.

וְיוֹעֲצֵינוּ כְּבַתְּחִלָּה וְהָסֵר מִמֶּנּוּ יָגוֹן
_{곤야　누멘밈　르쎄하붸　라힐테밭케　누쩨아요붸}

그리고 우리의 모사들을 시작처럼 회복시켜 주시옵소서.

וַאֲנָחָה וּמְלוֹךְ עָלֵינוּ אַתָּה יהוה
_{이나도아　타앝　누레알　록움　하나아봐}

우리로부터 슬픔과 탄식을 제하여 주시옵소서.

לְבַדְּךָ בְּחֶסֶד וּבְרַחֲמִים וְצַדְּקֵנוּ
_{누케드짤붸　밈하라브우　드쎄헤베　카드받레}

그리고 우리를 통치하여 주시옵소서. 헤쎄드(인애)와 깊은 자비의 사랑 안에서 오직 여호와 당신 홀로 우리를 통치하시옵소서. 정의로운 통치 안에서 우리를 의롭게 하소서.

בַּמִּשְׁפָּט:
_{트파쉬미밤}

בָּרוּךְ אַתָּה יהוה מֶלֶךְ אוֹהֵב צְדָקָה
_{카다쩨　브헤오　렠멜　이나도아　타앝　룩바}

바룩 앝타 아도나이
의와 정의로운 통치를 사랑하는 왕이시여.

וּמִשְׁפָּט:
_{트파쉬미우}

◆ 의로운 자들　צַדִּיקִים

עַל הַצַּדִּיקִים וְעַל הַחֲסִידִים וְעַל זִקְנֵי
알　하짜디킴　붸알　하하씨딤　붸알　지크네

עַמְּךָ בֵּית יִשְׂרָאֵל וְעַל פְּלֵיטַת
암메카　베트　이스라엘　붸알　페레타트

סוֹפְרֵיהֶם וְעַל גֵּרֵי הַצֶּדֶק וְעָלֵינוּ
쏘프레헴　붸알　게레　핮쩨데크　붸알레누

יֶהֱמוּ רַחֲמֶיךָ
예헤무　라하메카

יהוה אֱלֹהֵינוּ וְתֵן שָׂכָר טוֹב לְכָל
아도나이　엘로헤누　붸텐　샤카르　토브　레콜

הַבּוֹטְחִים בְּשִׁמְךָ בֶּאֱמֶת וְשִׂים חֶלְקֵנוּ
합보트힘　베쉼카　베에메트　붸쉼　헬케누

עִמָּהֶם לְעוֹלָם וְלֹא נֵבוֹשׁ כִּי בְךָ בָטָחְנוּ:
임마헴　레올람　붸로　네보쉬　키　베카　바타흐누

בָּרוּךְ אַתָּה יהוה מִשְׁעָן וּמִבְטָח
바룩　앝타　아도나이　미쉬안　우미브타

לַצַּדִּיקִים:
랓짜디킴

의로운 자들 위에 그리고 언약 성도들 위에

그리고 당신의 백성 이스라엘 집 장로들 위에 그리고 살아남은 학자들 위에

그리고 의로운 이방 거류민들 위에 그리고 우리 위에 당신의 자비로운 깊은 사랑이 흐르게 하소서.

아도나이 엘로헤누 진리 안에서 당신의 이름을 충성되이 믿는 모든 자들에게 선한 상을 주십시오. 그리고 우리의 분깃을 영원히 그들과 함께 임명하소서. 우리를 수치스럽게 하지 마소서. 왜냐하면 우리의 믿음이 당신 안에 있기 때문입니다.

바룩 앝타 아도나이
의인들이 의뢰하고 믿을 수 있는 분이시여.

◆ 예루샬라임의 재건　בִּנְיַן יְרוּשָׁלַיִם

וְלִירוּשָׁלַיִם עִירְךָ בְּרַחֲמִים תָּשׁוּב
붸리루샬라임　이르카　베라하밈　타슈브

וְתִשְׁכּוֹן בְּתוֹכָהּ כַּאֲשֶׁר דִּבַּרְתָּ וּבְנֵה
붸티쉬콘　베토카-　카아쉐르　딥바르타　우브네

אוֹתָהּ בְּקָרוֹב בְּיָמֵינוּ בִּנְיַן עוֹלָם
오타-　베카로브　베야메누　빈얀　올람

וְכִסֵּא דָוִד מְהֵרָה לְתוֹכָהּ תָּכִין:
붸킷쎄　다뷔드　메헤라-　레토카-　타킨

בָּרוּךְ אַתָּה יהוה בּוֹנֵה יְרוּשָׁלָיִם:
바룩　앝타　아도나이　보네　예루샬라임

당신의 도성 예루샬라임으로 깊은 자비의 사랑으로 돌아오소서.

그녀 안에 거하소서. 당신이 말씀하셨던 것처럼 예루샬라임 가운데 거하십시오. 그리고 우리의 날들 속에 예루샬라임을 영원한 성으로 속히 건설하십시오. 그리고 지체하지 마시고 다뷔드의 보좌를 그 가운데에 영원히 세우소서.

바룩 앝타 아도나이
예루샬라임을 세우는 분이시여.

◆ 다뷧의 왕국 / 메시아의 다시 오심　מלכות בית דוד

אֶת צֶמַח דָּוִד עַבְדְּךָ מְהֵרָה תַצְמִיחַ
흐아미쯔타　라헤메　카데브아　드뷔다　흐마쩨　엩

וְקַרְנוֹ תָּרוּם בִּישׁוּעָתֶךָ כִּי לִישׁוּעָתְךָ
카테아슈리　키　카테아슈비　룸타　노르카붸

קִוִּינוּ כָּל הַיּוֹם:
욤하　콜　누비킵

בָּרוּךְ אַתָּה יהוה מַצְמִיחַ קֶרֶן יְשׁוּעָה:
아슈예　렌케　흐아미쯔마　이나도아　타앝　룩바

당신의 종 다뷧(다윗)에게 의로운 가지가 속히 돋아나게 하소서.

그리고 그의 뿔이 당신의 예슈아 안에서 높이 들려지게 하소서. 우리는 온종일 당신의 예슈아를 기다립니다.

바룩 앝타 아도나이, 예슈아의 뿔을 돋아나게 하는 분이시여.

◆ 기도를 받으소서　קבלת תפלה

שְׁמַע קוֹלֵנוּ יהוה אֱלֹהֵינוּ חוּס וְרַחֵם
헴라붸　쓰후　누헤로엘　이나도아　누레콜　마쉐

עָלֵינוּ וְקַבֵּל בְּרַחֲמִים וּבְרָצוֹן אֶת
엩　쫀라브우　밈하라베　벨캎붸　누레알

תְּפִלָּתֵנוּ כִּי אֵל שׁוֹמֵעַ תְּפִלּוֹת וְתַחֲנוּנִים
님누하타붸　롵필텦　아메쇼　엘　키　누테라필텦

אָתָּה:
타앝

וּמִלְּפָנֶיךָ מַלְכֵּנוּ רֵיקָם אַל תְּשִׁיבֵנוּ
누베쉬테　알　캄레　누케말　카레파레밀우

※※※

כִּי אַתָּה שׁוֹמֵעַ תְּפִלַּת עַמְּךָ יִשְׂרָאֵל
엘라쓰이　카메암　랕필테　아메쇼　타앝　키

בְּרַחֲמִים:
밈하라베

בָּרוּךְ אַתָּה יהוה שׁוֹמֵעַ תְּפִלָּה:
라필테　아메쇼　이나도아　타앝　룩바

우리의 소리를 들으소서. 여호와 우리의 엘로힘 우리를 아끼시고 우리를 긍휼히 여겨주소서.
기뻐하심과 긍휼로 우리의 기도를 받으소서. 당신께서는 기도와 간구를 들으시는 엘(אל)이십니다.

그리고 우리의 왕이시여, 당신의 얼굴 앞에서 우리가 빈손으로 돌아가지 않게 하옵소서.

※※※ [개인기도]

당신은 당신의 백성 이스라엘의 기도를 깊은 사랑의 자비로 듣는 분이십니다.

바룩 앝타 아도나이 기도를 듣는 분이시여.

※※※ [개인기도] - 금식하는 날 '쉐모네 에스레'를 하는 동안 개인기도 둘 중 하나, 혹은 둘다를 삽입할 수 있다.

씨두르

-용서를 위한 기도

오 여호와여, 내가 죄를 지었습니다. 불법을 행했습니다. 그리고 내가 지구상에 존재한 날로부터 바로 오늘까지 당신 앞에서 고범죄를 지었습니다. 여호와여, 당신의 위대한 이름을 위하여 행하신 함마쉬아흐 예슈아의 속죄로 인해 감사드립니다. 그리고 내가 젊은 시절부터 오늘까지, 당신 앞에서 죄를 지었든지, 불법을 저질렀든지, 고의로 죄를 지었든지. 나의 죄악, 잘못, 고의로 지은 죄에 대하여 함마쉬아흐 예슈아의 피로 죄사함 받았음을 믿습니다. 나는 당신의 이름에 흠집을 내었습니다. 그러나 그 이름을 당신이 완전케 하소서.

-삶을 위한 기도

당신이십니다. 여호와 엘로힘이시여. 기르시고 지지하시고 지원하시는 분이십니다. 나의 몫과 빵을 공급하소서. 그리고 나와 내 모든 가족들을 위해서 얻게 하소서. 고통이 아닌 만족으로, 금지된 것들이 아닌 합법적인 것으로, 불명예가 아닌 명예로, 생명을 위해 그리고 평화를 위해, 축복과 성공의 흐름으로부터 그리고 하늘의 샘에서 흘러나오는 것으로부터. 그를 통해서 나는 당신의 뜻과 당신의 토라와 당신의 명령들을 이행할 수 있습니다. 나를 사람들의 도움이 필요한 자로 만들지 마시고, 당신이 선포하신 다음의 말씀이 내 안에서 이루어지게 하소서. '당신의 손을 여시사 모든 생물의 소원을 만족하게 하시나이다.' 그리고 이 말씀도 이루어지게 하소서. '네 짐을 여호와께 던져서 맡기라. 그분이 너를 도우실 것이다.'

[엘로힘께 감사]

◆ 예 배 עֲבוֹדָה

רְצֵה יְהוָה אֱלֹהֵינוּ בְּעַמְּךָ יִשְׂרָאֵל
쩨레 이나도아 누헤로엘 카메암베 엘라쓰이

여호와 우리의 엘로힘, 당신의 백성 이스라엘과 그들의 기도를 기뻐 받으소서.
그리고 당신 집의 지성소 예배를 회복하소서.

וּבִתְפִלָּתָם וְהָשֵׁב אֶת הָעֲבוֹדָה לִדְבִיר
탐라필트비우 브쉐하붸 엩 다보아하 르비드리

בֵּיתֶךָ:
카테베

וְאִשֵּׁי יִשְׂרָאֵל וּתְפִלָּתָם בְּאַהֲבָה
쉬이붸 엘라쓰이 탐라필트우 바하아베

이스라엘의 화제와 그들의 기도를 사랑과 기뻐하는 뜻

씨두르

תְּקַבֵּל בְּרָצוֹן וּתְהִי לְרָצוֹן תָּמִיד
벨캅테 쏜라베 히트우 쏜라레 드미타

עֲבוֹדַת יִשְׂרָאֵל עַמֶּךָ:
카메암 엘라쓰이 트다보아

안에서 받으시옵소서.
당신의 백성 이스라엘의 섬김을 언제나 기쁘게 받으소서.

וְתֶחֱזֶינָה עֵינֵינוּ בְּשׁוּבְךָ לְצִיּוֹן בְּרַחֲמִים:
밈하라베 욘찌레 카브슈베 누네에 나제헤테붸

우리의 눈이 - 당신이 깊은 자비의 사랑을 가지고 찌온으로 돌아오는 것을 보게 하소서.

בָּרוּךְ אַתָּה יהוה הַמַּחֲזִיר
르지하마함 이나도아 타앝 룩바

שְׁכִינָתוֹ לְצִיּוֹן:
욘찌레 토나키쉐

바룩 앝타 아도나이 하마하지르 쉐키나토 레찌온 / 찌온에 당신의 임재를 회복하는 분이시여.

◆ 주님께 감사드림 הודאה

מוֹדִים אֲנַחְנוּ לָךְ שָׁאַתָּה הוּא יהוה
딤모 누흐나아 크라 샤앝타 후 이나도아

אֱלֹהֵינוּ וֵאלֹהֵי אֲבוֹתֵינוּ לְעוֹלָם וָעֶד:
누헤로엘 붸헤로헤 아보테누 올람레 봐에드

צוּר חַיֵּינוּ מָגֵן יִשְׁעֵנוּ אַתָּה הוּא לְדוֹר
쭈르 하예누 마겐 이쉐에누 앝타 후 레도레

וָדוֹר:
봐도르

우리가 당신께 감사를 드립니다.
당신은 그분, 여호와 우리의 엘로힘이십니다.
우리 생명의 반석, 우리 구원의 방패, 당신께서 그분이십니다.
대대로 당신께 감사하며 당신의 찬양을 전하겠습니다.

נוֹדֶה לְךָ וּנְסַפֵּר תְּהִלָּתֶךָ עַל חַיֵּינוּ
노데 레카 우네쌒페르 테힐라테카 알 하예누

הַמְּסוּרִים בְּיָדֶךָ וְעַל נִשְׁמוֹתֵינוּ
함쑤림 베야데카 붸알 니쉬모테누

הַפְּקוּדוֹת לָךְ וְעַל נִסֶּיךָ שֶׁבְּכָל יוֹם
핲쿠도트 라크 붸알 닛쎄카 쉐베콜 욤

עִמָּנוּ וְעַל נִפְלְאוֹתֶיךָ וְטוֹבוֹתֶיךָ שֶׁבְּכָל
임마누 붸알 니프레오테카 붸토보테카 쉐베콜

עֵת עֶרֶב וָבֹקֶר וְצָהֳרָיִם:
엩 에레브 봐보케르 붸짜호라임

당신의 능력의 손에 맡겨진 우리의 생명으로 인해 당신을 찬양합니다.

당신께서 돌보시는 우리의 네샤마(숨, 영)로 인해 당신을 찬양합니다.

매일 우리와 함께하시는 당신의 기적들로 인해 당신을 찬양합니다. 저녁, 아침, 오후 모든 순간들에 일어나는 당신의 이적들과 선하심들로 인해 당신을 찬양합니다.

씨두르

הַטּוֹב כִּי לֹא כָלוּ רַחֲמֶיךָ וְהַמְרַחֵם כִּי
브토할 키 로 칼루 라하메카 붸함메라헴 키

לֹא תַמּוּ חֲסָדֶיךָ מֵעוֹלָם קִוִּינוּ לָךְ:
로 탐무 하싸데카 메올람 키뷔누 라크

※※※1

וְעַל כֻּלָּם יִתְבָּרַךְ וְיִתְרוֹמַם שִׁמְךָ
붸알 쿨람 이트바라크 붸이트로맘 쉼카

מַלְכֵּנוּ תָּמִיד לְעוֹלָם וָעֶד:
말케누 타미드 레올람 봐에드

※※※2

וְכֹל הַחַיִּים יוֹדוּךָ סֶּלָה וִיהַלְלוּ אֶת שִׁמְךָ
붸콜 하하임 요두카 쎌라 뷔할루 엩 쉼카

בֶּאֱמֶת הָאֵל יְשׁוּעָתֵנוּ וְעֶזְרָתֵנוּ סֶלָה
베에멭 하엘 예슈아테누 붸에즈라테누 쎌라

בָּרוּךְ אַתָּה יְהוָה הַטּוֹב שִׁמְךָ וּלְךָ
바룩 앝타 아도나이 핱토브 쉼카 울카

נָאֶה לְהוֹדוֹת:
에나 레호돝

※※※3

선하신 분이시여, 당신의 깊은 사랑의 자비는 다함이 없으십니다. 그리고 자비로운 분이시여, 당신의 헤쎄드(인애)는 끝이 없으십니다.
언제나 우리는 당신을 기다립니다.
※※※1
이 모든 것 위에서 쉬지 않고 당신의 이름을 송축하고 높임이 영원할 것입니다. 우리의 왕이여!

※※※2
모든 살아있는 것들이 당신을 알게 될 것입니다. 쎌라. 그리고 진리 안에서 당신의 이름을 찬양할 것입니다. 그 엘 (אֵל) 우리 예슈아여, 그리고 우리의 도움이시여. 쎌라.
바룩 앝타 아도나이, 당신의 이름은 '선한 분' 이십니다. 그리고 당신에게 감사 찬양은 합당합니다.
※※※3

※※※ 1

[하누카와 부림절에]

그리고 그 기적들로 인해, 그 구원하심으로 인해, 그 위대한 행적들로 인해, 그 구원들로 인해 그리고 그 날에 그 시간의 우리 아버지들을 위해, 당신이 행하신 그 전쟁들로 인해 당신을 찬양합니다.

[하누카에]

하스모니안 대제사장 요하난의 아들 마티트야후와 그의 아들들의 날들에 이스라엘로 하여금 당신의 토라를 잊게 만들고, 당신의 뜻이 있는 명령들을 어기게 하려고 악한 헬라 왕국이 이스라엘 백성들을 누르며 일어났습니다. 당신의 크고 깊은 사랑으로, 당신은 그들의 고통의 시간에 그들을 위해 일어서셨습니다. 당신은 그들을 변호하고, 옹호하시며, 그들의 원수에게 보응하셨습니다. 당신께서는 연약한 자들의 손에 강한 능력을 주셨습니다. 의로운 자들의 손에 악한 자들을 넘겨주셨습니다. 그리고 당신의 토라에 마음을 빼앗긴 자들의 손에 사악한 자들을 넘겨주셨습니다. 당신께서는 당신의 세상에서, 당신 스스로를 위해 위대하고 거룩한 이름을 만드셨습니다. 그리고 그 날에 당신의 백성 이스라엘을 위한 위대한 구원과 구속을 만드셨습니다. 그 후 당신의 자녀들이 당신의 집 거룩한 곳으로 들어가서, 당신의 궁정을 깨끗하게 하였습니다. 당신의 성소를 정결케 하고 당신의 거룩한 성소에 불을 밝혔습니다. 그리고 당신의 위대한 이름에 찬양과 감사를 드리기 위해, 그들은 8일의 하누카를 정하였습니다.

[부림절에]

모르드카이(모르드게)와 에스테르(에스더)에스더의 날에, 사악한 하만이 그들을 대적하여 일어났습니다. 그리고 십이월 곧 아달월 십 삼일 하루 동안 젊은이나 늙은이나 어린이나 여인을 막론하고 모든 예후다인을 멸하고 죽이고 소멸시키고 또 그들에게서 탈취물을 취하게 하셨습니다. 그러나 당신께서는 당신의 풍성한 긍휼 안에서 그의 비밀스런 의도를 수포로 돌리셨습니다. 그리고 그의 계획을 좌절시키셨습니다. 그리고 그의 음모를 그 자신의 머리 위로 돌아가게 하셨습니다. 그리고 그와 그의 아들들은 교수대 위에 매달렸습니다.

※※※ 2

[로쉬하샤나에서 욤키푸르까지]

그리고 당신의 언약의 자녀들 모두를 선한 생명으로 기록하소서.

※※※ 3

[제사장의 축복]

-아미다 기도를 반복할 때 하짠이 제사장의 축복기도를 한다. (상 중인 집을 제외하고)

אֱלֹהֵינוּ וֵאלֹהֵי אֲבוֹתֵינוּ בָּרְכֵנוּ בַבְּרָכָה
카라브바　누케발　누테보아　헤로붸　누헤로엘

우리의 엘로힘, 그리고 우리 아버지들의 엘로힘,

הַמְשֻׁלֶּשֶׁת בַּתּוֹרָה הַכְּתוּבָה עַל יְדֵי מֹשֶׁה
쉐모　데예　알　바투케학　라토바　쉘레슐함

우리를 – 당신의 종 모쉐에 의해 쓰여진, 아하론과 그의 자손들과 크핫(고핫) 자손, 그리고 당신의 거룩한 백성에 의해 말해진 – 토라에 있는 3개의 축복문으로 축복하소서.

עַבְדֶּךָ הָאֲמוּרָה מִפִּי אַהֲרֹן וּבָנָיו כֹּהֲנִים
님하코　브이나바우　론하아　피밒　라무아하　카데브아

עַם קְדוֹשֶׁךָ כָּאָמוּר:
르무아카　카쉐도케　암

יְבָרֶכְךָ יְהוָה וְיִשְׁמְרֶךָ:
카레메쉬이붸　이나도아　카케레바예

[회중] כֵּן יְהִי רָצוֹן (켄 예히 라쫀) "당신의 뜻이 이루어질 것입니다."

יָאֵר יְהוָה פָּנָיו אֵלֶיךָ וִיחֻנֶּךָּ:
카넼훈뷔　카레엘　브이나파　이나도아　르에야

[회중] כֵּן יְהִי רָצוֹן (켄 예히 라쫀) "당신의 뜻이 이루어질 것입니다."

씨두르

יִשָּׂא יְהוָה פָּנָיו אֵלֶיךָ וְיָשֵׂם לְךָ שָׁלוֹם: [회중] כֵּן יְהִי רָצוֹן (켄 예히 라쫀) "당신의 뜻이 이루어질 것입니다."
싸잇 아도나이 파나브 에레카 브야셈 레카 샬롬

◆ 샬롬(평화)을 세움   שָׁלוֹם

שִׂים שָׁלוֹם טוֹבָה וּבְרָכָה חֵן וָחֶסֶד
심 샬롬 토바 우브라카 헨 바헤쎄드

וְרַחֲמִים עָלֵינוּ וְעַל כָּל יִשְׂרָאֵל עַמֶּךָ:
베라하밈 알레누 브알 콜 이쓰라엘 아메카

בָּרְכֵנוּ אָבִינוּ כֻּלָּנוּ כְּאֶחָד בְּאוֹר פָּנֶיךָ כִּי
바르케누 아비누 쿨라누 케에하드 브오르 파네카 키

בְּאוֹר פָּנֶיךָ נָתַתָּ לָּנוּ יְהוָה אֱלֹהֵינוּ תּוֹרַת
브오르 파네카 나탙타 라누 아도나이 엘로헤누 토랕

חַיִּים וְאַהֲבַת חֶסֶד וּצְדָקָה וּבְרָכָה
하임 베아하밭 헤쎄드 우쯔다카 우브라카

וְרַחֲמִים וְחַיִּים וְשָׁלוֹם:
베라하밈 베하임 베샬롬

וְטוֹב בְּעֵינֶיךָ לְבָרֵךְ אֶת עַמְּךָ יִשְׂרָאֵל
베토브 베에네카 레바렉 엩 아메카 이쓰라엘

בְּכָל עֵת וּבְכָל שָׁעָה בִּשְׁלוֹמֶךָ:
베콜 엩 우브콜 샤아 비쉬로메카

※※※1

샬롬(평화), 토바(선하심), 그리고 브라카(축복), 헨(은혜) 그리고 헤쎄드(인애)와 라하밈(긍휼)을 우리 위에 세우소서. 당신의 백성 온 이스라엘 위에 세우소서.
우리 아버지여, 우리를 축복하소서. 당신의 얼굴 빛으로 우리 모두 에하드(하나)가 되게 하소서. 왜냐하면 여호와 우리 엘로힘, 당신께서 당신의 얼굴 빛 안에서 우리에게 토라를 주셨기 때문입니다. 그리고 헤쎄드(인애)의 사랑을 주셨습니다. 의와 축복과 긍휼과 생명과 샬롬(평화)을 주셨습니다.

모든 순간과 모든 시간에 당신의 샬롬(평화)으로 당신의 이스라엘을 축복하는 것이 당신의 눈에 선합니다.

※※※1

בָּרוּךְ אַתָּה יְהוָה הַמְבָרֵךְ אֶת עַמּוֹ
바룩 앝타 아도나이 함바렠 엩 아모

יִשְׂרָאֵל בַּשָּׁלוֹם:
이쓰라엘 받샬롬

바룩 앝타 아도나이,
그의 백성 이스라엘을 샬롬(평화)으로 축복하는 분이시여.

※※※ **1**

[로쉬 하샤나에서 욤 키푸르까지]

생명(하임), 브라카(축복), 샬롬(평화) 그리고 선한 삶(레하임 토빔)의 책을 통해 우리가 당신 앞에서 기억되고, 새겨지게 하소서. – 우리 그리고 모든 백성 이스라엘 가족의 선한 삶과 샬롬을 위하여. 바룩 아타 아도나이 오쎄 하샬롬. 그 샬롬을 있게 하시는 분이시여.

-하짠이 반복하는 슈모네 에스레이는 여기서 끝나고, 다음 구절을 낭송한다.

יִהְיוּ לְרָצוֹן | אִמְרֵי־פִי וְהֶגְיוֹן לִבִּי לְפָנֶיךָ יְהֹוָה צוּרִי וְגֹאֲלִי:

리아고붸 리쭈 이나도아 카네파레 비립 욘그헤붸 피 - 레임 | 쫀라레 유흐이

내 입의 말과 내 마음의 생각이 당신의 얼굴 앞에 받으실 만한 것이 되기를 원하나이다.
여호와 나의 반석, 그리고 나의 구속자이시여.

◆ **아미다 완성**

אֱלֹהַי

나의 엘로힘, 내 혀를 악으로부터 지키소서. 그리고 내 입술을 거짓을 말하는 것으로부터 지키소서. 내 원수를 사랑하게 하소서. 나를 저주하는 자들에게 내 혼이 고요하게 하시고, 오히려 축복하게 하소서. 나를 미워하는 자들에게 선을 행하며, 악의를 품고 나를 대하고 나를 핍박하는 자들을 위해 기도하게 하소서. 모든 사람에게 내 혼이 티끌 같게 하소서. 내 마음이 당신의 토라를 향해 열리게 하소서. 그러면 내 혼이 당신의 명령들을 추구할 것입니다. 나를 해할 계획을 꾀하는 모든 악에 대해-속히 그들의 도모를 제거하시고 그들의 계략을 헛되게 하소서. 당신의 이름을 위하여 행하소서. 당신의 오른손을 위하여 행하소서. 당신의 거룩함을 위하여 행하소서. 당신의 토라를 위하여 행하소서. 당신께서 사랑하시는 자를 건지시기 위하여 당신의 오른손으로 구원하시고 내게 응답하소서.

이들은 어린양께서 어디로 가시든지 따라가는 자들이며 사람들 가운데서 대속을 받아 엘로힘과 어린양께 첫 열매가 된 자들이라. 그들의 입에서 거짓을 찾을 수 없나니 이는 그들이 엘로힘의 왕좌 앞에서 잘못이 없기 때문이라. (계14:4~5)

그의 입에는 진리의 법이 있었고 그의 입술에는 불법이 없었으며 그가 화평과 공평으로 나와 함께 걸었고 많은 사람을 돌이켜 불법에서 떠나게 하였느니라. 제사장의 입술은 지식을 지켜야 하겠고 사람들은 그의 입에서 토라를 구하여야 하리니 이는 제사장이 만군의 주의 사자이기 때문이니라. (말2:6~7)

씨두르

יִהְיוּ לְרָצוֹן ׀ אִמְרֵי־פִי וְהֶגְיוֹן לִבִּי לְפָנֶיךָ יְהוָה צוּרִי וְגֹאֲלִי:

리아고웨 리쭈 이나도아 카네파레 비립 욘그헤붸 피-레임 ׀ 쫀라레 유흐이

내 입의 말과 내 마음의 생각이 당신의 얼굴 앞에 받으실 만한 것이 되기를 원하나이다.
여호와 나의 반석, 그리고 나의 구속자이시여.

עֹשֶׂה שָׁלוֹם בִּמְרוֹמָיו הוּא יַעֲשֶׂה שָׁלוֹם עָלֵינוּ וְעַל כָּל

콜 알붸 누레알 롬샬 쎄아야 후 브이마로빔 롬샬 쎄오

יִשְׂרָאֵל וְאִמְרוּ אָמֵן

멘아 루임붸 엘라쓰이

그분의 높은 곳에 샬롬이 있도다. 그분이 우리 위에 샬롬을 이루시는도다.
그리고 모든 이스라엘 위에 아멘으로 화답하라. [아멘]

יְהִי רָצוֹן מִלְּפָנֶיךָ יהוה אֱלֹהֵינוּ וֵאלֹהֵי

헤로엘붸 누헤로엘 이나도아 카네파레밀 쫀라 히예

당신의 뜻이 이루어질 것입니다.
여호와 우리의 엘로힘
그리고 우리 아버지들의 엘로힘,

אֲבוֹתֵינוּ שֶׁיִּבָּנֶה בֵּית הַמִּקְדָּשׁ בִּמְהֵרָה

라헤빔 쉬다크미함 트베 네바입쉐 누테보아

우리의 날들에 속히 거룩한 성전을 세우소서.

בְיָמֵינוּ וְתֵן חֶלְקֵנוּ בְּתוֹרָתֶךָ:

카테라토베 누케헬 텐붸 누메야베

וְשָׁם נַעֲבָדְךָ בְּיִרְאָה כִּימֵי עוֹלָם וּכְשָׁנִים

남샤크우 람올 메키 아르이베 카드바아나 샴붸

영원의 날들 그리고 케뎀의 시대에서 계획된 것 같이 토라 안에서 우리의 기업을 허락하소서.

קַדְמֹנִיּוֹת:

욭니모드카

וְעָרְבָה לַיהוה מִנְחַת יְהוּדָה וִירוּשָׁלִָם

임라샬루비 다후예 핱민 이나도아라 바르아붸

그리고 경외함 속에서의 우리의 섬김을 임명하소서. 그때에 예후다와 예루샬라임의 민카(헌물)가 옛날과 이전 시대에서와 같이 여호와께 기쁨이 될 것입니다.

כִּימֵי עוֹלָם וּכְשָׁנִים קַדְמֹנִיּוֹת:

욭니모드카 남샤크우 람올 메키

쉐모네 에스레이의 개인적인 기도는 여기서 끝난다.

14. 타 하 눈 (간구)

[월. 목]

וְהוּא רַחוּם

그분은 동정심이 많으시므로 그들의 불법을 용서하시어 그들을 멸하지 아니하셨고, 참으로 여러 번 자신의 분노를 돌이키시며 자신의 진노를 다 내지 아니하셨습니다. 당신은 여호와이십니다. 당신의 깊은 자비의 사랑을 우리에게 거두지 마시오며 당신의 헤쎄드(인애)와 당신의 진리로 항상 나를 보존하소서. 오 여호와 우리 엘로힘이여, 우리를 구원하사 이방나라들 가운데서 모으시고 당신의 거룩한 이름에 감사하며 당신을 찬양하는 일을 기뻐하게 하소서. 오 아도나이(나의 주님)여, 여호와께서 불법들을 지켜보실진대 누가 능히 서리이까. 그러나 용서가 당신께 있사오니 이것은 당신을 두려워하게 하려 하심이니이다. 그분께서 우리의 죄들에 따라 우리를 대우하지 아니하시고 우리의 불법들을 따라 우리에게 갚지 아니하셨으니 오 여호와여, 우리의 불법들이 우리를 치려고 증거할지라도 오직 당신은 당신의 이름을 위하여 그 일을 행하소서. 오 여호와여, 당신의 깊은 자비의 사랑과 당신의 헤쎄드(인애)가 옛적부터 항상 있었사오니 그것들을 기억하소서. 고난의 날에 여호와께서 우리에게 응답하시고 야아콥의 엘로힘의 이름을 우리가 확고히 하게 하소서. 여호와여, 구원하소서. 왕께서는 우리가 부를 때에 우리에게 응답하소서. 우리의 아버지 우리의 주인이시여, 우리의 엘로힘 우리 간구의 소리를 들으소서. 당신의 이름을 위하여 우리를 구원하시고 우리 아버지들과 우리를 위한 언약을 기억하소서. 오 강한 손으로 당신의 백성을 미쯔라임(이집트) 땅에서 인도하여 내시고 이 날과 같이 스스로 명성을 얻으신 아도나이(나의 주님) 우리 엘로힘이여, 이제 우리는 범죄하였고 사악하게 행하였나이다. 오 아도나이(나의 주님)여, 간청하옵나니 당신은 당신의 모든 의를 따라 당신의 분노와 당신의 격노를 돌이키사 당신의 도시 예루샬라임과 당신의 백성이 우리의 사방에 있는 모든 자들에게 치욕거리가 되었음이니이다. 오 우리 엘로힘이여, 그러하온즉 이제 당신의 종의 기도와 간구를 들으시고 당신을 위하여 당신의 얼굴이 당신의 황폐한 성소에 빛을 비추게 하옵소서.

הַטֵּה

오 나의 엘로힘이여, 당신은 당신의 귀를 기울여 들으시며 당신의 눈을 여사 우리의 황폐하게 된 것과 당신의 이름으로 일컬음을 받는 도시를 보시옵소서. 우리가 당신 앞에 우리의 간구를 드리는 것은 우리의 의로 인함이 아니요, 오직 당신의 크신 깊은 자비의 사랑으로 인함이니이다. 오 아도나이(나의 주님)여, 들으소서. 오 아도나이(나의 주님)여, 용서하소서. 오 아도나이(나의 주님)여, 귀를 기울이고 행하소서. 오 나의 엘로힘이여, 당신을 위하여 지체하지 마옵소서. 이는 당신의 도시와 당신의 백성이 당신의 이름으로 일컬음을 받기 때문이니이다. 우리의 아버지, 깊은 자비의 사랑이 많으신 아버지여 – 우리에게 선한 징조를 보이소서. 그리고 세계 사방에 흩어진 우리를 모으시옵소서. 모든 민족이 당신께서 여호와 우리 엘로힘인 것을 깨닫고 알게 하소서. 오 여호와여, 그러나 이제 당신은 우리의 아버지시니이다. 우리는 진흙이요, 당신은 우리의 토기장이시오니 우리는 다 당신의 손으로 지으신 것이니이다. 당신의 이름을 위하여 우리를 구원하소서. 우리의 반석, 우리의 왕, 그리고 우리의 구속자이시여. 당신의 백성을 불쌍히 여기소서. 여호와, 당신의 상속 백성을 치욕에 내어 주사 이방나라들로 하여금 그들을 다스리지 못하게 하옵소서. 어찌하여 그들이 백성들 가운데서, 그들의 엘로힘이 어디 있느냐 하고 말하도록 내버려 두셨나이까. 우리는 죄를 지었습니다. 환난의 때에 당신의 위대한 이름 앞에 아무도 설 자가 없습니다. 우리는 우리에게 가치 있는 행동을 알고 있습니다. 당신의 이름을 위하여 우리를 불쌍히 여기소서. 오 여호와여 당신의 이름을 위하여 우리를 구원하소서. 당신의 백성을 불쌍히 여기소서. 당신의 유산에 대한 깊은 자비의 사랑을 베푸소서. 불쌍히 여기소서. 우리는 당신께 간구합니다. 당신의 풍성한 자비를 베푸소서. 여호와여, 당신을 위하여 정의로, 우리와 함께 하시고 친히 응답하소서. 그분은 놀라운 일들을 이루시는도다.

הַבֵּט־נָא

보소서, 우리가 당신께 구합니다. 그리고 당신의 이름을 위하여 당신의 백성위에 속히 깊은 자비의 사랑을 베푸소서. 여호와 우리의 엘로힘, 당신의 풍성한 자비 안에서 불쌍히 여기소서. 자비를 위에 두소서. 그리고 당신의 목장의 양을 구원하소서. 분노가 우리를 지배하지 않게 하소서. 당신의 풍성한 자비의 사랑 안에서. 여호와 우리의 엘로힘, 우리의 눈이 당신을 의지합니다. 당신의 이름을 위하여 우리를 구원하소서. 당신의 언약을 위해 우리 위에 깊은 자비의 사랑을 두시옵소서. 고난의 시간 속에서 우리를 구원하소서. 당신의 언약을 위해 우리 위에 깊은 자비의 사랑을 두시옵소서. 고난의 시간 속에서 우리를 살피시고 응답하소서. 여호와여, 당신의 예슈아를 위하여. 우리의 소망은 당신 위에 있습니다. 오 용서의 엘로힘, 지금 우리에게 용서를 베푸소서. 선하신 엘(אֵל), 그리고 용서하시는 엘로힘 당신은 은혜로우시고 깊은 자비의 사랑이 많으신 분, 우리의 왕이신 엘(אֵל)이시기 때문입니다.

אָנָּא

은혜로우시고 동정심이 많은 왕이시여, 언약을 기억하시고 보소서. 독생자의 구속이 당신의 얼굴 앞에 나타나게 하소서 -이스라엘을 위하여. 우리의 아버지, 우리의 왕 -우리에게 은혜가 있게 하시고 우리에게 응답하소서. 당신의 위대한 이름이 우리 위에 선포되었습니다. 언제나 기적을 만드시는 분이시여, 당신의 헤쎄드(인애)로 우리를 대하소서. 은혜로우시고 동정심이 많은 한 분, 고난의 시간에 우리를 살피시고 응답하소서, 당신을 위하여. 여호와여, 그 예슈아와 우리의 아버지, 우리의 왕, 우리의 보호자, 우리의 악한 행위를 따라 우리를 대하지 마소서. 당신의 긍휼을 기억하소서. 여호와여, 그리고 당신의 헤쎄드(인애)를 기억하소서. 당신의 풍성한 선하심으로 우리를 구원하소서. 그리고 우리를 불쌍히 여기소서. 우리가 당신께 간구합니다. 우리에게는 당신 밖에 다른 신이 없습니다. 우리의 반석이시여, 우리를 버리지 마소서. 여호와 우리의 엘로힘, 우리를 멀리 하지 마소서. 오 여호와 나의 구원이시여, 속히 나를 도우소서. 우리의 혼은 칼과 포로, 전염병과 고통스런 질병 그리고 매일의 고통과 애통에 의하여 쇠하여졌습니다. 우리를 구하소서, 당신은 우리의 소망이십니다. 우리가 수치를 당하지 않게 하소서. 여호와 우리의 엘로힘, 우리에게 당신의 얼굴 빛을 비추소서. 우리 아버지들에게 하셨던 언약을 기억하소서. 그리고 당신의 이름을 위하여 우리를 구원하소서. 우리의 문제를 보시고 우리 기도의 소리를 들으소서. 당신은 모든 입의 기도를 들으시는 분이십니다.

אֵל רַחוּם

동정심이 많으시고 은혜로우신 엘(אל), 당신의 모든 작품에 대하여 우리 위에 긍휼을 베푸소서. 당신과 같은 분은 없습니다. 여호와 우리의 엘로힘 -우리의 고질적인 죄악을 용서하소서. 우리의 아버지, 우리의 왕, 우리의 반석 그리고 구속자, 살아계시고 인내하시는 엘(אל), 위대하시고 강하신 분, 모든 당신의 작품들은 관대하고 선하십니다. 당신은 여호와 우리의 엘로힘이십니다. 오 엘(אל), 노하기를 더디하시고 긍휼이 풍성하신 분, 당신의 이름을 위하여 당신의 풍성한 긍휼로 우리를 대하시고 우리를 구원하소서. 우리의 기도를 들으소서. 우리의 왕이시여. 그리고 우리의 적들로부터 우리를 구원하소서. 당신은 우리의 아버지, 우리의 왕, 그리고 당신의 이름이 우리 위에 선포되었습니다. 우리를 버리지 마소서. 우리를 버리지 마소서. 우리의 창조자시여, 당신은 은혜로우신 엘(אל)이십니다. 그리고 동정심이 많으신 왕이십니다.

אֵין כָּמוֹךָ

당신과 같은 분은 없습니다. 은혜로우십니다. 여호와 우리 엘로힘, 당신과 같은 분은 없습니다. 노하기를 더디하시는 엘(אל)은 헤쎄드(인애)와 진리가 풍성하신 분이십니다. 당신의 풍성하신 긍휼로 우리를 구원하소서. 폭풍과 화(anger)로부터 우리를 구원하소서. 당신의 종 아브라함과 이쯔학과 야아콥을 기억하사 이 백성의 완고함과 사악함과 죄를 보지 마옵소서. 당신의 맹렬한 진노에서 돌이키사 마음을 바꾸시고 당신의 백성에게 이 재앙을 내리지 마옵소서. 당신의 긍휼로 우리에게서 죽음의 채찍을 거두소서. 그것이 헤쎄드(인애)를 받을 만한 가치가 없는 모든 세대에서 행하시는 당신의 방식이십니다. 당신의 백성 위에 긍휼을 두소서. 여호와 당신의 진노로부터 우리를 구원하소서, 우리로부터 전염병의 채찍과 엄한 명령을 거두소서. 당신은 이스라엘을 보호하시는 분이십니다. 당신은 나의 주이십니다. 의는 당신께 속하고, 당황한 얼굴은 우리에게 속하였습니다. 우리가 무슨 불평을 할 수 있겠습니까. 우리가 무슨 말을 할 수 있겠습니까. 우리가 무엇을 선포할 수 있겠습니까. 우리가 무슨 정당함을 주장할 수 있겠습니까. 우리가 우리의 길들을 살피고 시험하여 당신께로 돌아갈 것입니다. 당신의 오른손을 회개하는 자들에게 뻗치소서. 오 여호와여, 당신께 간청하오니 이제 구원하소서. 오 여호와여, 당신께 간청하오니 이제 형통함을 보내소서. 여호와여 구원하소서. 우리가 부를 때에 응답하소서. 여호와 당신을 위하여, 우리는 기다립니다. 당신을 위하여 우리는 소망합니다. 여호와 당신을 위하여 우리는 갈망합니다. 이방나라들이 '그들은 소망을 잃어버렸다'고 선포합니다. 우리가 고통을 겪는 동안 잠잠하지 마소서. 모든 무릎과 똑바로 선 것들이 당신께만 절할 것입니다.

חֲפוֹתֵחַ יָד

당신은 반역자들과 죄인들을 환영할 만큼 누군가가 회개케하기 위해 손을 여십니다. 우리의 침체가 계속됨으로 인해 우리의 혼이 당황합니다 -우리를 영원히 잊지 마소서. 일어나소서 그리고 우리를 구원하소서. 우리가 당신께로 피합니다. 우리의 아버지, 우리의 왕, 만약 우리의 정직함과 선한 행위가 부족하다면 기억하소서, 우리 아버지들에게 하신 언약을. 그리고 우리가 '여호와는 오직 한 분(에하드)이시다.'라고 한 매일의 간증을. 우리의 고통을 보소서. 우리의 많은 고통과 우리 마음의 고민을. 불쌍히 여기소서 여호와여, 땅에서의 포로기간과 당신의 진노를 우리 위에 쏟아 붓지 마소서 -우리는 당신의 백성이기 때문입니다. 당신의 언약 백성입니다. 오 엘(אל)이시여, 열방 중에서 우리 체면의 곤궁함을 보소서. 그리고 그들은 월경의 부정함처럼 우리를 몹시 싫어합니다. 얼마나 오래 당신의 능력을 포로로 넘겨주시며 당신의 영광을 원수에게 넘겨주시겠습니까. 당신의 원수들을 대적하여 당신의 능력과 당신의 질투로 일어나소서. 그들의 힘이 수치와 멸망을 당하게 하소서. 그리고 우리의 고통이 당신께 하찮아 보이지 않게 하소서. 우리의 고통의 시간에 우리가 속히 당신의 긍휼을 만나게 하소서. 그리고 만약 우리를 위하지 않는다면, 오직 당신을 위하여 행하시고 우리의 남은 기억들을 파괴하지 마소서. 하루 두번 계속해서 사랑으로 에하드이신 당신의 이름을 말하는 나라에 은혜를 베푸소서.

'들으라 오 이스라엘이여, 여호와는 우리의 엘로힘, 여호와는 오직 한 분이시다.'

[일, 화, 수, 금]

וַיֹּאמֶר דָּוִד

다윗이 갓에게 이르되, 내가 큰 곤경에 빠졌도다. 그분은 깊은 자비의 사랑이 많으시니 이제 우리가 여호와의 손에 빠지고 사람의 손에 빠지지 아니하기를 원하노라 하니라. 오 동정심이 많으시고 은혜로우신 한 분, 내가 당신의 얼굴 앞에 죄를 지었습니다. 여호와, 깊은 자비의 사랑이 풍성하신 분이시여, 내 위에 깊은 자비의 사랑을 두시고 나의 간구를 들으소서.

<시편 6>

오 여호와여, 당신의 분노로 나를 책망하지 마옵시며 맹렬한 노여움으로 나를 징계하지 마옵소서.
오 여호와여, 내가 연약하오니 내게 긍휼을 베푸소서.
오 여호와여, 나의 뼈들이 괴로워하오니 나를 고치소서.
나의 혼도 몹시 괴로워하나이다. 오 여호와여, 어느 때까지니이까.
오 여호와여, 돌아오사 나의 혼을 건지시옵소서.
오 당신의 헤쎄드(인애)로 인하여 나를 구원하소서.
이는 죽음 속에서는 당신을 기억할 수 없기 때문이오니 무덤 속에서 당신께 감사할 자 누구리이까.
내가 신음함으로 피곤하여 밤새도록 내 잠자리를 띄우고 눈물로 내 침상을 적시나이다.
내 눈이 고통으로 인하여 소멸되오며 내 모든 원수로 인하여 노쇠하였나이다.
불법을 행하는 자들아, 너희는 다 내게서 떠날지어다.
이는 여호와께서 내 울음소리를 들으셨음이로다.
여호와께서 내 간구를 들으셨나니 여호와께서 내 기도를 받으시리로다.
내 모든 원수들이 부끄러움을 당하고 심히 괴로워하리니 그들이 돌아가서 갑자기 부끄러움을 당하리로다.

월요일, 목요일에는 'יהוה, 이스라엘의 אֱלֹהִים'과 함께 타하눈이 계속된다.

יהוה

여호와 이스라엘의 엘로힘, 당신의 맹렬한 진노에서 돌이키사 마음을 바꾸시고 당신의 백성에게 이 재앙을 내리지 마시옵소서.

הַבֵּט

하늘에서부터 굽어 살피소서. 우리가 민족들 가운데서 조롱거리가 되었나이다. 우리는 도살 당할 양 같이 여겨졌습니다. 죽임을 당하며, 파괴되며, 매질 당하며, 수치를 당하였습니다. 그러나 이러함에도 불구하고 우리는 당신의 이름을 잊지 않았습니다. -우리는 당신께서 우리를 잊지 않으시기를 간구합니다.

'여호와 이스라엘의 엘로힘, 당신의 맹렬한 진노에서 돌이키사 마음을 바꾸시고
당신의 백성에게 이 재앙을 내리지 마시옵소서.'

זָרִים

이방인들은 말합니다. '기대도 없고 소망도 없다.' 은혜로운 분이시여, 소망은 당신의 이름에 있습니다. 오 거룩한 분이시여, 당신의 구원(예슈아)을 가까이 가져오소서. 우리가 수고하여도 안식하지 못하나이다. 우리는 당신께 간구합니다. 당신의 진노로부터 돌이키시고 당신이 선택하신 보배로운 백성 위에 긍휼을 두시옵소서.

'여호와 이스라엘의 엘로힘, 당신의 맹렬한 진노에서 돌이키사 마음을 바꾸시고
당신의 백성에게 이 재앙을 내리지 마시옵소서.'

חוּסָה

여호와여 당신의 긍휼로 우리를 불쌍히 여기소서. 어찌하여 이방나라들이 이르기를 그들의 엘로힘이 이제 어디 있느냐 하리이까. 당신을 위하여 우리 위에 헤쎄드(인애)를 베푸시고 지체하지 마옵소서. 우리는 당신께 간구합니다. 당신의 진노로부터 돌이키시고 당신이 특별한 백성으로 선택하신 백성 위에 긍휼을 두시옵소서.

'여호와 이스라엘의 엘로힘, 당신의 맹렬한 진노에서 돌이키사 마음을 바꾸시고
당신의 백성에게 이 재앙을 내리지 마시옵소서.'

קוֹלֵנוּ

우리의 소리를 들으소서. 우리의 이름을 지워버리려는 우리 대적의 손에 우리를 버려두지 마시고 자비를 베푸소서. 우리 아버지들에게 맹세하셨던 것을 기억하소서. '내가 너희 씨를 하늘의 별들 같이 번성하게 하리라.' -그러나 지금 우리는 많은 사람 중에서 조금만 남았습니다. 그러나 이 모든 것에도 불구하고 우리는 당신의 이름을 잊지 않았습니다. -우리는 당신께서 우리를 잊지 않으시기를 간구합니다.

> '여호와 이스라엘의 엘로힘, 당신의 맹렬한 진노에서 돌이키사 마음을 바꾸시고
> 당신의 백성에게 이 재앙을 내리지 마시옵소서.'

오 우리의 구원 엘로힘이여 당신의 이름의 영광을 위하여 우리를 도우시며 당신의 이름을 위하여 우리를 건지시고 우리의 죄들을 깨끗하게 하소서.

> '여호와 이스라엘의 엘로힘, 당신의 맹렬한 진노에서 돌이키사 마음을 바꾸시고
> 당신의 백성에게 이 재앙을 내리지 마시옵소서.'

매일, '쇼메르 이스라엘'과 함께 타하눈이 계속된다.

[일, 화, 수, 금]

שׁוֹמֵר יִשְׂרָאֵל

오 이스라엘을 지키시는 분이시여, 이스라엘의 남은 자를 보호하소서. 쉐마를 선포하는 이스라엘을 멸하지 마소서. 오 유일한(에하드) 나라를 지키시는 분이시여(쇼메르 고이 에하드), 특별한(유일한, 에하드) 백성의 남은 자를 보호하소서. 에하드이신 당신의 이름을 외치는 특별한 나라를 멸하지 마소서.
여호와는 우리의 엘로힘, 여호와는 에하드이시다!
오 거룩한 나라를 지키시는 분이시여(쇼메르 고이 카도쉬), 거룩한 백성의 남은 자를 보호하소서. 거룩하신 한 분의 신성을 선포하는 거룩한 나라를 멸하지 마소서. 우리의 아버지, 우리의 왕, 우리에게 자비로 응답하소서. 우리에게는 믿을만한 행위가 없습니다. 우리를 자비로 긍휼히 여기소서, 그리고 우리를 구원하소서.

וַאֲנַחְנוּ

우리는 무엇을 할 지 알지 못합니다. 그러나 우리 눈이 당신만 바라보나이다. 여호와여, 당신의 긍휼과 당신의 헤쎄드(인애)를 우리 위에 베푸소서. 우리는 당신을 기다립니다. 오 이전의 불법들을 기억하사 우리를 치지 마시오며 당신의 긍휼이 속히 우리보다 앞서 가게 하소서. 이는 우리가 심히 비천하게 되었음이니이다. 오 여호와여, 우리에게 긍휼을 베푸소서. 우리에게 긍휼을 베푸소서. 이는 우리가 너무 많이 멸시를 받기 때문이니이다. 진노하실 때에라도 긍휼을 기억하옵소서. 이는 그분께서 우리의 체질을 아시며 우리가 다만 먼지임을 기억하시기 때문이로다.

*하짠 – 오 우리의 구원의 엘로힘이여, 당신의 이름의 영광을 위하여 우리를 도우시며 당신의 이름을 위하여 우리를 건지시고 우리의 죄들을 깨끗하게 하소서.

15. 토라를 아크에서 꺼냄

-토라가 비마 위에 올려질 때까지 모두 선 채로 있는다. 아크가 열리고 토라를 꺼내기 전까지 회중이 낭송한다.

וַיְהִי בִּנְסֹעַ הָאָרֹן וַיֹּאמֶר מֹשֶׁה
쉐모 르메요바 론아하 아쏘빈 히예봐

קוּמָה ׀
마쿠

יְהוָה וְיָפֻצוּ אֹיְבֶיךָ וְיָנֻסוּ מְשַׂנְאֶיךָ מִפָּנֶיךָ:
카네파밎 카에싼메 쑤누야붸 카베예오 쭈푸야붸 이나도아

כִּי מִצִּיּוֹן תֵּצֵא תוֹרָה וּדְבַר־יְהוָה מִירוּשָׁלָיִם:
임라샬루미 이나도아- 르바데우 라토 쩨테 욘찌밎 키

בָּרוּךְ שֶׁנָּתַן תּוֹרָה לְעַמּוֹ יִשְׂרָאֵל בִּקְדֻשָּׁתוֹ:
토샤둣케비 엘라쓰이 모암레 라토 탄나쉔 룩바

궤가 앞으로 나아갈 때에는 모쉐가 이르되, 여호와여, 일어나셔서 당신의 원수들을 흩으시고 당신을 미워하는 자들로 하여금 당신 앞에서 도망하게 하소서 하였고

이는 토라가 찌욘(시온)에서 나갈 것이요, 여호와의 말씀이 예루샬라임으로부터 나갈 것임이니라.

그의 거룩한 백성 이스라엘에게 토라를 주신 분을 송축하라.

-하짠이 토라를 아크로부터 꺼내고 그의 오른팔에 안는다. 아크에서 돌아선 뒤 토라를 살짝 들어올려 절하고 낭송한다.

גַּדְּלוּ לַיהוָה אִתִּי וּנְרוֹמְמָה שְׁמוֹ יַחְדָּו:
브다흐야 모쉐 마롬네우 티잍 이나도아라 루들갇

'오 나와 함께 여호와의 위대하심을 선포하고 모두 연합하여 그의 이름을 높이세'

-하짠이 토라를 비마로 옮기는 동안 회중이 응답한다.

לְךָ

당신의 것입니다. 위대함(하그돌라), 강력함(하게부라), 영화로움(하티프에레트), 영원한 승리(하네짜흐), 영광의 광채(하호드), 오 여호와여, 하늘과 땅에 있는 모든 것이 당신의 것입니다. 여호와여, 왕국(하맘라카)이 당신의 것입니다. 당신은 모든 리더들에게 당신 스스로를 높이실 것입니다. 우리 엘로힘 여호와를 높이고 그의 발등상에 경배하라. 그는 거룩하시다. 우리 엘로힘 여호와를 높이고 그의 거룩한 산을 향하여 경배하라. 참으로 우리 엘로힘 여호와는 거룩하시도다.

וְאַתֶּם הַדְּבֵקִים בַּיהוָה אֱלֹהֵיכֶם חַיִּים כֻּלְּכֶם הַיּוֹם:

욤하 켐레쿨 임하 켐헤로엘 이나도아바 킴베데한 템앝붸

여호와 너희 엘로힘께 붙어 있는 너희는 오늘날 다 살아 있느니라.

[토라 읽기 블레싱]

◆ 토라 읽기

토라를 읽는 자 – בָּרְכוּ אֶת יְהוָה הַמְבֹרָךְ /바레쿠 엩 아도나이 함보락

회중 – בָּרוּךְ יְהוָה הַמְבֹרָךְ לְעוֹלָם וָעֶד /바룩 아도나이 함보락 레올람 바에드

-토라를 읽는 자가 낭독하고 토라를 읽는다.

◆ 토라를 읽기 전 블레싱

바룩 앝타 아도나이 엘로헤누 멜렉 하올람, 모든 열방 중에서 우리를 택하사 토라를 우리에게 맡겨주신 분이시여. 바룩 앝타 아도나이, 토라를 주신 분이시여. **(회중-아멘)**

◆ 토라를 읽은 후 블레싱

바룩 앝타 아도나이 엘로헤누 멜렉 하올람, 우리에게 진리의 토라를 주신 분이시여. 그리고 우리 삶 한 가운데에 영원한 삶을 세우신 분이시여. 바룩 앝타 아도나이, 토라를 주신 분이시여.

[선지서 블레싱]

◆ 선지서를 읽기 전 블레싱

바룩 앝타 아도나이 엘로헤누 멜렉 하올람, 우주를 통치하시는 분, 선한 선지자들을 택하사 그들이 진리로 선포한 말씀들을 기뻐하시는 분이시여. 바룩 아타 아도나이, 토라와 모쉐를 선택하신 분, 그분의 종, 이스라엘과 그분의 백성, 그리고 진리와 정의의 선지자들을 선책하신 분이시여.

◆ 선지서를 읽은 후 블레싱

바룩 앝타 아도나이 엘로헤누 멜렉 하올람, 모든 영원한 것들의 반석이시여, 모든 세대에서 의로우십니다. 신실하신 엘(אל), 말씀하시고 역사하시는 분, 선포하시고 완성하시는 분, 당신의 말씀은 모두 진리입니다. 당신은 신실하십니다. 여호와 우리의 엘로힘, 당신의 말씀은 신실합니다. 단 한 말씀도 이루어지지 않은 채 당신께로 돌아오지 않을 것입니다. 오 엘(אל), 신실하시고 동정심이 많으신 왕이시여. 바룩 앝타 아도나이, 그 분의 모든 말씀에 신실하게 하신 엘(אל)이시여.

[새언약 블레싱]

◆ 새언약 읽기 전 블레싱

바룩 앝타 아도나이 엘로헤누 멜렉 하올람, 우리에게 마쉬아흐 예슈아와 새 언약의 명령들을 주신 분이시여. 바룩 앝타 아도나이 새 언약을 주신 분이시여.

◆ 새언약 읽은 후 블레싱

바룩 앝타 아도나이 엘로헤누 멜렉 하올람, 우리에게 진리의 말씀과 우리 가운데 영원한 생명을 심으신 분이시여, 바룩 앝타 아도나이 새 언약을 주신 분이시여.

16. 아쉬레   אשרי

אַשְׁרֵי יוֹשְׁבֵי בֵיתֶךָ עוֹד יְהַלְלוּךָ סֶּלָה:
레쉬아 베쉬요 카테베 드오 카루할예 라쎌

아쉬레이 요쉬베이 베이테카 오드 예할렐루카 셀라.

당신의 집에 사는 자들은 행복합니다 언제나 그들이 당신을 찬양합니다. 쎌라.

אַשְׁרֵי הָעָם שֶׁכָּכָה לּוֹ אַשְׁרֵי הָעָם שֶׁיְהוָה
레쉬아 암하 카카쉘 로 레쉬아 암하 쉐이아도나이

אֱלֹהָיו:
브이하로엘

그분과 같이 되는 백성은 행복합니다.
여호와께서 자기들의 엘로힘인 백성들은 행복합니다.

영이 가난한 자들은 행복하다, 하늘의 왕국이 그들의 것이기 때문이다.
애통하는 자들은 행복하다, 그들이 위로를 받을 것이기 때문이다.
온유한 자들은 행복하다, 그들이 땅을 상속받을 것이기 때문이다.
의에 주리고 목마른 자들은 행복하다, 그들이 배부를 것이기 때문이다.
긍휼을 베푸는 자들은 행복하다, 그들이 긍휼을 얻을 것이기 때문이다.
마음이 순수한 자들은 행복하다, 그들이 엘로힘을 볼 것이기 때문이다.
화평케 하는 자들은 행복하다, 그들이 엘로힘의 자녀라 일컬음을 받을 것이기 때문이다.
의로 인하여 핍박받는 자들은 행복하다, 하늘의 왕국이 그들의 것이기 때문이다.
사람들이 나 때문에 너희를 모욕과 박해하며, 너희를 거슬러 거짓으로 온갖 사악한 말을 하면, 너희는 행복하다, 기뻐하고 크게 즐거워하라, 이는 하늘에서 너희 보상이 크기 때문이다. 그들이 너희 전에 있던 대언자들도 이같이 핍박하였다.

אַשְׁרֵי הָעָם שֶׁכָּכָה לּוֹ אַשְׁרֵי הָעָם שֶׁיְהוָה אֱלֹהָיו:
브이하로엘 이나도아쉐 암하 레쉬아 로 카카쉘 암하 레쉬아

이러한 백성은 행복합니다. 여호와께서 그들의 엘로힘인 백성은 행복합니다.

<시편 145>

א 내가 당신을 높입니다. 왕이신 나의 엘로힘이시여. 내가 당신의 이름을 영원토록 송축합니다.

ב 매일 내가 당신을 송축하니 당신의 이름을 영원토록 찬양합니다.

ג 여호와는 광대하셔서 크게 찬양 받으시니 그의 크심을 측량할 수 없습니다.

ד 대대로 당신의 행하심을 칭송하고 당신의 권능을 그들이 전할 것입니다.

ה 존귀하고 영광스러운 당신의 위엄과 당신의 놀라운 말씀들을 내가 묵상할 것입니다.

ו 당신의 두려운 권능을 그들이 말하며 당신의 크심을 내가 전할 것입니다.

ז 당신의 크신 선하심의 기억을 그들이 쏟아내고 당신의 의를 그들이 기뻐 외칠 것입니다.

ח 여호와는 은혜로우시고 자비로우시며 오래 참으시고 헤쎄드(인애)가 크십니다.

ט 여호와는 모두에게 선하시며 그의 자비하심이 그가 만드신 모든 것들 위에 있습니다.

י 당신께서 만드신 모든 것들이 당신께 감사드립니다. 여호와여, 당신의 경건한 자들이 당신을 송축합니다.

כ 당신의 왕국의 영광을 그들이 말하며 당신의 권능을 그들이 전하리니

ל 사람들에게 그의 권능과 그의 왕국의 존귀와 영광을 알리기 위함입니다.

מ 당신의 왕국은 영원한 왕국이며 당신의 통치권은 모든 세대에 있습니다.

ס 여호와께서는 넘어지는 모든 자를 붙드시며 엎드리는 모든 자를 일으키십니다.

ע 모든 눈이 당신을 바라니 당신은 때에 따라 그들에게 그들의 음식을 주시고

פ 당신의 손을 여셔서 모든 생명의 원함을 만족시켜 주십니다.

צ 여호와께서는 그의 모든 길에 의로우시며 그가 만드신 모든 것에 인애로우십니다.

ק 여호와께서는 곧 그를 부르는 모든 자에게 가까이 계십니다.

ר 그를 경외하는 자들의 기뻐하는 것을 그가 행하시며 도움을 청하는 그들의 소리를 들으시고 그들을 구원하실 것입니다.

ש 여호와께서는 그를 사랑하는 모든 자를 지키시나 모든 악인들은 진멸하십니다.

ת 하짠-여호와의 찬양을 내 입이 전하고 모든 육체는 그의 거룩한 이름을 영원토록 송축할 것입니다. 우리는 지금부터 영원토록 여호와를 송축하리로다. 여호와를 찬양하라.

◆ 씨두르

◆ 토라를 아크에 넣음

<시편 24>

땅과 거기 충만한 것이 여호와의 것이요, 세상과 거기 거하는 자들도 그러하니
이는 그분께서 바다들 위에 그 기초를 두시고 큰 물들 위에 그것을 굳게 세우셨음이로다.
여호와의 산에 오를 자 누구인가. 그분의 거룩한 곳에 설 자 누구인가.
곧 손이 깨끗하고 마음이 순수하며 헛된 것을 향하여 자기 혼을 들지 아니하고 속임수로 맹세하지 아니한 자로다.
그가 여호와께 복을 받고 자기의 구원의 엘로힘께 의를 받으리니
이것이 그분을 찾는 자들의 세대요, 오 야아콥아, 네 얼굴을 찾는 세대로다. 쎌라.
오 문들아, 너희 머리를 들지어다. 영존하는 문들아 들릴지어다. 영광의 왕께서 들어가시리로다.
영광의 왕이 누구시냐. 강하고 능하신 여호와시요, 전투에 능하신 여호와시로다.

*하짠- 오 문들아, 너희 머리를 들지어다. 영존하는 문들아 곧 너희 머리를 들지어다. 영광의 왕께서 들어가시리로다. 영광의 왕이 누구시냐. 만군의 여호와 곧 그분께서 영광의 왕이시로다. 쎌라.

17. 카 디 쉬

<카디쉬 낭송-엘로힘의 이름을 거룩하게 함>
아래에서, 괄호 속의 말은 카디쉬를 낭송하는 사람이 아닌 회중이 낭송한다.

יִתְגַּדַּל וְיִתְקַדַּשׁ שְׁמֵהּ רַבָּא:
달갇잍 뷔잍칻다쉬 쉬메- 라밥

위대하신 그분의 이름이여, 높임을 받으시고 거룩히 여김을 받으소서.

※회중 - אָמֵן: |
아멘

|회중-아멘|

בְּעָלְמָא דִי בְרָא כִרְעוּתֵהּ:
베알마 디 라베 키르우테-

그의 기쁘신 뜻을 따라 창조된 세상에서

וְיַמְלִיךְ מַלְכוּתֵהּ בְּחַיֵּיכוֹן וּבְיוֹמֵיכוֹן
뷔얌릭 말쿠테- 베하예콘 우베요메콘

그리고 당신의 생명 안에서 그리고 당신의 날들 안에서,

וּבְחַיֵּי דְכָל בֵּית יִשְׂרָאֵל בַּעֲגָלָא וּבִזְמַן
우베하예 데콜 베트 이스라엘 바아갈라 우비즈만

모든 이스라엘 집의 생명의 시간들 안에서 그분이 가까운 시간 안에, 그의 왕권으로 통치하시기를.

קָרִיב: וְאִמְרוּ אָמֵן:
카립 붸이므루 아멘

아멘으로 화답하라.

※회중   회중※

| אָמֵן: יְהֵא שְׁמֵהּ רַבָּא מְבָרַךְ לְעָלַם
아멘 예헤 쉬메- 라바 메바락 레올람

| 아멘.
위대한 그분의 이름을 영원, 영원, 영원토록 송축할지어다. |

וּלְעָלְמֵי עָלְמַיָּא: |
울알메 알마야

יְהֵא שְׁמֵהּ רַבָּא מְבָרַךְ לְעָלַם וּלְעָלְמֵי
예헤 쉬메- 바라 메바락 레올람 울알메

위대한 그분의 이름을 영원, 영원, 영원토록 송축할지어다.

עָלְמַיָּא:
알마야

יִתְבָּרַךְ וְיִשְׁתַּבַּח וְיִתְפָּאַר וְיִתְרוֹמַם
잍바락 뷔이쉬탑바흐 뷔잍파아르 뷔잍루맘

송축 으시며, 찬송 받으시고, 영광받으시며, 높임 받으시고, 칭송받으시고, 위엄

씨두르

וְיִתְנַשֵּׂא וְיִתְהַדָּר וְיִתְעַלֶּה וְיִתְהַלָּל שְׁמֵהּ
쉐메 - 베잍할랄 베잍알레 베잍하다르 베잍나쎄

있으시며,
예배 받으시며,
찬양 받으소서.
거룩하신 그분의 이름!

דְּקֻדְשָׁא בְּרִיךְ הוּא
데쿠샤 브맄 후

베맄 후
(그분을 송축합니다.)

회중※   ※회중

| בְּרִיךְ הוּא |
베맄 후

|베맄 후 (그분을 송축합니다.)|

לְעֵלָּא מִן כָּל בִּרְכָתָא וְשִׁירָתָא ※1
레엘라 민 콜 비르카타 베쉬라타

세상에 이미 알려진 것보다도 더 큰 축복과 노래와 찬양과 깊은 사랑을 당신께 올려드립니다.

תֻּשְׁבְּחָתָא וְנֶחֱמָתָא דַּאֲמִירָן בְּעָלְמָא:
투쉐베하타 베네헤마타 다아미란 베알마

וְאִמְרוּ אָמֵן:
베임루 아멘

아멘으로 화답하라.

| ※회중- אָמֵן: |
아멘

|※회중-아멘|

로쉬 하샤나에서 욤 키푸르까지 대체 ※1

לְעֵלָּא וּלְעֵלָּא מִכָּל
레알라 우레알라 미콜

뒤로 세 걸음 간다. 왼쪽으로 절하면서 '오쎄....' 앞으로 절하면서 '베알콜....'
잠시 머물러 섰다가 앞으로 세 걸음 온다.

עוֹשֶׂה שָׁלוֹם בִּמְרוֹמָיו
오쎄 샬롬 비마로마브

그분의 높은 곳에 샬롬이 있도다.

הוּא בְּרַחֲמָיו יַעֲשֶׂה שָׁלוֹם עָלֵינוּ
후 베라하마인 야아쎄 샬롬 알레누

그분이 우리를 위해 샬롬을 이루시는도다.

וְעַל כָּל יִשְׂרָאֵל: וְאִמְרוּ אָמֵן:
베알 콜 이스라엘 베임루 아멘

그리고 모든 이스라엘 위에!
아멘으로 화답하라.

| ※회중- אָמֵן: |
아멘

|※회중-아멘|

18. 알 레 누

עָלֵינוּ לְשַׁבֵּחַ לַאֲדוֹן הַכֹּל
콜학　돈아라　흐아베샤베　누레알

모든 것의 주인이신 분께 찬양함이 우리의 의무입니다.

לָתֵת גְּדֻלָּה לְיוֹצֵר בְּרֵאשִׁית
트쉬레베　르쩨요레　라둘게　텔라

창조의 시작을 드러나게 하신 분에게 위대하심을 드리는 것이 우리의 의무입니다.

שֶׁלֹּא עָשָׂנוּ כְּגוֹיֵי הָאֲרָצוֹת
쫄라아하　예고케　누싸아　로쉘

왜냐하면 그 분은 우리를 세상의 이방 나라들처럼 만들지 않으셨습니다.

וְלֹא שָׂמָנוּ כְּמִשְׁפְּחוֹת הָאֲדָמָה:
마다아하　홀프쉬미케　누마싸　로쉘

그리고 땅의 족속들처럼 똑같이 우리를 임명하지 않으셨습니다.

שֶׁלֹּא שָׂם חֶלְקֵנוּ כָּהֶם
헴카　누케헬　샴　로쉘

그분은 우리의 기업을 다른 이들과 같이 임명하지 않으셨습니다.

וְגוֹרָלֵנוּ כְּכָל הֲמוֹנָם:
남모하　콜케　누레랄고붸

그리고 그 분은 우리의 운명을 다른 이들과 같이 임명하지 않으셨습니다.

וַאֲנַחְנוּ כּוֹרְעִים וּמִשְׁתַּחֲוִים וּמוֹדִים
딤모우　빔하타쉬미우　임르코　누흐나아바

우리는 왕 앞에서,
왕들 중의 왕께 무릎 꿇고 절하며 감사를 드립니다.
[여기서는 무릎을 굽혀 절한다]
하 카도쉬 바룩 후
/거룩하신 분 그 분을 송축합니다.

לִפְנֵי מֶלֶךְ מַלְכֵי הַמְּלָכִים
킴라믈함　케말　렉멜　네프리

הַקָּדוֹשׁ בָּרוּךְ הוּא:
후　룩바　쉬도카학

שֶׁהוּא נוֹטֶה שָׁמַיִם וְיֹסֵד אָרֶץ
쯔레아　드세요붸　임마샤　테노　후쉐

그분은 하늘들을 펴시고 땅의 기초를 놓으셨습니다.

וּמוֹשַׁב יְקָרוֹ בַּשָּׁמַיִם מִמַּעַל
알마임　임마샤밧　로카예　브샤모우

그 분의 존귀한 처소는 하늘들 위에 있습니다.

וּשְׁכִינַת עֻזּוֹ בְּגָבְהֵי מְרוֹמִים:
밈로메　헤브가베　조웃　낱키쉬우

그리고 그 분의 권능의 임재는 높고 높은 곳에 있습니다.

הוּא אֱלֹהֵינוּ אֵין עוֹד:
드오　벤　누헤로엘　후

그 분은 우리의 엘로힘, 그 분 밖에 다른 분이 없습니다.

אֱמֶת מַלְכֵּנוּ אֶפֶס זוּלָתוֹ
토라줄　쓰페에　누케말　멛에

진실로 우리의 왕이십니다. 그 분 외에 아무것도 없습니다.

כַּכָּתוּב בְּתוֹרָתוֹ:
토라토바　브투카카

그의 토라에 씌여진 것처럼

씨두르

וְיָדַעְתָּ הַיּוֹם וַהֲשֵׁבֹתָ אֶל לְבָבֶךָ
카베바레 엘 타보쉐하봐 욤하 타으다야붸

너는 오늘날 알라 그리고 너의 마음으로 돌이키라.

כִּי יְהוָה הוּא הָאֱלֹהִים
힘로엘하 후 이나도아 키

여호와 그분이 엘로힘이시도다.

בַּשָּׁמַיִם מִמַּעַל וְעַל הָאָרֶץ מִתָּחַת
핱타밑 쯔레아하 알붸 알마임 임마샤밧

위로는 하늘에서 그리고 아래로는 땅에서도 다른이가 없도다.

אֵין עוֹד:
드오 엔

עַל־כֵּן

그래서 우리는 당신께 소망을 둡니다. 여호와 우리의 엘로힘, 우리는 당신이 찬란한 영광의 능력으로 오시는 것을 곧 보게 될 것입니다. 그 능력은 땅에서 가증한 우상을 제거하기 위한 것이며 거짓 신들을 완전히 멸하기 위한 것입니다. 그리고 또한 전능자의 통치를 통하여 세상을 완전하게 하기 위한 것입니다. 모든 육체의 후손들이 당신의 이름을 부를 것입니다. 지구상의 모든 불의한 것이 당신께 돌이킬 것입니다. 세계에 거하는 모든 자들이 깨닫고 알게 될 것입니다. 왜냐하면 모든 무릎이 당신께 굴복하겠고 모든 방언이 당신에게 맹세할 것이기 때문입니다. 여호와 우리의 엘로힘 당신의 존전 앞에서. 그들은 무릎을 굽히고 엎드려 경배할 것입니다. 그리고 영광스러운 당신의 이름에 경의를 표할 것입니다. 그리고 그들 모두는 당신의 왕권 아래에 들어갈 것이며, 당신은 속히 그리고 영원히 그들을 다스리실 것입니다. 당신의 토라에 쓰여진 것처럼 왕국이 당신의 것이고 영광 안에서 영원히 통치하실 것입니다.

יְהוָה יִמְלֹךְ לְעֹלָם וָעֶד
드에봐 람올레 롴임 이나도아

여호와께서 영원무궁토록 통치하시리라.

-하짠 : 여호와께서 온 땅 위에 왕이 되시리니 그 날에 에하드이신 여호와가 계실 것이며 그분의 이름은 에하드이시리라. (슥14:9)

일곱째 천사가 나팔을 불매 하늘에 큰 음성이 있어 이르되, 이 세상 왕국들이 우리 여호와의 왕국, 즉 그분의 마쉬아흐의 왕국이 되었으니 그분께서 영원 무궁토록 통치하시리로다. (계11:15)

וְנֶאֱמַר וְהָיָה יְהוָה לְמֶלֶךְ עַל־כָּל־הָאָרֶץ
쯔레아하 -콜 -알 렉멜레 이나도아 야하붸 르마에네붸

בַּיּוֹם הַהוּא יִהְיֶה יְהוָה אֶחָד וּשְׁמוֹ אֶחָד:
드하에 모쉐우 드하에 이나도아 예흐이 후하 욤바

19. 요일별 시편

◆ 일요일(첫째날):시편24 / 월요일(둘째날):시편48 / 화요일(셋째날):시편82 /
수요일(넷째날):시편94; 95:1~3 / 목요일(다섯째날):시편81 / 금요일(여섯째날):시편93

◆ 십 계 명

וַיְדַבֵּר אֱלֹהִים אֵת כָּל־ הַדְּבָרִים
르베답예봐 엘 힘로엘 에트 콜 하데바림

הָאֵלֶּה לֵאמֹר:
하엘레 레모르

엘로힘께서 이 모든 말씀으로 말씀하여 이르시되

אָנֹכִי יְהוָה אֱלֹהֶיךָ אֲשֶׁר הוֹצֵאתִיךָ
아노키 아도나이 엘로헤카 아쉐르 호쩨티카

מֵאֶרֶץ מִצְרַיִם מִבֵּית עֲבָדִים:
메에레쯔 미쯔라임 미베트 아바딤

나는 너를 미쯔라임(이집트) 땅 곧 속박의 집에서 인도하여 낸 여호와 네 엘로힘이라.

לֹא יִהְיֶה לְךָ אֱלֹהִים אֲחֵרִים עַל־ פָּנָי
로 이흐예 레카 엘로힘 아헤림 알 파나야

너는 내 앞에서 다른 신들을 취하지 말라.

לֹא תַעֲשֶׂה לְךָ פֶסֶל וְכָל־ תְּמוּנָה אֲשֶׁר
로 타아쎄 레카 페쎌 붸콜 테무나 아쉐르

בַּשָּׁמַיִם מִמַּעַל וַאֲשֶׁר בָּאָרֶץ מִתַּחַת
바샤마임 미마알 봐아쉐르 바아레쯔 미타핱

וַאֲשֶׁר בַּמַּיִם מִתַּחַת לָאָרֶץ:
봐아쉐르 바마임 미타핱 라아레쯔

너는 너를 위하여 어떤 새긴 형상도 만들지 말고 또 위로 하늘에 있는 것이나 아래로 물속에 있는 것의 어떤 모습이든지 만들지 말며

לֹא־ תִשְׁתַּחֲוֶה לָהֶם וְלֹא תָעָבְדֵם
로 티쉬타하붸 라헴 볠로 타아브뎀

그것들에게 절하지 말고 그것들을 섬기지 말라.

כִּי אָנֹכִי יְהוָה אֱלֹהֶיךָ אֵל קַנָּא פֹּקֵד עֲוֹן
키 아노키 아도나이 엘로헤카 엘 칸나 포케드 아본

אָבֹת עַל־ בָּנִים עַל־ שִׁלֵּשִׁים וְעַל־
아보트 알 바님 알 쉴레쉼 붸알

רִבֵּעִים לְשֹׂנְאָי:
리베임 레쏘나아이

이는 나 곧 여호와 네 엘로힘이 질투하는 엘(אל)이기 때문이니 나는 나를 미워하는 자들에게는 아버지의 불법을 자손들에게 벌하여 삼사대까지 이르게 하거니와

וְעֹשֶׂה חֶסֶד לַאֲלָפִים לְאֹהֲבַי וּלְשֹׁמְרֵי
붸오쎄 헤쎄드 라알라핌 레오하바이 울쇼므레

מִצְוֹתָי:
미쯔보타이

나를 사랑하고 내 명령들을 지키는 수천의 사람들에게는 헤쎄드(인애)를 베푸느니라.

씨두르

לֹא תִשָּׂא אֶת־שֵׁם־יְהוָה אֱלֹהֶיךָ לַשָּׁוְא כִּי 로 팃싸 엩 쉠 아도나이 엘로헤카 라샤브 키	너는 네 여호와 엘로힘의 이름을 헛되이 취하지 말라.
לֹא יְנַקֶּה יְהוָה אֵת אֲשֶׁר־יִשָּׂא אֶת־ 로 예낙케 아도나이 에트 아쉐르 잇싸 엩	이는 여호와가 자신의 이름을 헛되이 취하는 자를 죄 없다 하지 아니할 것임이라.
שְׁמוֹ לַשָּׁוְא׃ 쉐모 라샤브	
זָכוֹר אֶת־יוֹם הַשַּׁבָּת לְקַדְּשׁוֹ׃ 자코르 엩 욤 핫샤밭 레칻데쇼	샤밧(안식일)을 기억하여 거룩히 지키라.
שֵׁשֶׁת יָמִים תַּעֲבֹד וְעָשִׂיתָ כָּל־מְלַאכְתֶּךָ׃ 쉐쉐트 야밈 타아보드 붸아씨타 콜 멜라크테카	이는 엿새 동안은 네가 수고하고 네 모든 일을 할 것이나 일곱째 날은
וְיוֹם הַשְּׁבִיעִי שַׁבָּת לַיהוָה אֱלֹהֶיךָ 붸욤 핫쉐비이 샤밭 라아도나이 엘로헤카	여호와 네 엘로힘의 샤밧(안식일)인 즉 그 날에는
לֹא־תַעֲשֶׂה כָל־מְלָאכָה אַתָּה וּבִנְךָ־ 로 타아쎄 콜 멜라카 앝타 우빈카	너나 네 아들이나 네 딸이나 네 남종이나 네 여종이나 네 가축이나
וּבִתֶּךָ עַבְדְּךָ וַאֲמָתְךָ וּבְהֶמְתֶּךָ וְגֵרְךָ אֲשֶׁר 우빝테카 아브데카 봐아마테카 우베헴테카 붸게레카 아쉐르	
בִּשְׁעָרֶיךָ 비쉬아레카	네 문안에 거하는 나그네나 아무 일도 하지 말라.
כִּי שֵׁשֶׁת־יָמִים עָשָׂה יְהוָה אֶת־הַשָּׁמַיִם 키 쉐쉐트 야밈 아싸 아도나이 엩 핫샤마임	이는 엿새 동안에 여호와가 하늘과 땅과 바다와 그 안에 있는 모든 것을 만들고 일곱째 날에 안식하셨음이니라.
וְאֶת־הָאָרֶץ אֶת־הַיָּם וְאֶת־כָּל־אֲשֶׁר־ 붸엩 하아레쯔 엩 하얌 붸엩 콜 아쉐르	
בָּם וַיָּנַח בַּיּוֹם הַשְּׁבִיעִי עַל־כֵּן בֵּרַךְ 밤 봐야나흐 바욤 핫쉐비이 알 켄 베라크	그러므로 나 여호와가 샤밧(안식일)을 복되게 하여 그 날을 거룩하게 하였느니라.
יְהוָה אֶת־יוֹם הַשַּׁבָּת וַיְקַדְּשֵׁהוּ׃ 아도나이 엩 욤 핫샤밭 봐예칻데쉐후	
כַּבֵּד אֶת־אָבִיךָ וְאֶת־אִמֶּךָ לְמַעַן יַאֲרִכוּן 캅베드 엩 아비카 붸엩 임메카 레마안 야아리쿤	네 부모를 공경하라. 그리하면 여호와 네 엘로힘이 네게 주시는 땅에서 네 날들이 길리라.
יָמֶיךָ עַל הָאֲדָמָה אֲשֶׁר־יְהוָה אֱלֹהֶיךָ 야메카 알 하아다마 아쉐르 아도나이 엘로헤카	
נֹתֵן לָךְ׃ 노텐 라크	
לֹא תִּרְצָח׃ 로 티르짜흐	너는 살인하지 말라.
לֹא תִּנְאָף׃ 로 틴아프	너는 간음하지 말라.

너는 도둑질하지 말라.	לֹא תִּגְנֹב:
	로 티그노브
너는 네 이웃을 대적하여 거짓 증거하지 말라.	לֹא־תַעֲנֶה בְרֵעֲךָ עֵד שָׁקֶר:
	로 타아네 베레아카 에드 샤케르
너는 네 이웃의 집을 탐내지 말라. 네 이웃의 아내나 그의 남종이나 그의 여종이나 그의 소나 그의 나귀나 네 이웃의 소유 중 아무것도 탐내지 말라.	לֹא תַחְמֹד בֵּית רֵעֶךָ לֹא־תַחְמֹד אֵשֶׁת רֵעֶךָ וְעַבְדּוֹ וַאֲמָתוֹ וְשׁוֹרוֹ וַחֲמֹרוֹ וְכֹל אֲשֶׁר לְרֵעֶךָ:
	로 타흐모드 베트 레에레카 로 타흐모드 에쉩 레에카 베아브도 바아마토 베쇼로 바하모로 베콜 아쉐르 레레에카

민 하 <오후 기도>

※ 샤하리트 참조

◆ 아쉬레 אשרי
◆ 아비누
◆ 쉬모네 에스레 – 아미다
◆ 타 하 눈
◆ 카 디 쉬
◆ 알 레 누
  -십계명

마아리브 <저녁 기도>

※ 샤하리트 참조

◆ 바레쿠 – 예배로의 부르심
  -쉐마 블레싱 ברכות קריאת שמע
  -쉐마 שמע
◆ 아 비 누
◆ 쉬모네 에스레 – 아미다
◆ 카 디 쉬
◆ 알 레 누
  -십계명

 씨두르

The Bedtime SHEMA

רִשׁוֹנוֹ שֶׁל עוֹלָם 우주의 주인이시여. 나는 지금 나에게 화를 내었거나 적대적이였던 사람 혹은 나에게 죄를 지은 사람 – 내 몸에 대해서든, 내 소유에 대해서든, 내 명예 혹은 나의 어떤 것에 대해서든 – 누구라도 용서합니다. 그가 우연히 그렇게 했을지라도 고의로 부주의하게 혹은 목적을 가지고 했을 지라도; 말로, 행동으로, 생각으로 혹은 의견으로 했든지간에 나는 모든 사람을 용서합니다. 아무도 나로 인해 벌을 받지 않게 하소서. 여호와 나의 엘로힘 그리고 나의 아버지들의 엘로힘, 내가 더 이상 죄를 짓지 않음으로 당신의 뜻이 이루어지소서. 내가 당신 앞에서 행한 어떤 죄들이든지 당신의 풍성한 자비로 예슈아 함마쉬아흐 보혈로 깨끗케 하소서. 그러나 고통이나 혹은 나쁜 질병을 통해서 그렇게 하지는 마소서. 내 입의 말과 내 마음의 생각이 당신의 얼굴 앞에 받으실만한 것이 되기를 원하나이다. 여호와 나의 반석, 그리고 나의 구속자시여.

הַמַּפִּיל
바룩 앝타 아도나이 우리의 엘로힘 우주의 왕이시여, 나의 눈과 눈꺼풀에 잠을 주시는 분(주관하시는 분), 당신의 뜻이 이루어질 것입니다. 여호와 나의 엘로힘 그리고 나의 아버지들의 엘로힘, 당신이 나를 평화 가운데 눕게 하시고 평화가운데 일으키십니다. 나의 생각들, 나쁜 꿈들 그리고 나쁜 관념들이 나를 당황하지 않게 하소서. 내 자손이 당신 앞에 완벽해지게 하소서. 그리고 당신이 나의 눈을 밝히사 내가 사망의 잠을 자지 않게 하소서. 당신을 위하여 눈의 눈동자를 밝히시는 분이시여. 바룩 앝타 아도나이. 온 세계를 그의 영광으로 밝히시는 분이시여.

-매일 쉐마를 낭송하기 전에 긍정적인 명령을 지키는 것에 집중한다. 각 단어를 또박또박 정확하게 발음하는 것이 중요하다. 민얀(종교적 의무에 필요한 성인 정원10명)이 없이 기도할 때는 다음의 세 단어를 기도하고 시작한다.

נֶאֱמָן / מֶלֶךְ / אֵל
만에네 / 렉멜 / 엘   엘, 신실하신 왕.

-첫 번째 절은 오른손으로 눈을 가리고 크게 낭송한다. 그리고 엘로힘의 절대적인 주권을 받아들이는 것에 집중한다.

씨두르

שְׁמַע יִשְׂרָאֵל יהוה אֱלֹהֵינוּ יהוה אֶחָד:
    드하에 이나도아 누헤로엘 이나도아 엘라쓰이   마쉐

오 이스라엘아, 들으라, 여호와는 우리 엘로힘, 여호와는 에하드이시라.

-조용히 [바룩 쉠 케보드 말쿠토 레올람]

이는 하늘에 증거하시는 세 분이 계시기 때문이니 곧 아버지와 말씀과 성령님이시라. 또한 이 세 분은 에하드이시니라. 여호와께서 온 땅위에 왕이 되시리니 - 그 날에는 에하드이신 여호와가 계실 것이며, 그 분의 이름은 에하드이시리라.

<신명기 6:5~9>

-신명기 6:5~9를 읽는 동안 엘로힘을 사랑하라는 계명을 받아들이는 것에 집중한다.

וְאָהַבְתָּ אֵת יהוה אֱלֹהֶיךָ בְּכָל־לְבָבְךָ
  카베바레 -콜베 카헤로엘 이나도아 엘 타브하아붸

너는 네 마음을 다하고 혼을 다하고 힘을 다하여 여호와 네 엘로힘을 사랑하라.

וּבְכָל־נַפְשְׁךָ וּבְכָל־מְאֹדֶךָ:
  카데오메 -콜브우 카쉐프나 -콜브우

וְהָיוּ הַדְּבָרִים הָאֵלֶּה אֲשֶׁר אָנֹכִי מְצַוְּךָ
카베짬메 키노아 르쉐아 레엘하 림바데핟 유하붸

이 날 내가 네게 명령하는 이 말씀들을 너는 마음 속에 두고

הַיּוֹם עַל־לְבָבֶךָ:
  카베바레 -알 욤하

וְשִׁנַּנְתָּם לְבָנֶיךָ וְדִבַּרְתָּ בָּם בְּשִׁבְתְּךָ
  카테브쉬베 밤 타르바딥붸 카네바레 탐난쉰붸

너는 그것들을 네 자녀들에게 반복하고, 집에 앉았을 때에든지, 길을 걸어갈 때에든지, 누웠을 때에든지, 일어날 때에든지 말하여야 한다.

בְּבֵיתֶךָ וּבְלֶכְתְּךָ בַדֶּרֶךְ וּבְשָׁכְבְּךָ וּבְקוּמֶךָ:
카메쿠브우 카베크쇼브우 크레데받 카테크레브우 카테베베

וּקְשַׁרְתָּם לְאוֹת עַל־יָדֶךָ וְהָיוּ לְטֹטָפֹת
  폿타토레 유하붸 카데야 -알 트오레 탐르샤크우

너는 또 그것들을 네 손에 매어 표적이 되게 하고 네 눈 사이에 표시들로 두어야 한다.

בֵּין עֵינֶיךָ:
  카네에 벤

וּכְתַבְתָּם עַל־מְזוּזוֹת בֵּיתֶךָ וּבִשְׁעָרֶיךָ:
  카레아쉬비우 카테베 좋주메 -알 탐브타크우

또 네 집의 문설주들과 네 대문들에 기록해야 한다.

ויהי נעם 아도나이 우리 엘로힘의 아름다움을 우리 위에 임하게 하시오며 우리 손이 행한 일을 당신께서 우리 위에 굳게 세우소서. 참으로 우리 손이 행한 일을 당신께서 굳게 세우소서.

<시편 91>

ישב 지극히 높으신 이의 은밀한 곳에 거하는 자는 전능자의 그늘 밑에 거하리로다.
내가 여호와에 대하여 말하기를, 그분은 나의 피난처시요, 나의 요새시요, 나의 엘로힘이시니 내가 그분을 신뢰하리로다 하리니, 그분께서 너를 새 사냥꾼의 올무에서와 해로운 역병에서 확실히 건지시리로다.
그분께서 자신의 깃털로 너를 덮으시리니 네가 그분의 날개 밑에서 그분을 신뢰하리로다. 그분의 진리는 너의 큰 방패가 되시나니 네가 밤에 임하는 두려움과 낮에 날아드는 화살과 어둠 속에서 퍼지는 역병과 한낮에 황폐하게 하는 멸망을 무서워하지 아니하리로다.
천명이 네 곁에서 만 명이 네 오른쪽에서 쓰러질 것이나 그것이 네게 가까이 오지 못하리로다.
오직 너는 네 눈으로 바라보리니 사악한 자들이 보응받는 것을 네가 보리로다.
나의 피난처 되시는 여호와 곧 지극히 높으신 이를 네가 네 거처로 삼았으므로 어떤 재앙도 네게 닥치지 못하며 어떤 역병도 네 거처에 가까이 오지 못하리니 이는 그분께서 자신의 천사들에게 너에 대한 책무를 주사 네 모든 길에서 너를 지키게 하실 것임이라.
그들이 자기 손으로 너를 받들어 네 발이 돌에 부딪히지 아니하게 하리로다.
네가 사자와 독사를 밟으며 젊은 사자와 용을 네 발 밑에 짓밟으리로다.
그가 내게 사랑을 품었으니 그러므로 내가 그를 건지리라. 그가 내 이름을 알았은 즉 내가 그를 높이 세우리라.
그가 나를 부르리니 내가 그에게 응답하리라.
고난당할 때에 내가 그와 함께하여 그를 건지고 영화롭게 하리라.
내가 그를 장수하게 하여 그를 만족시키며 나의 구원(예슈아 ישועה)를 그에게 보이리라.

<시편 3:1~8>

יהוה 여호와여 나를 괴롭히는 자가 어찌 그리 많게 되었나이까.
일어나 나를 치는 자가 많나이다.
많은 사람이 내 혼에 대하여 말하기를, 그는 엘로힘께 도움을 받지 못한다 하나이다. 쎌라.
내가 누워 잠이 들고 또 깨었으니 이는 여호와께서 나를 떠받쳐 주셨음이로다.

수만의 백성이 나를 애워싸고 대적한다 하여도 내가 그들을 무서워 아니하리이다.
오 여호와여, 일어나소서. 오 나의 엘로힘이여, 나를 구원하소서.
이는 당신께서 내 모든 원수의 광대뼈를 치시고 경건치 아니한 자들의 이를 부러뜨리셨음이니이다.
구원(예슈아 יְשׁוּעָה)은 여호와께 속한 것이오니 당신의 복이 당신의 백성 위에 있나이다. 쎌라.

הַשְׁכִּיבֵנוּ 여호와 우리 엘로힘 샬롬으로 우리를 잠들게 하소서.
우리의 왕이시여 생명으로 우리를 세우시는 분이시여. 당신의 샬롬의 장막을 우리 위에 덮으소서. 당신의 임재로부터의 선한 충고로써 우리를 바르게 세우소서.
그리고 당신의 이름을 위하여 우리를 구원하소서.
우리의 방패시여, 우리로부터 적, 전염병, 칼, 기근, 깊은 슬픔을 제거하십시요.
그리고 우리 앞으로부터 영적인 방해를 제거하십시오. 그리고 당신의 날개 그늘 밑에 피하게 하소서. - 이는 당신께서 우리를 보호하시고 구원하시는 엘로힘이시기 때문입니다. 이는 당신께서 은혜로우시고 긍휼이 많으신 엘(אֵל)이시기 때문입니다. 우리의 들어오고 나가는 것을 지키시는 분이십니다. - 생명과 평화를 지금부터 영원토록 보존하실 것입니다.
낮에도 여호와를 송축합니다.
밤에도 여호와를 송축합니다.
우리가 잠자리에 들 때도 여호와를 송축합니다.
우리가 일어날 때도 여호와를 송축합니다.
내 혼의 생명과 죽음이 당신의 손에 있기 때문입니다.
모든 생물의 혼과 모든 인간의 호흡이 그 분의 손에 있습니다.
당신의 손에 내 영을 맡기나이다.
오 진리의 여호와, 엘(אֵל)이시여, 당신께서 나를 구속하셨나이다.
하늘들에 계신 우리의 엘로힘, 당신 이름의 에하드 되심을 가져오소서.
당신의 영원한 나라를 세우소서.
그리고 영원토록 우리 위에 통치하시옵소서.
찌온에게 '네 엘로힘께서 통치하신다'고 말할 때 당신의 구원(יְשׁוּעָה 예슈아)의 진리 안에서 우리의 마음이 기쁘고 우리의 혼이 크게 기뻐하는 것을 우리의 눈이 봅니다.
여호와께서 왕이십니다.
여호와께서 통치하십니다.
여호와께서 영원무궁토록 통치하실 것입니다.
왕국은 당신의 것이오며 그리고 당신은 영광 안에서 영원히 통치하실 것입니다.
우리에게 당신만이 왕이십니다!

הַמַּלְאָךְ 나를 모든 악에서 구속하신 천사께서 이 아이들에게 복을 주시고 이들로

씨두르

하여금 내 이름과 내 조상 아브라함과 이쯔학의 이름으로 일컬음을 받게 하시오며 또 이들로 하여금 땅의 한 가운데서 자라나 번성하게 하시기를 원하나이다.
이르시되, '네가 여호와 네 엘로힘의 음성에 부지런히 귀를 기울이고 내 눈앞에서 옳은 것을 행하며 내 명령들을 귀담아들으며 내 모든 법규를 지키면 내가 미쯔라임(이집트) 사람들에게 내린 이 질병 중 하나도 너희에게 내리지 아니하리니 이는 내가 너를 치유하는 여호와이기 때문이라.' 여호와께서 사탄에게 이르시되, '오 사탄아, 여호와가 너를 책망하노라. 예루샬라임을 택한 여호와가 너를 책망하노라. 이것은 불 속에서 꺼낸바 그슬린 나무 조각이 아니냐?'
'보아라 쉴로모의 침상이라, 이스라엘의 전사들 중 육십 명의 전사들이 그것을 둘러쌌구나! 모두들 칼을 쥐고 있다. 전쟁에 능숙하다. 남자는 그의 칼을 넓적다리에 찼다. 밤에 있는 두려움 때문에.'

※세 번 낭송한다.

יְבָרֶכְךָ יְהוָה וְיִשְׁמְרֶךָ:
카레메쉬이붸 이나도아 카케레바예

여호와께서 네게 복을 주시고 너를 지키시기를 원하며

יָאֵר יְהוָה פָּנָיו אֵלֶיךָ וִיחֻנֶּךָ:
카넥훈붸 카레엘 브이나파 이나도아 르에야

여호와께서 자신의 얼굴로 네게 빛을 비추사 네게 은혜 베푸시기를 원하고

יִשָּׂא יְהוָה פָּנָיו אֵלֶיךָ וְיָשֵׂם לְךָ שָׁלוֹם:
롬샬 카레 쎔야붸 카레엘 브이나파 이나도아 싸잇

여호와께서 자신의 얼굴을 네게로 향하여 드사 평강 주시기를 원하노라.

※세 번 낭송한다.

- 보라, 이스라엘을 지키시는 이는 졸지도 아니하시고 주무시지도 아니하시리로다. (X3)
- 여호와여, 내가 당신의 구원(ישועה 예슈아)를 기다립니다. (X3)
- 이스라엘의 엘로힘, 여호와의 이름으로 미카엘을 나의 오른쪽에, 가브리엘을 나의 왼쪽에, 우리엘을 나의 앞에, 그리고 라파엘을 내 뒤에 세우소서. 그리고 내 머리 위에 엘(אל)의 임재(쉐키나)를 두시옵소서. (X3)

<시편 128편>

שִׁיר 여호와를 두려워하며 그분의 길들 안에서 걷는 자마다 복이 있나니 이는 네 손이 수고한 것을 네가 먹을 것임이라.
네가 행복하고 형통하리로다.
네 아내는 네 집 곁에서 열매를 많이 맺는 포도나무 같으며 네 자식들은 네 상 둘레의 올리브 묘목 같으리로다.
보라, 여호와를 두려워하는 자는 이와 같이 복을 받으리로다.
여호와께서 찌온에서 네게 복을 주실지어다.
너는 평생에 예루샬라임의 복을 보며 참으로 네 자식을 볼지어다.
이스라엘 위에 화평이 있을지로다.

※세 번 낭송한다.

너희는 두려움 가운데 서며 범죄하지 말지어다. 잠자리에 누워 너희 마음과 이야기하고 잠잠할 지어다. 쎌라.

◈ 아돈올람   אֲדוֹן עוֹלָם

אֲדוֹן עוֹלָם אֲשֶׁר מָלַךְ בְּטֶרֶם כָּל יְצִיר
아돈 올람 아쉐르 말락 베테렘 콜 예찌르
נִבְרָא:
니브라

우주의 주권자, 어떠한 것도 창조되기 전에 통치하셨던 분이시여

לְעֵת נַעֲשָׂה בְחֶפְצוֹ כָּל אֲזַי מֶלֶךְ שְׁמוֹ
레엩 나아싸 베헤프쪼 콜 아자이 멜렉 쉐모
נִקְרָא:
니크라

모든 것이 그분의 뜻으로 만들어졌을 때 그분의 이름은 왕으로 불려졌습니다.

וְאַחֲרֵי כִּכְלוֹת הַכֹּל לְבַדּוֹ יִמְלוֹךְ נוֹרָא:
베아하레 키클롣 하콜 레받도 임롴 노라

וְהוּא הָיָה וְהוּא הֹוֶה וְהוּא יִהְיֶה
베후 하야 베후 호베 베후 이흐예
בְּתִפְאָרָה:
베티프아라

그리고 모든 것을 완성하신 후에도 그분 홀로 영화롭게 통치하실 것입니다. 그 분은 전에도 계셨고, 지금도 계십니다. 그리고 그분은 영화로움 속에서 영원히 계실 것입니다.

씨두르

וְהוּא אֶחָד וְאֵין שֵׁנִי לְהַמְשִׁיל לוֹ
후붸 드하에 엔붸 니쉐 레함쉴 로

그는 에하드이십니다.
그분께서는 둘이 아니십니다.

לְהַחְבִּירָה:
라비헤하레

בְּלִי רֵאשִׁית בְּלִי תַכְלִית וְלוֹ הָעֹז
블리 레쉬트 블리 타크리트 붸로 하오즈

그 분과 같거나 그 분과
비교할 수 있는 그 어떤
존재도 없습니다.

וְהַמִּשְׂרָה:
붸함미스라

그리고 (역사를 움직이는)힘과
권력이 그분께 있습니다.

וְהוּא אֵלִי וְחַי גֹּאֲלִי וְצוּר חֶבְלִי בְּעֵת
후붸 엘리 붸하이 고알리 붸쭈르 헤블리 브엩

그리고 그는 나의
엘(אל)이십니다.
살아계신 나의 구속자이십니다.
환난의 때에 내 영토의
반석이십니다.

צָרָה:
짜라

וְהוּא נִסִּי וּמָנוֹס לִי מְנָת כּוֹסִי בְּיוֹם
후붸 닛씨 우마노쓰 리 메낱 코씨 브욤

그리고 그분은 나의
기적이십니다. 나의
피난처이십니다.
내가 부르는 날에 나의
응답이십니다.

אֶקְרָא:
에크라

בְּיָדוֹ אַפְקִיד רוּחִי בְּעֵת אִישָׁן וְאָעִירָה:
베야도 아프키드 루히 브엩 이샨 붸아이라

그분의 손에 내 영을
맡깁니다. 내가 잠자는
순간에도 그리고 내가 깨어
있는 순간에도 그리고 내 영이
떠난다 할지라도 여호와께서
나에게 계십니다. 그리고 나는
두려워하지 않을 것입니다.

וְעִם רוּחִי גְּוִיָּתִי יְהוָה לִי וְלֹא אִירָא:
붸임 루히 게비야티 아도나이 리 붸로 이라

샤밧 가이드

샤밧 가이드

샤밧은 대 속죄일이나 다른 절기들 보다 더 중요한 날로 여겨질 정도로 여호와의 절기 중에서 가장 중요한 날이다.

샤밧동안 가족 혹은 친구들과 함께 시간을 보내고, 기도하고, 말씀을 읽으며 회복하는 시간을 갖는다.

샤밧에 초를 켜는 것은 상징적인 것으로 우리의 마음속에 어두움을 몰아내고 예슈아 마쉬아흐의 빛을 맞이하는 것을 의미한다.

샤밧이 쉼(메누하 מְנוּחָה), 거룩함(케두샤 קְדֻשָׁה), 기쁨(오네그 עֹנֶג)이 되기 위해서는 특정한 준비를 해야 한다.

◆ **샤밧의 3대 주요 의식**

- 촛불켜기 : Lighting the Ssbbath candles
- 포도주를 성결케 하기 : Saying Kiddush over wine
- 할라 빵에 하모찌를 낭송하기 : Reciting Hamotzi over challah

◆ **샤밧 테이블 준비 (Setting the Shabbat Table)**

- 헌금을 위한 통
- 깨끗한 식탁보, 촛대, 샤밧 초 (2개, 또는 그 이상)
- 포도주 컵, 장식은 형편에 따라서
- 포도주 또는 포도쥬스
- 할라빵 2개, 빵 놓을 접시 1개, 할라빵 덮을 커버 (희 천)
- 소금, 손 씻을 그릇, 수건
- 찬양집, 씨드루
    : 샤밧 테이블과 식사는 금요일 오후나 일몰 전에 완료되도록 한다.

◆ **샤밧 계획하기**

- 초대하기
- 샤밧 식사 (코셔)
- 토라를 읽고 영적 샤밧 준비
    : 예후다인들은 샤밧모임 전에 부분적으로 토라를 두 번 읽는다고 한다.

◆ 헌　금

-샤밧 촛불을 켜기 전에 쩨다카(צדקה) 헌금함에 헌금한다.
-헌금함은 샤밧 촛대 옆에 놓는다.
-이 규례를 지키고, 아이에게도 가르치며 동전을 넣도록 격려한다.
-헌금함에 돈을 넣을 때 다음과 같은 축복을 낭독한다.

בָּרוּךְ אַתָּה יהוה אֱלֹהֵינוּ מֶלֶךְ הָעוֹלָם
　람올하　렉멜　누헤로엘　이나도아　타아　룩바

אֲשֶׁר קִדְּשָׁנוּ בְּמִצְוֹתָיו וְצִוָּנוּ
　누바찌베　브타보쯔미베　누샤드키　르쉐아

עַל הַצְּדָקָה
　카다쩨핫　알

당신을 송축합니다.
여호와 우리의 엘로힘, 우주의 왕이시여. 당신의 명령들로 우리를 거룩하게 하시고, 우리에게 쩨다카(자선)를 하도록 명령하신 분이시여.

샤밧과 절기의 촛불켜기
Shabbath and Festival Service

1. 샤밧의 불을 밝히기 (Lighting the candles)

-촛불을 켜고 나서 눈을 가리고 블레싱을 낭송한다. 눈을 뜨고 창조의 빛과 구속의 빛을 받아들인다. 절기와 샤밧이 함께 있을 때는 절기 블레싱을 낭송한다.

-집안 또는 모임에서 가장 연장자 되는 여자가 불을 밝힌다.

◆ 첫 번째 촛불을 밝히고 창세기 1장 1~3절을 낭독한다.

"태초에 엘로힘께서 천지를 창조하시니라 빛이 있으라 하시매 빛이 있었고,"

◆ 두 번째 촛불을 밝히고 요한복음 8장 11절을 낭독한다.

"나는 세상의 빛이니 나를 따르는 자는 어두움에 다니지 아니하고 생명의 빛을 얻으리라."

◆ 연장자 되는 여자(혹은 리더)는 불을 밝히고 샤밧을 주신 여호와께 감사기도를 드린다.

בָּרוּךְ אַתָּה יהוה אֱלֹהֵינוּ מֶלֶךְ הָעוֹלָם
바룩 아타 아도나이 엘로헤누 멜렉 하올람

אֲשֶׁר קִדְּשָׁנוּ בְּמִצְוֹתָיו וְצִוָּנוּ
아쉐르 키드샤누 베미쯔보타브 베찌바누

לְהַדְלִיק נֵר שֶׁל שַׁבָּת׃※
레하드릭 네르 쉘 ※샤밧

당신을 송축합니다.
여호와 우리의 엘로힘, 우주의 왕이시여.
당신의 명령들로 우리를 거룩하게 하시고, 샤밧※의 불을 밝히도록 명령하신 분이시여.

Lighting the Candles
촛불켜기

바룩 아 타 아도 나이 엘로 헤이 누 멜렉 하올 람 아 쉐르 키드 샤 누

베미쯔보-타브 붸 찝바 누레 하 드릭네 르 쉘 샤 - 밧 아 멘

◆ 리더는 모임(가족)에 참여한 이들의 눈을 뜨게 한 후 두 개의 촛불에서 각각 세 번씩 손짓으로 빛을 가져오게 한다.

(예슈아의 빛으로 임하소서! X 3회)

※절기와 욤 키푸르(대속죄일)의 불 밝히기

욤 키푸르 또는 절기가 샤밧과 함께 오면, 보통 샤밧 때와 같은 순서를 따른다.
절기가 평일에 올 때, 일부는 위와 같은 절차를 따른다.
촛불을 밝히기 전에 다른 블레싱들을 낭송한다.
만약 절기가 샤밧과 함께 오면, 괄호의 단어들이 더해진다.

לְהַדְלִיק נֵר שֶׁל ※שַׁבָּת וְשֶׁל:

쉘붸   밭샵 ※   쉘 르네 릭드하레

※이 ~의 샤밧의 불을 밝히도록 하신 분이시여.

　　※절기의 (욤 토브)

　　※대속죄일 (욤 키푸르-욤 하키푸림)

-유월절의 일곱째 날과 여덟번째 날에는 다음의 블레싱이 낭송된다.

בָּרוּךְ אַתָּה יהוה אֱלֹהֵינוּ מֶלֶךְ הָעוֹלָם
람올하 렉멜 누헤로엘 이나도아 타앝 룩바

שֶׁהֶחֱיָנוּ וְקִיְּמָנוּ וְהִגִּיעָנוּ לַזְּמַן הַזֶּה:
제핮 만즈랏 누아기힉붸 누마예키붸 누야헤헤쉐

바룩 앝타 아도나이 우리의 엘로힘, 우주의 왕, 우리를 살아있게 하시고, 지탱하게 하시고, 우리에게 이 계절들을 주시는 분이시여.

2. 키두쉬-포도주를 성결케하기 (Saying kiddush over wine)

키두쉬의 의미는 '성화'이며 샤밧이나 절기때 포도주를 축복하는 것을 의미한다.
키두쉬는 가장 또는 리더가 포도주 잔을 들고 축복기도를 한다.

בָּרוּךְ אַתָּה יהוה אֱלֹהֵינוּ מֶלֶךְ הָעוֹלָם
람올하 렉멜 누헤로엘 이나도아 타앝 룩바

여호와 우리의 엘로힘, 우주의 왕이시여.

בּוֹרֵא פְּרִי הַגֶּפֶן
펜가학 리프 레보

포도나무의 열매를 창조하신 당신을 송축합니다.

키두쉬
포도주에 대한 감사

바 룩 아 타 아도나이 엘로 헤이누 멜렉하올람 보 레 페리하 가 - 펜 아 - 멘

여호와 우리의 엘로힘 우주의 왕, 포도나무의 열매를 창조하신 분이시여 당신을 송축합니다. 주께서 구별하시고 복을 주신 샤밧을 기쁨의 상징인 포도주로 거룩하게 구별하여 축복합니다. 또한 이 포도주는 우리를 구속하려고 많은 사람을 위해 흘리신 예슈아의 피입니다. 이 잔을 마시고 예슈아 우리 주님과 에하드를 이루게 하시고 앞으로의 삶이 내가 사는 것이 아닌 내 안에 계신 예슈아께서 사는 것이 되게 하소서. 사는 것도 주를 위하여 죽는 것도 주를 위하여 하게 하소서. 온전히 주님과 동행하게 하소서.
예슈아 함마쉬아흐의 이름으로 기도합니다. 아멘.

3. 하모찌-할라빵에 하모찌를 낭송하기(Reciting hamotzi over challah)

리더가 할라빵을 들고 축복한다.
(할라빵 대신에 마짜를 사용할 수 있다. 소금은 성전의 희생제물을 성결케 하는데 사용되었던 것에서 유래한다.)

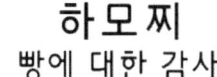

여호와 우리의 엘로힘, 우주의 왕이시여 당신을 송축합니다.

땅에서 빵의 양식을 내게 하신 당신을 송축합니다.

하모찌
빵에 대한 감사

여호와 우리 엘로힘 우주의 왕이시여 당신을 송축합니다.
이 빵 둘은 광야시절에 주님께서 여섯째 날, 샤밧의 양식까지 이틀분의 만나를 주신 것을 기념합니다. 또한 이 빵은 생명이신 예슈아를 상징합니다.

"나는 하늘에서 내려온 살아있는 떡이니 사람이 이 떡을 먹으면 영생하리라. 내가 줄 떡은 곧 세상의 생명을 위한 내 살이니라. 내가 진실로 너희에게 이르노니 인자의 살을 먹지 아니하고 인자의 피를 마시지 아니하면 너희 속에 생명이 없느니라. 내 살을 먹고 내 피를 마시는 자는 생명을 가졌고 마지막 날에 내가 그를 다시 살리리니 내 살은 참된 양식이요 내 피는 참된 음료로다."

이 빵은 예슈아의 살입니다. 영원한 생명을 주는 주님의 말씀입니다. 이 빵을 먹고 우리가 예슈아 안에 거하고 예슈아께서 내 안에 거하게 하셔서 영원한 생명을 누리게 하소서.

예슈아 함마쉬아흐의 이름으로 기도합니다. 아멘.

4. 노래들 중의 노래 (아가서) שיר השירים

1장

שִׁיר הַשִּׁירִים אֲשֶׁר לִשְׁלֹמֹה:
르쉬 림쉬핫 르쉐아 리쉴로모

1. 쉴로모의 노래들 중의 노래
[여인]

יִשָּׁקֵנִי מִנְּשִׁיקוֹת פִּיהוּ
잇샤케니 민느쉬콭 피후

2. 그 분으로 하여금 나에게 입 맞추게 하소서. 그 분의 입의 입맞춤들로. 왜냐하면 그 분의 사랑이 포도주보다 더 좋습니다.

כִּי־טוֹבִים דֹּדֶיךָ מִיָּיִן:
키-토빔 도데카 미야인

לְרֵיחַ שְׁמָנֶיךָ טוֹבִים שֶׁמֶן תּוּרַק
흐아레카 샤마네흐 토빔 샤메네 크라투

3. 당신의 기름의 향기가 좋습니다. 쏟아 비워진 기름, 당신의 이름이여. 그러므로 처녀들이 당신을 사랑합니다.

שְׁמֶךָ עַל־כֵּן עֲלָמוֹת אֲהֵבוּךָ:
쉬메카 알-켄 알라몰 아헤부카

מָשְׁכֵנִי
마쉬케니

4. 나를 이끌어 주세요.

אַחֲרֶיךָ נָּרוּצָה
아하레카 나루짜

당신의 뒤를 따라서, 우리가 달려갈 것입니다. 왕이신 그 분이 나를 데려가시네, 그의 방으로. 우리는 기뻐하고 즐거워할 것입니다, 당신 안에서. 우리는 당신의 사랑을 포도주보다 더 기억할 것입니다. 곧바른 자들이 당신을 사랑합니다.

הֱבִיאַנִי הַמֶּלֶךְ חֲדָרָיו
헤비아니 함멜렉 하다라브

נָגִילָה וְנִשְׂמְחָה בָּךְ נַזְכִּירָה
나길라 붸니쉬메하 박 나즈키라

דֹּדֶיךָ מִיַּיִן מֵישָׁרִים אֲהֵבוּךָ:
도데카 미야인 메샤림 아헤부카

שְׁחוֹרָה אֲנִי וְנָאוָה בְּנוֹת יְרוּשָׁלִָם
쉐호라 아니 붸나봐 베놑 예루샬라임

5. 나는 검으나 합당한 아름다움을 가졌다, 예루샬라임의 딸들아. 케다르의 장막과도 같고, 쉴로모의 휘장들과도 같구나.

כְּאָהֳלֵי קֵדָר כִּירִיעוֹת שְׁלֹמֹה:
케오흘레 케다르 키리옽 쉴로모

אַל־תִּרְאוּנִי שֶׁאֲנִי שְׁחַרְחֹרֶת
알-티르우니 쉐아니 쉐하르호렡

6. 내가 거무스름할지라도 나를 흘겨보지 마라. 일광에 쬐어서 그렇게 되었다. 내 어미의 아들들이 나를 노하여 포도원지기를 삼았음이라. 나의 포도원은 내가 지키지 못하였구나.

שֶׁשֱּׁזָפַתְנִי הַשָּׁמֶשׁ
쉐쉐자팥니 핫샤메쉬

בְּנֵי אִמִּי נִחֲרוּ־בִי שָׂמֻנִי נֹטֵרָה
베네 임미 니하루-비 사무니 노테라

אֶת־הַכְּרָמִים כַּרְמִי שֶׁלִּי לֹא נָטָרְתִּי:
엩-하케라밈 카르미 쉘리 로 나타르티

샤밧 가이드

הַגִּידָה לִּי שֶׁאָהֲבָה נַפְשִׁי אֵיכָה תִרְעֶה
에르티 카에 쉬프나 바하아쉐 리 다기학

אֵיכָה תַּרְבִּיץ בַּצָּהֳרַיִם שַׁלָּמָה
마라샬 임라하짜밭 쯔비르타 카에

אֶהְיֶה כְּעֹטְיָה עַל עֶדְרֵי חֲבֵרֶיךָ׃
카레베하 레드에 알 야트오케 예흐에

אִם־לֹא תֵדְעִי לָךְ הַיָּפָה בַּנָּשִׁים
쉼나반 파야하 크라 이드테 로 -임

צְאִי־לָךְ בְּעִקְבֵי הַצֹּאן
쫀핫 베크이베 크라 -이쩨

וּרְעִי אֶת־גְּדִיֹּתַיִךְ עַל מִשְׁכְּנוֹת הָרֹעִים׃
임로하 놑케쉬미 알 익타요디게 -엩 이르우

לְסֻסָתִי בְּרִכְבֵי פַרְעֹה דִּמִּיתִיךְ רַעְיָתִי׃
티야으라 크티미딤 오르파 베크리베 티싸쑤레

נָאווּ לְחָיַיִךְ בַּתֹּרִים
림토밭 익야하레 부나

צַוָּארֵךְ בַּחֲרוּזִים׃
짐루하바 크레봐짭

תּוֹרֵי זָהָב נַעֲשֶׂה־לָּךְ עִם נְקֻדּוֹת הַכָּסֶף׃
프쎄카핰 돝쿠네 임 락 -쎄아나 브하자 레토

עַד־שֶׁהַמֶּלֶךְ בִּמְסִבּוֹ נִרְדִּי נָתַן רֵיחוֹ׃
호레 탄나 디르니 보씨빔 렠멜함쉐 -드아

צְרוֹר הַמֹּר דּוֹדִי לִי בֵּין שָׁדַי יָלִין׃
린야 이다샤 벤 리 디도 르모함 르로쩨

אֶשְׁכֹּל הַכֹּפֶר דּוֹדִי לִי בְּכַרְמֵי עֵין גֶּדִי׃
디게 엔 메르카베 리 디도 르페코핰 콜쉬에

7.나에게 말해주세요, 내 혼의 사랑이여! 어디서 당신은 돌보시고 기르십니까? 정오에 어디서 당신은 샬롬을 주고 계십니까? 어찌하여 내가 당신과 연합한 자들의 무리 곁에서 가리워진 자처럼 되어야 하리이까?

[왕의 개입]

8.만일 네가 알지 못하겠거든, 여인들 중의 가장 아름다운 자여, 그 양떼의 발자취 안에서 너는 나아가라.

그리고 목자들의 장막들 곁에서 너의 어린 염소들을 돌보아라.

9.파르오의 병거의 암말 즉 왕의 말, 네가 그와 같구나, 나의 연인아.

10. 너의 뺨들은 땋은 머리털로 아름답고 네 목은 진주 목걸이로 아름답구나!

[성령님의 음성]

11.금 장식을 우리가 너를 위해 만들 것이다. 은이 물방울처럼 있는 금장식을 만들 것이다.

[여인]

12.그 왕께서 그 분의 둘러싸심 안에 계시는 동안 나의 네르드기름이 향기를 내뿜었어요.

13.모르향 꾸러미, 내 사랑하는 이는 나에게 그런 분이십니다. 내 젖가슴 사이에, 그 분이 밤새도록 누우실 것입니다.

14.코페르 송이, 내 사랑하는 이는 나에게 그런 분이십니다. 엔게디 포도원 안에 있는

[왕의 사랑 고백]

샤밧 가이드

הִנָּךְ יָפָה רַעְיָתִי הִנָּךְ יָפָה עֵינַיִךְ יוֹנִים:
힌낙 야파 라야티 힌낙 야파 에나일 요님

הִנְּךָ יָפֶה דוֹדִי אַף נָעִים
힌네카 야페 도디 아프 나임

אַף עַרְשֵׂנוּ רַעֲנָנָה:
아프- 아르쎄누 라아나나

קֹרוֹת בָּתֵּינוּ אֲרָזִים רַחִיטֵנוּ בְּרוֹתִים:
코롯 밭테누 아라짐 라히테누 베로팀

15. 보라 아름다워라, 나의 연인. 보라 아름답구나, 네 두 눈은 비둘기로다.

[여인]
16. 보소서 아름답습니다. 내 사랑하는 이여, 또한 매력적이십니다. 또한 우리의 침상은 푸릅니다.

17. 우리 집의 들보는 백향목이요, 서까래는 전나무입니다.

2장

אֲנִי חֲבַצֶּלֶת הַשָּׁרוֹן שׁוֹשַׁנַּת הָעֲמָקִים:
아니 하바쩰렡 핫샤론 쇼샨낱 하아마킴

כְּשׁוֹשַׁנָּה בֵּין הַחוֹחִים כֵּן רַעְיָתִי
케쇼샨나 벤 하호힘 켄 라야티

בֵּין הַבָּנוֹת:
벤 합바놑

כְּתַפּוּחַ בַּעֲצֵי הַיַּעַר בְּצִלּוֹ חִמַּדְתִּי כֵן
케탙푸아흐 바아쩨이 하야아르 베찔로 힘마드티 켄

דּוֹדִי בֵּין הַבָּנִים בְּצִלּוֹ חִמַּדְתִּי וְיָשַׁבְתִּי
도디 벤 합바님 베찔로 힘마드티 붸야샤브티

וּפִרְיוֹ מָתוֹק לְחִכִּי:
우피르요 마톡 레히키

הֱבִיאַנִי אֶל־בֵּית הַיָּיִן וְדִגְלוֹ עָלַי אַהֲבָה:
헤비아니 엘- 베트 하야인 붸디글로 알라이 아하바

סַמְּכוּנִי בָּאֲשִׁישׁוֹת רַפְּדוּנִי בַּתַּפּוּחִים
쌈메쿠니 바아쉬숕 랖페두니 밭탙푸힘

כִּי־חוֹלַת אַהֲבָה אָנִי:
키- 홀랕 아하바 아니

שְׂמֹאלוֹ תַּחַת לְרֹאשִׁי וִימִינוֹ תְּחַבְּקֵנִי:
쎄몰로 탙핱 레로쉬 뷔미노 테하브케니

[여인]
1. 나는 샤론의 장미요, 골짜기의 백합화입니다.

[왕의 응답]
2. 가시나무들 사이의 백합화처럼, 그렇게 딸들 사이에 있는 나의 연인!

[여인]
3. 삼림의 나무들 안의 사과나무처럼, 그렇게 아들들 사이에 있는 나의 사랑! 그 분의 그늘 안에서 나는 갈망했어요, 그리고 나는 거했어요. 그리고 그 분의 열매가 달았어요, 내 입맛에.

4. 그 분이 나를 연회장으로 이끄셨어요. 그 분의 깃발이 내 위에 사랑입니다.

5. 건포도 떡들 안에서, 나를 소생시켜 주세요. 사과들 안에서, 나를 위로해 주세요. 왜냐하면 나는 사랑으로 병이 났습니다.

6. 그 분의 왼손이 내 머리 밑에 그리고 그 분의 오른손이 나를 껴안으시도다.

샤밧 가이드

הִשְׁבַּעְתִּי אֶתְכֶם בְּנוֹת יְרוּשָׁלַ͏ִם בִּצְבָאוֹת
히쉬바으티 에트켐 베노트 예루샬라임 비쯔바옽

אוֹ בְּאַיְלוֹת הַשָּׂדֶה אִם־תָּעִירוּ
오 베아얄롵 핫샤데 임- 타이루

וְאִם־תְּעוֹרְרוּ אֶת־הָאַהֲבָה עַד שֶׁתֶּחְפָּץ׃
붸임- 테오르루 엩- 하아하바 아드 쉘테흐파쯔

קוֹל דּוֹדִי הִנֵּה־זֶה בָּא מְדַלֵּג
콜 도디 힌네- 제 바 메달레그

עַל־הֶהָרִים מְקַפֵּץ עַל־הַגְּבָעוֹת׃
알- 헤하림 메카페쯔 알- 학그바옽

דּוֹמֶה דוֹדִי לִצְבִי אוֹ לְעֹפֶר הָאַיָּלִים
도메 도디 리쯔비 오 레오페르 하아얄림

הִנֵּה־זֶה עוֹמֵד אַחַר כָּתְלֵנוּ מַשְׁגִּיחַ
힌네- 제 오메드 아하르 코틀레누 마쉬기아흐

מִן־הַחַלֹּנוֹת מֵצִיץ מִן־הַחֲרַכִּים׃
민- 하할로놑 메찌쯔 민- 하하락킴

עָנָה דוֹדִי וְאָמַר לִי
아나 도디 붸아마르 리

קוּמִי לָךְ רַעְיָתִי יָפָתִי וּלְכִי־לָךְ׃
쿠미 락 라으야티 야파티 울키- 락

כִּי־הִנֵּה הַסְּתָו עָבָר הַגֶּשֶׁם חָלַף הָלַךְ לוֹ׃
키- 힌네 핫스타브 아바르 학게쉠 할라프 할라크 로

הַנִּצָּנִים נִרְאוּ בָאָרֶץ עֵת הַזָּמִיר
한니짜님 니르우 바아레쯔 엩 핫자미르

הִגִּיעַ וְקוֹל הַתּוֹר נִשְׁמַע בְּאַרְצֵנוּ׃
힉기아 붸콜 핱토르 니쉬마 베아르쩨누

הַתְּאֵנָה חָנְטָה פַגֶּיהָ
핱테에나 한타 팍게하

וְהַגְּפָנִים סְמָדַר נָתְנוּ רֵיחַ
붸학그파님 스마다르 나트누 레아흐

קוּמִי [וּלְכִי] לָךְ רַעְיָתִי יָפָתִי
쿠미 락 라으야티 야파티

וּלְכִי־לָךְ׃
울키- 락

[왕의 말씀]
7.내가 너희에게 명령한다.
오! 예루샬라임의 딸들아. 노루들
또는 들판의 사슴들로 그 사랑을
흥분시키지 말고 깨우지 마라.
그녀가 기뻐할 때까지.

[여인]
8.내 사랑하는 이의 목소리.
보아라!
그 분이 산에서 달리고
언덕들을 넘어오신다.

9.내 사랑하는 이의 모양이여!
노루와도 같고, 사슴들 중의 젊은
수사슴 같아라. 보아라! 그 분이
우리의 벽 뒤에 서 계신다.
창문들로부터 주의 깊게 바라보고
계신다.
창살들로부터 지켜보고 계신다.

10a.내 사랑하는 이가
응답하시네. 그리고 말씀하시네.

[왕] 10b.일어나라 나의 연인
나의 아름다운 사람아. 그리고
떠나가라.

11.왜냐하면, 보아라. 겨울이
지나고 비도 그치고 지나갔다.

12.이 땅에 꽃들이 나타나고
있다. 찬미의 계절이 다다랐다.
그리고 비둘기의 소리가 우리
땅에 들린다.

13.무화과 나무에는 푸른
열매가 향기를 발하고
포도 나무에는 활짝 핀 꽃이
향기를 내뿜고 있다.

일어나라 나의 연인 나의
아름다운 사람아.

그리고 떠나가라

샤밧 가이드

יוֹנָתִי בְּחַגְוֵי הַסֶּלַע בְּסֵתֶר הַמַּדְרֵגָה
요나티 베하그웨이 하쎌라 베쎄테르 함마드레가

הַרְאִינִי אֶת־מַרְאַיִךְ הַשְׁמִיעִינִי אֶת־
하르이니 엩- 마르아잌 하쉬미이니 엩-

קוֹלֵךְ כִּי־קוֹלֵךְ עָרֵב וּמַרְאֵיךְ נָאוֶה׃
콜렠 키- 콜렠 아레브 우마르엨 나웨

אֶחֱזוּ־לָנוּ שׁוּעָלִים שֻׁעָלִים קְטַנִּים
에헤주 -라누 슈알림 슈알림 크탄님

מְחַבְּלִים כְּרָמִים וּכְרָמֵינוּ סְמָדַר׃
메합블림 케라밈 우크라메누 쎄마다르

דּוֹדִי לִי וַאֲנִי לוֹ
도디 리 와아니 로

הָרֹעֶה בַּשּׁוֹשַׁנִּים׃
하로에 밧쇼샨님

עַד שֶׁיָּפוּחַ הַיּוֹם וְנָסוּ הַצְּלָלִים
아드 쉐야푸아흐 하욤 웨나쑤 핫쯔랄림

סֹב דְּמֵה־לְךָ דוֹדִי לִצְבִי
쏘브 데메- 카레 도디 리쯔비

אוֹ לְעֹפֶר הָאַיָּלִים עַל־הָרֵי בָתֶר׃
오 레오페르 하아얄림 알- 하레 바테르

14.나의 비둘기여, 그 반석의 갈라진 틈과 그 계단의 비밀 안에 있는, 내가 너의 모습을 보게 하라. 내가 너의 소리를 듣게 하라. 네 소리는 감미롭고 네 모습은 합당한 아름다움을 가졌다.

15.우리를 위하여 여우들, 작은 여우들을 잡아라. 포도원과 포도꽃이 만개한 우리의 포도나무들을 파괴하는 작은 여우들을 잡아라.

[여인]
16. 내 사랑하는 이는 나에게 속하였고, 나는 그에게 속하였도다. 그는 백합화들 가운데서 먹이시는구나.

17.날이 샐 때까지 그림자들이 도망칠 때까지 돌아오세요. 내 사랑하는 이여! 그리고 노루와 젊은 수사슴은 당신을 위한 모양입니다. 바테르 산들 위의.

3장

עַל־מִשְׁכָּבִי בַּלֵּילוֹת בִּקַּשְׁתִּי אֵת
알- 미쉬카비 발레롵 비카쉬티 엩

שֶׁאָהֲבָה נַפְשִׁי בִּקַּשְׁתִּיו וְלֹא מְצָאתִיו׃
쉐아하바 나프쉬 비카쉬티브 웰로 메짜티브

אָקוּמָה נָּא וַאֲסוֹבְבָה בָעִיר בַּשְּׁוָקִים
아쿠마 나 와아쏘베바 바이르 밧쉐와킴

וּבָרְחֹבוֹת אֲבַקְשָׁה אֵת שֶׁאָהֲבָה נַפְשִׁי
우바르호봍 아바크샤 엩 쉐아하바 나프쉬

[여인]
1.나의 침상에서 밤마다 나는 구하였습니다. 내 혼의 사랑을! 나는 그 분을 구하였습니다. 그러나 나는 그 분을 찾지 못했습니다.

2.나는 지금 일어날 것입니다. 그리고 나는 에워쌀 것입니다. 도시 안에서 시장들에서 그리고 큰 거리들에서 나는 내 혼의 사랑(아하바 나프쉬)을 구할

101

בִּקַּשְׁתִּיו וְלֹא מְצָאתִיו:
브티짜메 로웰 브티쉬카빅

מְצָאוּנִי הַשֹּׁמְרִים הַסֹּבְבִים בָּעִיר
르이바 빔브쏘핫 림므쇼핫 니우짜메

אֵת שֶׁאָהֲבָה נַפְשִׁי רְאִיתֶם:
템이레 쉬프나 바하아쉐 엩

כִּמְעַט שֶׁעָבַרְתִּי מֵהֶם עַד שֶׁמָּצָאתִי
티짜마쉠 드아 헴메 티르바아쉐 트아므키

אֵת שֶׁאָהֲבָה נַפְשִׁי אֲחַזְתִּיו וְלֹא
로웰 브티즈하아 쉬프나 바하아쉐 엩

אַרְפֶּנּוּ עַד־שֶׁהֲבֵיאתִיו אֶל־בֵּית
트베 -엘 브티야베하쉐 -드아 누펜르아

אִמִּי וְאֶל־חֶדֶר הוֹרָתִי:
티라호 르데헤 -엘뷔 미임

הִשְׁבַּעְתִּי אֶתְכֶם בְּנוֹת יְרוּשָׁלַםִ בִּצְבָאוֹת
옽바쯔비 임라샬루예 놑베 켐엩 티으바쉬히

אוֹ בְּאַיְלוֹת הַשָּׂדֶה אִם־תָּעִירוּ
루이타 -임 데싸핫 롵예아베 오

וְאִם־תְּעוֹרְרוּ אֶת־הָאַהֲבָה עַד שֶׁתֶּחְפָּץ:
쯔파흐테쉘 드아 바하아흐 -엩 루르오테 -임뷔

מִי זֹאת עֹלָה מִן־הַמִּדְבָּר
르바드미함 -민 라올 좋 미

כְּתִימֲרוֹת עָשָׁן מְקֻטֶּרֶת מוֹר וּלְבוֹנָה
나보르울 르모 렡테쿹메 샨아 롵마티케

מִכֹּל אַבְקַת רוֹכֵל:
켈로 캍브아 콜미

הִנֵּה מִטָּתוֹ שֶׁלִּשְׁלֹמֹה שִׁשִּׁים גִּבֹּרִים
림보깁 쉼숫 모로셀리쉘 토타밑 네힌

סָבִיב לָהּ מִגִּבֹּרֵי יִשְׂרָאֵל:
엘라쓰이 레보깁믹 -라 브비싸

כֻּלָּם אֲחֻזֵי חֶרֶב מְלֻמְּדֵי מִלְחָמָה
마히밀 데므룸메 브레헤 제후아 람쿨

אִישׁ חַרְבּוֹ עַל־יְרֵכוֹ מִפַּחַד בַּלֵּילוֹת:
롵레발 드하파믹 코레예 -알 보르하 쉬이

것입니다. 나는 그 분을
구하였습니다. 그러나 나는 그
분을 찾지 못하였습니다.

3.그 성안을 둘러 싸고 있는
파수꾼들이 나를 발견하였습니다.
당신들은 내 혼의 사랑을
보았습니까?

4.내가 그들로 부터 떠나고
내가 내 혼의 사랑을 찾았을
때까지 아주 잠깐의
시간이었습니다.
그리고 그 분을 가지 못하게
했습니다.
그 분을 나의 어머니 집으로 이끌
때까지, 나를 잉태한 방으로.
[왕]

5.내가 너희에게 명령한다.
오! 예루샬라임의 딸들아,
노루들 또는 들판의 사슴들로
그 사랑을 흥분시키지 말고
깨우지 마라.
그녀가 기뻐할 때까지.
[왕]

6.저 여인이 누구인가?
그 광야로부터 올라오는, 연기
기둥처럼. 향기롭게 하였다,
몰약으로.
그리고 유향으로
상인의 모든 향품으로.

7.보아라! 쉴로모의 침상이라.
이스라엘의 전사들 중 육십
명의 전사들이 그것을
둘러쌌구나!

8.모두들 칼을 쥐고 있다. 전쟁에
능숙하다. 남자는 그의 칼을
넓적다리에 찼다.
밤에 있는 두려움 때문에.

샤밧 가이드

אַפִּרְיוֹן עָשָׂה לוֹ הַמֶּלֶךְ שְׁלֹמֹה
모로쉘 렉멜함 로 싸아 욘르피앞
מֵעֲצֵי הַלְּבָנוֹן:
논바레할 쩨아메
עַמּוּדָיו עָשָׂה כֶסֶף רְפִידָתוֹ זָהָב
브하자 토다피레 프쎄케 싸아 브이다무암
מֶרְכָּבוֹ אַרְגָּמָן תּוֹכוֹ רָצוּף אַהֲבָה
바하아 프쭈라 코토 만가르아 보카르메
מִבְּנוֹת יְרוּשָׁלִָם:
임라샬루예 놑베밉
צְאֶינָה וּרְאֶינָה בְּנוֹת צִיּוֹן בַּמֶּלֶךְ
렉멜밤 욘찌 놑베 나에르우 나에쩨
שְׁלֹמֹה בָּעֲטָרָה שֶׁעִטְּרָה־לּוֹ אִמּוֹ
모임 로 -라트잍쉐 라타아바 모로쉘
בְּיוֹם חֲתֻנָּתוֹ וּבְיוֹם שִׂמְחַת לִבּוֹ:
보립 핱쉼 욤베우 토나툰하 욤베

9. 쉴로모 왕이 그 자신을 위해
레바논의 나무들로 가마를
만들었다.

10. 그는 은으로 그것의 기둥을
만들었다. 바닥은 금으로 덮개는
자주색으로,
그것의 한 가운데는 사랑으로
짜맞추어졌구나.
예루샬라임의 딸들을 위해.

11. 찌온의 딸들아, 나와서
보아라 쉴로모 왕을.
그의 결혼의 날에
그리고 그의 마음의 기쁨의
날에 그의 어머니가
그에게 씌워준 면류관을.

4장

הִנָּךְ יָפָה רַעְיָתִי הִנָּךְ יָפָה
파야 낙힌 티야에라 파야 낙힌
עֵינַיִךְ יוֹנִים מִבַּעַד לְצַמָּתֵךְ שַׂעְרֵךְ
렉아싸 텍마짬레 드아바밉 님요 잌나에
כְּעֵדֶר הָעִזִּים שֶׁגָּלְשׁוּ מֵהַר גִּלְעָד:
드아르길 르하메 슈르가쉨 짐잍하 르데에케
שִׁנַּיִךְ כְּעֵדֶר הַקְּצוּבוֹת שֶׁעָלוּ מִן־הָרַחְצָה
짜흐라하 -민 루알쉐 봍쭈크핰 르데에케 잌나쉰
שֶׁכֻּלָּם מַתְאִימוֹת וְשַׁכֻּלָה אֵין בָּהֶם:
헴바 엔 라쿨샤붸 몰이트마 람쿨쉘
כְּחוּט הַשָּׁנִי שִׂפְתוֹתַיִךְ וּמִדְבָּרֵיךְ נָאוֶה
붸나 렉바드미우 잌타토프시 니샤핱 트후케
כְּפֶלַח הָרִמּוֹן רַקָּתֵךְ מִבַּעַד לְצַמָּתֵךְ:
텍마짬레 드아바밉 텍카랔 몬림하 흐라펠케

[왕의 찬사]
1. 보라 아름다워라, 나의 연인.
보라 아름답구나,
면사포 속 너의 두 눈은 비둘기.
너의 머리칼은 길르앋 산으로부터
나타나는 염소들의 무리와 같구나.

2. 네 이는 씻는 데서 나와
털을 가지런히 깎은 양 떼 같으니,
이 떼는 다 쌍둥이를 낳으며, 그
중에는 수태하지 못하는 것이
하나도 없구나.

3. 너의 입술은 진홍색 실 같고
너의 입에서 나오는 말씀을
합당한 아름다움을 가졌다. 면사포
속에서 너의 관자놀이는 석류 헌
조각 같구나.

כְּמִגְדַּל דָּוִיד צַוָּארֵךְ בָּנוּי לְתַלְפִּיּוֹת
  욭피르타레 이누바 렠봐짭 드뷔다 달그믹케
אֶלֶף הַמָּגֵן תָּלוּי עָלָיו כֹּל
  콜 브이라알 이루탈 겐마함 프레엘
שִׁלְטֵי הַגִּבּוֹרִים:
         림보깁학   테르쉬
שְׁנֵי שָׁדַיִךְ כִּשְׁנֵי עֳפָרִים תְּאוֹמֵי
  메오테 림파아 네쉬키 읻다샤 네쉐
צְבִיָּה הָרוֹעִים בַּשּׁוֹשַׁנִּים:
      님샨쇼밧   임로하   야비쯔

עַד שֶׁיָּפוּחַ הַיּוֹם וְנָסוּ הַצְּלָלִים אֵלֶךְ
  렠엘 림랄쯔핫 쑤나붸 욤하 흐아푸야쉐 드야
לִי אֶל־ הַר הַמּוֹר וְאֶל־ גִּבְעַת הַלְּבוֹנָה:
  나보르할 앝브깉 -엘붸 르모함 르하 -엘 리
כֻּלָּךְ יָפָה רַעְיָתִי וּמוּם אֵין בָּךְ:
   밖 엔 뭄우 티야으라 파야 락쿨

אִתִּי מִלְּבָנוֹן כַּלָּה אִתִּי מִלְּבָנוֹן תָּבוֹאִי
  이보타 논바레밀 티잍 라칼 논바레밀 티잍
תָּשׁוּרִי מֵרֹאשׁ אֲמָנָה מֵרֹאשׁ שְׂנִיר וְחֶרְמוֹן
  몬르헤붸 르니스 쉬로메 나마아 쉬로메 리슈타
מִמְּעֹנוֹת אֲרָיוֹת מֵהַרְרֵי נְמֵרִים:
    림메느   레르하메   욭이라아   놑오므밈
לִבַּבְתִּנִי אֲחֹתִי כַלָּה לִבַּבְתִּנִי בְּאַחַד
  드하아베 니티브바립 라칼 티호아 니티브바립
מֵעֵינַיִךְ בְּאַחַד עֲנָק מִצַּוְּרֹנָיִךְ:
    잌나로브짜밎 크나아 드하아베 잌나에메
מַה־ יָּפוּ דֹדַיִךְ אֲחֹתִי כַלָּה
          라칼 티호아 읻도도 푸야 -마
מַה־ טֹּבוּ דֹדַיִךְ מִיַּיִן
         인야미 읻도도 부토 -마
וְרֵיחַ שְׁמָנַיִךְ מִכָּל־ בְּשָׂמִים:
       밈샤베 -칼미 잌나마쉐 흐아레붸
נֹפֶת תִּטֹּפְנָה שִׂפְתוֹתַיִךְ כַּלָּה דְּבַשׁ
   쉬바데 라칼 잌타토프시 나프토틸 펱노

4.너의 목은 다뷛의 망대,
그것은 무기를 위해 지어졌구나.
천 개의 방패,
그리고 전사들의 모든 무기가
그것에 걸려 있구나.

5.너의 두 젖가슴!
두 젊은 수사슴 같고 쌍둥이 노루
같구나. 백합화들 속에서 풀을
뜯는.

[여인]
6.날이 새기 전에,
그림자들이 도망가기 전에
나는 모르 산으로
유향 언덕으로 가리라.

[왕의 콜링]
7.너의 모든 것은 아름답구나
나의 연인 네 안에는 아무 흠이
없구나!

8.레바논에서부터 나와 함께 하자.
너는 올 것이다. 너는 볼 것이다.
아마나의 정상에서부터,
쓰니르와 헤르몬의 정상에서부터,
사자들의 굴로부터,
표범들의 산들로부터

9.네가 내 마음을 빼앗았다. 나의
누이 신부야. 네가 내 마음을
빼앗았다. 네 눈으로 한 번 보는
것과, 네 목의 구슬 한 꿰미로.

10.어찌 그리 아름다운가
너의 사랑! 나의 누이, 신부.
너의 사랑이 포도주보다 어찌 그리
좋은지.
그리고 네 기름의 향기는
각양 향품보다 승하구나.

11.나의 신부야
그대의 입술에서는 벌집에서처럼

샤밧 가이드

וְחֵלָב֙ תַּ֣חַת לְשׁוֹנֵ֔ךְ וְרֵ֥יחַ שַׂלְמֹתַ֖יִךְ
쌀모탈잌 웨레아흐 레쇼넼 타하트 웨할라브
כְּרֵ֥יחַ לְבָנֽוֹן׃
레바논 케레아흐

גַּ֥ן ׀ נָע֖וּל אֲחֹתִ֣י כַלָּ֑ה גַּ֥ל נָע֖וּל מַעְיָ֥ן חָתֽוּם׃
간 나울 아호티 칼라 갈 나울 마얀 하툼

שְׁלָחַ֙יִךְ֙ פַּרְדֵּ֣ס רִמּוֹנִ֔ים עִ֖ם פְּרִ֣י
쉘라하잌 파르데쓰 림모님 임 페리
מְגָדִ֑ים כְּפָרִ֖ים עִם־נְרָדִֽים׃
메가딤 케파림 임 네라딤

נֵ֣רְדְּ ׀ וְכַרְכֹּ֗ם קָנֶה֙ וְקִנָּמ֔וֹן עִ֖ם
네르드 웨카르콤 카네 웨킨나몬 임
כָּל־עֲצֵ֣י לְבוֹנָ֑ה מֹ֖ר וַאֲהָלֽוֹת
콜- 아쩨이 레보나 모르 와아할롣
עִ֖ם כָּל־רָאשֵׁ֥י בְשָׂמִֽים׃
임 콜- 라셰이 베사밈

מַעְיַ֣ן גַּנִּ֔ים בְּאֵ֖ר מַ֣יִם חַיִּ֑ים
마얀 간님 베에르 마임 하임
וְנֹזְלִ֖ים מִן־לְבָנֽוֹן׃
웨노즐림 민- 레바논

ע֤וּרִי צָפוֹן֙ וּב֣וֹאִי תֵימָ֔ן הָפִ֥יחִי
우리 짜폰 우보이 테만 하피히
גַנִּ֖י יִזְּל֣וּ בְשָׂמָ֑יו יָבֹ֤א דוֹדִי֙
간니 이즐루 베사마브 야보 도디
לְגַנּ֔וֹ וְיֹאכַ֖ל פְּרִ֥י מְגָדָֽיו׃
레간노 웨요칼 페리 메가다브

5장

בָּ֣אתִי לְגַנִּי֮ אֲחֹתִ֣י כַלָּה֒ אָרִ֤יתִי
바티 레간니 아호티 칼라 아리티
מוֹרִי֙ עִם־בְּשָׂמִ֔י אָכַ֥לְתִּי יַעְרִ֣י
모리 임- 베사미 아칼티 야으리

꿀이 흘러나오고, 그대의 혀
밑에는 꿀과 젖이 고여 있다.
그대의 옷자락에서 풍기는
향내는 레바논의 향기와 같다.

12. 나의 누이는 문 잠긴
동산이다. 신부! 봉한 샘이요
인쳐 놓은 물의 근원이다.

13. 너에게서 나오는 싹들은
석류 나무들,
탁월한 열매,
네르드와 코페르 송이

14. 네르드와 샤프란과 창포와
시나몬과 온갖 향나무,

모르 향과 알로에와

모든 귀한 향품이다.

15. 동산들의 물의 근원,
생수의 우물,
레바논으로부터 부어 내린다.

[신부의 대답]
16. 깨어라, 북풍아 그리고 오라,
남쪽아. 나의 동산에 불어라
그 향기를 흘러 넘치게 하라.
그 분이 오실 것이다. 내 사랑하는
이가, 그의 동산으로, 그리고
그분은 드실 것이다, 그의 탁월한
열매들을.

[주님의 대답]
1. 내가 나의 동산에 왔다.
나의 누이, 신부야.
나는 거두었다, 나의 향료와 함께
나의 모르를.
나는 먹었다, 나의 꿀과 함께

עִם־דִּבְשִׁי שָׁתִיתִי יֵינִי עִם־חֲלָבִי
비라할 -임 니예 티티샤 쉬브디 -임
אִכְלוּ רֵעִים שְׁתוּ וְשִׁכְרוּ
루크쉬붸 투쉐 임레 루클이
דּוֹדִים׃
딤도

אֲנִי יְשֵׁנָה וְלִבִּי עֵר קוֹל
콜 르에 비립벨 나쉐예 니아
דּוֹדִי דוֹפֵק פִּתְחִי־לִי אֲחֹתִי
티호아 리- 히트피 크페도 디도
רַעְיָתִי יוֹנָתִי תַמָּתִי שֶׁרֹּאשִׁי
쉬로쉘 티마탐 티나요 티야에라
נִמְלָא־טָל קְוֻצּוֹתַי רְסִיסֵי לָיְלָה׃
라일라 쎄씨레 이타쪼욱케 탈 -라므니
פָּשַׁטְתִּי אֶת־כֻּתָּנְתִּי אֵיכָכָה אֶלְבָּשֶׁנָּה
나쉔바엘 카카에 티톤쿹 -엩 티트샤파
רָחַצְתִּי אֶת־רַגְלַי אֵיכָכָה אֲטַנְּפֵם׃
펨느탄아 카카에 이라그라 -엩 티쯔하라
דּוֹדִי שָׁלַח יָדוֹ מִן־הַחֹר
르호하 -민 도야 흐라샬 디도
וּמֵעַי הָמוּ עָלָיו׃
브이라알 무하 이아메우
קַמְתִּי אֲנִי לִפְתֹּחַ לְדוֹדִי וְיָדַי
이다야붸 디도레 흐아토페리 니아 티캄
נָטְפוּ־מוֹר וְאֶצְבְּעֹתַי מוֹר עֹבֵר
르베오 르모 이타오베쯔에붸 르모 -푸테나
עַל כַּפּוֹת הַמַּנְעוּל׃
울네마함 폩캎 알
פָּתַחְתִּי אֲנִי לְדוֹדִי וְדוֹדִי חָמַק
크마하 디도붸 디도레 니아 티흐타파
עָבָר נַפְשִׁי יָצְאָה בְדַבְּרוֹ בִּקַּשְׁתִּיהוּ
후티쉬카빅 로브다베 아쩨야 쉬프나 르바아
וְלֹא מְצָאתִיהוּ קְרָאתִיו וְלֹא עָנָנִי׃
니나아 로벨 브티라케 후티짜메 로벨
מְצָאֻנִי הַשֹּׁמְרִים הַסֹּבְבִים בָּעִיר הִכּוּנִי
니쿠힐 르이바 빔브쏘핫 림므쇼핫 니우짜메

나의 꿀송이를.
나는 마셨다, 나의 우유와 함께
나의 포도주를. 먹을지어다,
오! 친구들. 마시고 풍성히
마실지어다, 오! 사랑하는 자들!

[신부]
2.나는 자고 있다. 그러나 나의
마음은 깨어 있다.
내 사랑하는 이의 소리 문을
두드리네
나에게 열어다오.
나의 누이 나의 연인
나의 비둘기 나의 완전한 자야.
왜냐하면 나의 머리는 이슬로
나의 머리채는 밤의 물방울로
가득하다.
3.내가 옷을 벗었는데 어떻게 다시
입을까? 내가 발을 씻었는데
어떻게 다시 더럽힐까?

4.내 사랑하는 이가 문 구멍으로
그의 손을 보내었다.
그리고 내 배가 그 분으로 인해
부르짖었다.

5.나는 일어섰다.
내 사랑하는 이를 위해 문을 열고
나의 두 손은 모르를 뚝뚝
떨어뜨렸다. 그리고 나의
손가락들의 모르가 문빗장의
손잡이 위에 흘러내리는 구나.

6.나는 내 사랑하는 이를 위해
문을 열었다. 그러나 내 사랑하는
이는 물러가서, 가 버렸다. 나의
혼이 나갔다. 그의 말씀 안에서
나는 그 분을 구했다. 그러나 나는
그 분을 찾지 못했다. 나는
불렀다. 그러나 응답이 없었다.

7.그 성을 둘러싼 파수꾼들이 나를
발견하였다. 그들이 나를 쳐서

샤밧 가이드

פְּצָעוּנִי נְשָׂאוּ אֶת־רְדִידִי מֵעָלַי
메알라이 러디디 -엩 우쎄나 페짜우니
שֹׁמְרֵי הַחֹמוֹת׃
하호못 쇼메레

나에게 상처를 입혔다.
그들이 나의 베일을 나로부터
취하였다.
성벽의 파수꾼들이다.

הִשְׁבַּעְתִּי אֶתְכֶם בְּנוֹת יְרוּשָׁלִָם
예루샬라임 베놋 엩켐 히쉬바으티
אִם־תִּמְצְאוּ אֶת־דּוֹדִי מַה־תַּגִּידוּ
타기두-마 도디 -엩 팀쩨우-임
לוֹ שֶׁחוֹלַת אַהֲבָה אָנִי׃
아니 아하바 쉐홀랕 로

8. 내가 너희에게 간청한다.
예루샬라임의 딸들아!
만약 내 사랑하는 이를 찾으면
무엇을 너희는 그 분에게 말할
것인가? 내가 사랑으로
병들었다고 하려무나.
[예루샬라임의 딸들]

מַה־דּוֹדֵךְ מִדּוֹד הַיָּפָה בַּנָּשִׁים
바나쉼 하야파 미도드 도덱-마
מַה־דּוֹדֵךְ
도덱 -마
מִדּוֹד שֶׁכָּכָה הִשְׁבַּעְתָּנוּ׃
히쉬바에타누 쉐카카 미도드

9. 무엇이 너의 사랑하는 자가
남의 사랑하는 자보다 나은가.
오! 여인들 중 가장 아름다운 자야
무엇이 너의 사랑하는 자가 남의
사랑보다 뛰어나기에 이같이
우리에게 부탁하는가?
[신부]

דּוֹדִי צַח וְאָדוֹם דָּגוּל מֵרְבָבָה׃
메르바바 다굴 베아돔 짜흐 도디

10. 나의 사랑은 눈부시고 붉다.
만인 가운데 우뚝 휘날리는
깃발이다.

רֹאשׁוֹ כֶּתֶם פָּז קְוֻצּוֹתָיו תַּלְתַּלִּים
탈탈림 크부쪼타브 파즈 케템 로쇼
שְׁחֹרוֹת כָּעוֹרֵב׃
카오레브 쉐호롯

11. 그 분의 머리는 금, 정금이다.
그 분의 머리 타래는 무성하고
까마귀처럼 검다.

עֵינָיו כְּיוֹנִים עַל־אֲפִיקֵי מָיִם
마임 아피케-알 케요님 에나브
רֹחֲצוֹת בֶּחָלָב יֹשְׁבוֹת עַל־מִלֵּאת׃
밀렡 -알 요쉬봇 베할라브 로하쫕

12. 그 분의 두 눈은 비둘기와
같다. 시냇물 가에,
우유로 목욕하고,
충만함으로 앉아 있는.

לְחָיָו כַּעֲרוּגַת הַבֹּשֶׂם מִגְדְּלוֹת מֶרְקָחִים
메르카힘 믹들롯 하보셈 카아루같 레하야브
שִׂפְתוֹתָיו שׁוֹשַׁנִּים נֹטְפוֹת מוֹר עֹבֵר׃
오베르 모르 노트폿 쇼샤님 시프토타브
יָדָיו גְּלִילֵי זָהָב מְמֻלָּאִים בַּתַּרְשִׁישׁ
바타르쉬쉬 메물라임 자하브 글릴레 야다브
מֵעָיו עֶשֶׁת שֵׁן מְעֻלֶּפֶת סַפִּירִים׃
사피림 메울레펱 쉔 에쉩 메아브

13. 그 분의 두 뺨은 향기로운
망대 향기로운 꽃밭 같다.
그 분의 입술은 백합화들, 뛰어난
모르가 뚝뚝 떨어지네.

14. 그 분의 두 손은 황옥으로 가득
채워진 금 반지이다.
그 분의 배는 청옥을 입힌 빛나는
상아이다.

샤밧 가이드

שׁוֹקָיו עַמּוּדֵי שֵׁשׁ מְיֻסָּדִים עַל־אַדְנֵי־פָז
쇼카이브 아무데 쉐쉬 메유싸딤 알- 아드네- 파즈
מַרְאֵהוּ כַּלְּבָנוֹן בָּחוּר כָּאֲרָזִים:
마르에후 칼레바논 바후르 카아라짐
חִכּוֹ מַמְתַקִּים וְכֻלּוֹ מַחֲמַדִּים זֶה
히코 마므타킴 베쿨로 마하마딤 제
דוֹדִי וְזֶה רֵעִי בְּנוֹת יְרוּשָׁלָיִם:
도디 베제 레이 베노트 예루샬라임

15. 그 분의 두 다리는 순금 받침에
세운 대리석 기둥이다.
그 분의 모습은 레바논 같으며
백향목들 처럼 뛰어나다.

16. 그 분의 입맛은 심히 달콤하다.
그리고 그 분의 모든 것은
사랑스럽다. 이 분이 내 사랑하는
자이다. 이 분이 내 연인이다,
예루샬라임의 딸들아.

6장

אָנָה הָלַךְ דּוֹדֵךְ הַיָּפָה בַּנָּשִׁים
아나 할락 도덱 하야파 바나쉼
אָנָה פָּנָה דוֹדֵךְ וּנְבַקְשֶׁנּוּ עִמָּךְ:
아나 파나 도덱 우네바크쉐누 임막

דּוֹדִי יָרַד לְגַנּוֹ לַעֲרוּגוֹת הַבֹּשֶׂם
도디 야라드 레가노 라아루고트 하보셈
לִרְעוֹת בַּגַּנִּים וְלִלְקֹט שׁוֹשַׁנִּים:
리르오트 바가님 벨리르코트 쇼샤님

אֲנִי לְדוֹדִי וְדוֹדִי לִי הָרֹעֶה
아니 레도디 베도디 리 하로에
בַּשּׁוֹשַׁנִּים:
바쇼샤님

יָפָה אַתְּ רַעְיָתִי כְּתִרְצָה נָאוָה
야파 아트 라야티 케티르짜 나바
כִּירוּשָׁלַיִם אֲיֻמָּה כַּנִּדְגָּלוֹת:
키루샬라임 아유마 카니드갈로트

הָסֵבִּי עֵינַיִךְ מִנֶּגְדִּי שֶׁהֵם הִרְהִיבֻנִי
하쎄비 에나이크 미네그디 쉐헴 히르히부니
שַׂעְרֵךְ כְּעֵדֶר הָעִזִּים שֶׁגָּלְשׁוּ
사으렉 케에데르 하이짐 쉐갈슈

[예루샬라임의 딸들]
1. 너의 사랑하는 자가 어디로
갔는가? 여인들 중의 가장
아름다운 자여! 어디로
돌이켰는가? 너의 사랑하는 자가.
그리고 우리가 너와 함께 그 분을
갈망하며 찾을 것이다.

[신부의 대답]
2. 내 사랑하는 이는 그의 동산으로
내려갔다, 향기로운 정원들로 그
동산들에서 먹이시기 위해. 그리고
백합화들을 모으시기 위해.

3. 나는 내 사랑하는 이의 것,
내 사랑하는 이는 나의 것,
그는 백합화들 가운데서
먹이시는구나.

[왕의 찬사]
4. 아름답다 그대, 나의 연인,
티르짜와 같다.
합당한 아름다움을 가졌다.
예루샬라임처럼 깃발을 휘날리는
무서움이여!

5. 너의 두 눈을 나의
앞으로부터 돌려다오,
왜냐하면 나를 놀라게 한다.
너의 머리칼은

샤밧 가이드

מִן־הַגִּלְעָד׃
민 - 하길르아드

שִׁנַּיִךְ כְּעֵדֶר הָרְחֵלִים שֶׁעָלוּ
쉐알루 하르헤림 케에데르 쉰나이크

מִן־הָרַחְצָה שֶׁכֻּלָּם מַתְאִימוֹת וְשַׁכֻּלָה
짜흐라하- 쉐쿨람 마트이못 베샤쿨라

אֵין בָּהֶם׃
엔 바헴

כְּפֶלַח הָרִמּוֹן רַקָּתֵךְ מִבַּעַד לְצַמָּתֵךְ׃
흐라펠케 몬림하 락카텍 미바아드 레짬마텍

שִׁשִּׁים הֵמָּה מְלָכוֹת וּשְׁמֹנִים פִּילַגְשִׁים
쉿쉼 헴마 멜라콧 우쉐모님 피라그쉼

וַעֲלָמוֹת אֵין מִסְפָּר׃
바알라못 엔 미쓰파르

אַחַת הִיא יוֹנָתִי תַמָּתִי אַחַת
아핱 히 요나티 탐마티 아핱

הִיא לְאִמָּהּ בָּרָה הִיא לְיוֹלַדְתָּהּ
히 레임마 바라 히 레욜라드타흐

רָאוּהָ בָנוֹת וַיְאַשְּׁרוּהָ מְלָכוֹת וּפִילַגְשִׁים
라우하 바놋 바예앗쉬루하 멜라콧 우피라그쉼

וַיְהַלְלוּהָ׃
바예할렐루하

מִי־זֹאת הַנִּשְׁקָפָה כְּמוֹ־שָׁחַר
미- 좇 한니쉬카파 케모- 샤하르

יָפָה כַלְּבָנָה בָּרָה כַּחַמָּה אֲיֻמָּה כַּנִּדְגָּלוֹת׃
야파 칼레바나 바라 카함마 아윰마 칸니드갈롯

אֶל־גִּנַּת אֱגוֹז יָרַדְתִּי לִרְאוֹת בְּאִבֵּי הַנָּחַל
엘- 긴낱 에고즈 야라드티 리르옷 베입베이 한나할

לִרְאוֹת הֲפָרְחָה הַגֶּפֶן הֵנֵצוּ הָרִמֹּנִים׃
리르옷 하파르하 학게펜 헤네쭈 하림모님

לֹא יָדַעְתִּי נַפְשִׁי שָׂמַתְנִי מַרְכְּבוֹת
로 야다으티 나프쉬 사마트니 마르케봇

길르앝 산으로부터 나타나는
염소들의 무리와 같구나.

6.네 이는 씻는 곳에서 나가는
양떼 같으니
이 떼는 다 쌍둥이를 낳으며
그 중에는
수태하지 못하는 것이 하나도
없구나.

7.쪼개 놓은 석류 같은,
베일 속의 너의 관자놀이여!

8.왕후가 육십 명이요,
후궁이 팔십 명이요,
젊은 여자가 셀 수 없다.

9.그녀는 하나이다.
나의 비둘기, 나의 완전한 자여,
그녀는 그녀를 낳은 자가 선택한
자이다.
딸들이 그녀를 보았다. 그리고
그녀를 복된 자라 하였다.
왕후들이 그녀를 복된 자라 선포할
것이다.
그리고 후궁들, 그들이 그녀를 높일
것이다.

[성령님]
10.이 여인이 누구인가?
내려다보는 자로다. 마치
떠오르는 새벽 빛살처럼, 달처럼
아름답다. 뜨거운 태양처럼
선택되었다. 깃발을 휘날리는
무서움이여!

[신부]
11.호도 동산을 향하여 나는
내려갔네. 골짜기의 열매들을 보기
위해. 포도나무가 순이 났는지
보기 위해. 석류들이 꽃이 피었는지
보기 위해

12.내가 미처 알기도 전에
내 혼이 나를 암미-나딥의

109

| 샤밧 가이드

עַמִּי־נָדִיב׃
미암- 브디나

שׁוּבִי שׁוּבִי הַשּׁוּלַמִּית שׁוּבִי שׁוּבִי
비슈 비슈 밑람슐핫 비슈 비슈

וְנֶחֱזֶה־בָּךְ
박- 제헤네붸

מַה־תֶּחֱזוּ בַּשּׁוּלַמִּית כִּמְחֹלַת הַמַּחֲנָיִם׃
임나하마함 랕홀메키 밑람슐밧 주헤테- 마

병거들 같이 되게 하였다.

[성령님]
13. 돌아오라, 돌아오라, 술람 여인이여! 돌아오라, 돌아오라, 그리고 우리가 너를 앙망할 것이다.

14. 너희가 술람 여인 안에서 무엇을 앙망할 것이냐? 두 군대의 춤이여!

7장

מַה־יָּפוּ פְעָמַיִךְ בַּנְּעָלִים בַּת־נָדִיב
브디나- 밭 림아느반 읶마아페 푸야- 마

חַמּוּקֵי יְרֵכַיִךְ כְּמוֹ חֲלָאִים
임라할 모케 읶카르예 케무함

מַעֲשֵׂה יְדֵי אָמָּן׃
만옴 데예 쎄아마

שָׁרְרֵךְ אַגַּן הַסַּהַר אַל־יֶחְסַר
르싸헤예 -알 르하싸핫 간악 렠르샤

הַמָּזֶג בִּטְנֵךְ עֲרֵמַת חִטִּים סוּגָה בַּשּׁוֹשַׁנִּים׃
님샨쇼밧 가쑤 팀힡 맡레아 녴트비 그제마함

שְׁנֵי שָׁדַיִךְ כִּשְׁנֵי עֳפָרִים תָּאֳמֵי צְבִיָּה׃
야비쩨 메아타 림파오 네쉬키 읻샤사 네쉐

צַוָּארֵךְ כְּמִגְדַּל הַשֵּׁן עֵינַיִךְ בְּרֵכוֹת
콜레베 읶나에 쉔핫 달믹케 렠봐짭

בְּחֶשְׁבּוֹן עַל־שַׁעַר בַּת־רַבִּים
빔랍- 밭 르아샤- 알 본쉐헤베

אַפֵּךְ כְּמִגְדַּל הַלְּבָנוֹן צוֹפֶה פְּנֵי דַמָּשֶׂק׃
크쎄마담 네페 페쪼 논바레할 달믹케 펰앞

רֹאשֵׁךְ עָלַיִךְ כַּכַּרְמֶל וְדַלַּת רֹאשֵׁךְ
쉘로 랕달붸 멜르카카 읶라아 쉘로

כָּאַרְגָּמָן מֶלֶךְ אָסוּר בָּרְהָטִים׃
팀하르바 르쑤아 렠멜 만가르아카

מַה־יָּפִית וּמַה־נָּעַמְתְּ אַהֲבָה
바하아 트므아낟- 마우 트피야- 마

[성령님]
1. 신을 신은 네 발걸음들이 어찌 그리 아름다운가!
존귀한 딸아!
너의 넓적 다리의 두름이 장인의 두 손으로 만들어진 보석들 같구나.

2. 너의 배꼽은 둥근 잔, 섞은 포도주가 부족함이 없구나, 너의 배는 밀들이 묶여진 단이로다. 백합화들로 둘러싸여 있는.

3. 너의 두 젖가슴! 두 젊은 수사슴 같고 쌍둥이 노루 같구나.

4. 너의 목은 상아탑과 같구나, 너의 두 눈은 밭랍빔 성문 옆 헤쉬본에 있는 저수지 연못.
너의 코는 다메섹을 내려다 보는 레바논의 탑과 같구나.

5. 네 위에 있는 너의 머리는 카르멜과 같구나. 그리고 너의 머리의 머리칼은 자주빛, 왕이 그 수로에 메이었다.

[왕]
6. 어찌 그리 아름다운가 그리고 어찌 그리 매력적인가,

샤밧 가이드

격렬한 기쁨들 안에 있는 사랑아!

בַּתַּעֲנוּגִים׃
김누아타밭

7. 이것이 너의 키이다.
종려나무에 비교할 수 있다.
너의 두 젖가슴은 열매 송이에
비교할 수 있다.

זֹאת קוֹמָתֵךְ דָּמְתָה לְתָמָר וְשָׁדַיִךְ
좋 텍마코 타담 르마타레 익다샤붸

לְאַשְׁכֹּלוֹת׃
롵콜쉐아레

8. 나는 말하였다.
나는 종려나무에 올라가리라.
나는 그것의 가지들을 붙잡으리라.
그리고 지금 너의 두 젖가슴은
포도 나무의 열매송이들과
같다. 너의 코의 향기는 사과들
같다.

אָמַרְתִּי אֶעֱלֶה בְתָמָר אֹחֲזָה בְּסַנְסִנָּיו
브이나씬싼베 자하오 르마타베 레엘에 티르마아

וְיִהְיוּ נָא שָׁדַיִךְ כְּאֶשְׁכְּלוֹת הַגֶּפֶן
펜게학 롵켈쉬에케 익다샤 나 -유헤이붸

וְרֵיחַ אַפֵּךְ כַּתַּפּוּחִים׃
힘푸탚캍 펙앞 흐야레붸

9. 너의 입맛은 가장 좋은
포도주 같다. [신부의 말]
그것은 나의 사랑하는 이에게
흘러갑니다. 곧바로 흘러가서
잠자는 자의 입술들을 움직이게
합니다.

וְחִכֵּךְ כְּיֵין הַטּוֹב
브토핱 인예케 켘힠붸

הוֹלֵךְ לְדוֹדִי לְמֵישָׁרִים
림샤메레 디도레 렉홀

דּוֹבֵב שִׂפְתֵי יְשֵׁנִים׃
님쉐예 테프씨 브베도

10. 나는 내 사랑하는 이의 것,
그리고 그의 열망이 내 위에
있습니다.

אֲנִי לְדוֹדִי וְעָלַי תְּשׁוּקָתוֹ׃
토카슈테 이라알붸 디도레 니아

11. 오세요, 내 사랑하는 이여,
함께 가요, 그 들판으로
마을들에서 머물러요.

לְכָה דוֹדִי נֵצֵא הַשָּׂדֶה נָלִינָה בַּכְּפָרִים׃
림파케밬 나리날 데싸핫 쩨네 디도 카레

12. 함께 일찍 일어나서
포도원에 가요.
함께 보아요, 포도나무가 싹을
틔웠는지, 포도 봉우리가 열렸는지,
석류들이 꽃피었는지,
거기서 나는 나의 사랑을
당신께 드릴 것입니다.

נַשְׁכִּימָה לַכְּרָמִים נִרְאֶה אִם פָּרְחָה
하레파 임 에르니 밈라케랔 마키쉬나

הַגֶּפֶן פִּתַּח הַסְּמָדַר הֵנֵצוּ הָרִמּוֹנִים
님모림하 쭈네헤 르다마쓰핱 흐타핕 펜게학

שָׁם אֶתֵּן אֶת דֹּדַי לָךְ׃
크라 이다도 -엩 텐엩 샴

13. 사랑의 꽃들이 향기를
내뿜어요. 그리고 우리의 문들에
온갖 최상의 열매들이 있어요.
새로운 것들, 또한 오래된 것들,
내 사랑하는 이,
당신을 위해 내가 저장해
두었습니다.

הַדּוּדָאִים נָתְנוּ רֵיחַ וְעַל פְּתָחֵינוּ
누헤타페 -알붸 흐아레 -누트나 임다두한

כָּל מְגָדִים חֲדָשִׁים גַּם יְשָׁנִים
님샤예 -감 쉼다하 딤가메 -콜

דּוֹדִי צָפַנְתִּי לָךְ׃
랔 티판짜 디도

8장

מִי יִתֶּנְךָ כְּאָח לִי יוֹנֵק
크네요 리 흐아케 카텐일 미
שְׁדֵי אִמִּי אֶמְצָאֲךָ בַחוּץ אֶשָּׁקְךָ
카케샤엣 쯔후바 카아짜엠 미임 데쉐
גַּם לֹא־יָבוּזוּ לִי:
리 주부야 -로 감
אֶנְהָגְךָ אֲבִיאֲךָ אֶל־בֵּית אִמִּי
미임 트베 -엘 카아비아 카가하엔
תְּלַמְּדֵנִי אַשְׁקְךָ מִיַּיִן הָרֶקַח מֵעֲסִיס
쓰씨아메 흐카레하 인야미 카케쉬아 니데메람텔
רִמֹּנִי:
니모림

שְׂמֹאלוֹ תַּחַת רֹאשִׁי וִימִינוֹ תְּחַבְּקֵנִי:
니케베합테 노미뷔 쉬로 핱타 로모쎄

הִשְׁבַּעְתִּי אֶתְכֶם בְּנוֹת יְרוּשָׁלִָם
임라샬루예 놑베 켐엩 티에바쉬히
מַה־תָּעִירוּ וּמַה־תְּעֹרְרוּ אֶת־הָאַהֲבָה
바하아하 -엩 루레오테 -마우 루이타 -마
עַד שֶׁתֶּחְפָּץ:
쯔파흐테쉘 드아

מִי זֹאת עֹלָה מִן־הַמִּדְבָּר מִתְרַפֶּקֶת
켙페랲트미 르바드미함 -민 라올 좕 미
עַל־דּוֹדָהּ תַּחַת הַתַּפּוּחַ עוֹרַרְתִּיךָ שָׁמָּה
마샴 카티레라오 흐아푸탙핱 핱타 -다도 -알
חִבְּלַתְךָ אִמֶּךָ שָׁמָּה חִבְּלָה יְלָדַתְךָ:
카트다라옐 라벨힙 마샴 카메임 카트라벨힙

שִׂימֵנִי כַחוֹתָם עַל־לִבֶּךָ כַּחוֹתָם
탐호카 카베맆 -알 탐호카 니메씨

[신부]
1. 당신이 나에게 나의 어머니의 젖을 빨던 오라비 같았더라면 나는 당신을 바깥에서 만날 때에, 나는 입맞출 것입니다. 그리고 그들이 나를 업신여기지 않을 것입니다.

2. 나는 당신을 모시고 가게 될 것입니다. 나는 당신을 나의 어머니의 집으로 이끌게 될 것입니다. 당신은 나를 가르치실 것입니다. 나는 나의 석류즙으로 부터 향기로운 술을 당신으로 마시게 할 것입니다.

3. 그 분의 왼손이 내 머리 밑에 그리고 그 분의 오른손이 나를 껴안으시리로다.

[왕]
4. 내가 너희에게 명령한다, 오! 예루살라임의 딸들아. 그 사랑을 흥분시키지 말고 깨우지 마라. 그녀가 기뻐할 때까지.

[성령님의 음성]
5. 그녀의 사랑하는 자를 의지하고 광야에서 올라오는 저 여인이 누구인가? 그 사과나무 아래에서 내가 너를 깨웠다. 너의 어머니는 거기에서 산고를 겪고 너를 낳았다.

[신부]
6. 나를 도장같이 당신의 마음에 새기세요. 도장같이 당신의 팔에 두세요.

샤밧 가이드

עַל־זְרוֹעֶ֔ךָ כִּֽי־עַזָּ֤ה כַמָּ֙וֶת֙
벨마캄 자앗 -키 카에로제- 알
אַהֲבָ֔ה קָשָׁ֥ה כִשְׁא֖וֹל קִנְאָ֑ה רְשָׁפֶ֕יהָ
하페샤레 아킨 올쉬키 샤카 바하아
רִשְׁפֵּ֕י אֵ֖שׁ שַׁלְהֶ֥בֶתְיָֽה׃
야트베헤르샬 쉬에 페쉬리

מַ֣יִם רַבִּ֗ים לֹ֤א יֽוּכְלוּ֙ לְכַבּ֣וֹת
봍캅레 루클유 로 빔랍 임마
אֶת־הָ֣אַהֲבָ֔ה וּנְהָר֖וֹת לֹ֣א יִשְׁטְפ֑וּהָ
하푸테쉬이 로 롵하네우 바하아하 -엩
אִם־יִתֵּ֨ן אִ֜ישׁ אֶת־כָּל־ה֤וֹן
혼 -콜 -엩 쉬이 텐읱 -임
בֵּיתוֹ֙ בָּאַ֣הֲבָ֔ה בּ֖וֹז יָב֥וּזוּ לֽוֹ׃
로 주부야 즈보 바하아바 토베

אָח֥וֹת לָ֙נוּ֙ קְטַנָּ֔ה וְשָׁדַ֖יִם אֵ֣ין לָ֑הּ
-라 엔 임다샤붸 나탄케 누라 홑아
מַֽה־נַּעֲשֶׂה֙ לַאֲחֹתֵ֔נוּ בַּיּ֖וֹם שֶׁיְּדֻבַּר־בָּֽהּ׃
-바 -르바둡예쉐 욤바 누테호아라 쎄아난 -마

אִם־חוֹמָ֣ה הִ֔יא נִבְנֶ֥ה עָלֶ֖יהָ טִ֣ירַת כָּ֑סֶף
프쎄카 랕티 하레아 네브니 히 마호 -임
וְאִם־דֶּ֣לֶת הִ֔יא נָצ֥וּר עָלֶ֖יהָ ל֥וּחַ אָֽרֶז׃
즈레아 흐아루 하레아 르쭈나 히 렡델 -임붸

אֲנִ֣י חוֹמָ֔ה וְשָׁדַ֖י כַּמִּגְדָּל֑וֹת אָ֗ז
즈아 롵달믹캄 이다샤붸 마호 니아
הָיִ֧יתִי בְעֵינָ֖יו כְּמוֹצְאֵ֥ת שָׁלֽוֹם׃
롬샬 엩쯔모케 브에이나베 티이하

כֶּ֣רֶם הָיָ֤ה לִשְׁלֹמֹה֙ בְּבַ֣עַל הָמ֔וֹן
몬하 알바베 모로쉴리 야하 렘케
נָתַ֥ן אֶת־הַכֶּ֖רֶם לַנֹּטְרִ֑ים אִ֚ישׁ
쉬이 림트노란 렘케핰 -엩 탄나
יָבִ֥א בְּפִרְי֖וֹ אֶ֥לֶף כָּֽסֶף׃
프쎄카 프레엘 요레피베 비야
כַּרְמִ֛י שֶׁלִּ֥י לְפָנָ֖י הָאֶ֣לֶף לְךָ֣
카레 프레엘하 이나파레 리쉘 미르카

왜냐하면 사랑은 죽음과 같이 강합니다.
질투는 스올 같이 잔인합니다.
그것의 불꽃은 여호와의 불의 불꽃,
강렬한 불길.

7.많은 물이 그 사랑을 꺼치지 못할 것입니다.
그리고 강물들도 그것을 침몰치 못할 것입니다.
만일 한 남자가 사랑을 위해 그의 집 모든 재산을 준다면
그것은 철저히 멸시를 받을 것입니다.

8.우리 누이다.
그런데 젖가슴이 없다.
청혼을 받는 날에,
우리가 우리 누이를 위해 무엇을 할 수 있을까.

9.만일 그녀가 성벽이라면 우리가 그녀 위에 은 망대를 세울 것입니다. 그리고 그녀가 문이라면 우리가 백향목 판자로 두를 것입니다.

10.나는 성벽이요 그리고 나의 젖가슴은 망대들 같습니다.
그러므로 나는 그 분의 눈에 평화를 찾은 자처럼 되었습니다.

11.쉴로모는 바알하몬에 포도원이 있었습니다.
그는 그 포도원을 지키는 자들에게 주고 모든 사람이 은 천 세겔,
그것의 열매를 가져오게 했습니다.

12.나의 포도원, 나의 것,
내 앞에 있습니다.
천은 쉴로모 당신에게 그리고

113

שְׁלֹמֹה וּמָאתַיִם לְנֹטְרִים אֶת־פִּרְיוֹ: 쉘로모 우마타임 레노트림 엩- 피르요	이백은 그것의 열매를 지키는 자들에게. [신랑]
הַיּוֹשֶׁבֶת בַּגַּנִּים חֲבֵרִים מַקְשִׁיבִים לְקוֹלֵךְ 하요쉐벹 바간님 하베림 마크쉬빔 레콜레크 הַשְׁמִיעִינִי: 하쉬미이니	13.오! 동산들 안에 거하는 여인아, 친구들이 네 소리에 귀를 기울이는구나. 나로 하여금 그것을 듣게 하라. [신부]
בְּרַח דּוֹדִי וּדְמֵה לְךָ לִצְבִי 베라흐 도디 우데메- 카레 리쯔비 אוֹ לְעֹפֶר הָאַיָּלִים עַל הָרֵי בְשָׂמִים: 오 레오페르 하아얄림 알 하레 베싸밈	14.빨리 통과하여 오소서. 내 사랑하는 이여! 향기로운 산들위의 노루와 젊은 수사슴처럼.

*주님은 하늘과 땅을 결합하고 통과하여 오십니다. 주님께 올려드리는 제사의 향기가 있는 모든 주의 집들 위에 지도자 중의 지도자가 오실 것입니다.

-아가서 전체를 낭독할 수 없을 때는 다음의 네 절들을 낭송해야 한다.

יִשָּׁקֵנִי מִנְּשִׁיקוֹת פִּיהוּ 잇솨케니 민느쉬콭 피후 כִּי־טוֹבִים דֹּדֶיךָ מִיָּיִן: 키- 토빔 도데카 미야인	1:2 그 분으로 하여금 나에게 입 맞추게 하소서, 그 분의 입의 입맞춤들로. 왜냐하면 그 분의 사랑이 포도주보다 더 좋습니다.
עוּרִי צָפוֹן וּבוֹאִי תֵימָן הָפִיחִי 우리 짜폰 우보이 테만 하피히 גַנִּי יִזְּלוּ בְשָׂמָיו יָבֹא דוֹדִי 간니 잊젤루 베싸마브 야보 도디 לְגַנּוֹ וְיֹאכַל פְּרִי מְגָדָיו: 레간노 웨요칼 페리 메가다브	4:16 깨어라, 북풍아 그리고 오라, 남쪽아. 나의 동산에 불어라 그 향기를 흘러 넘치게 하라. 그 분이 오실 것이다. 내 사랑하는 이가, 그의 동산으로, 그리고 그분은 드실 것이다, 그의 탁월한 열매들을.
קוֹל דּוֹדִי הִנֵּה זֶה בָּא מְדַלֵּג 콜 도디 힌네- 제 바 메달레그 עַל־הֶהָרִים מְקַפֵּץ עַל־הַגְּבָעוֹת: 알- 헤하림 메캎페쯔 알- 하그바옽	2:8 내 사랑하는 이의 목소리. 보아라! 그 분이 산에서 달리고 언덕들을 넘어오신다.
בָּאתִי לְגַנִּי אֲחֹתִי כַלָּה אָרִיתִי 바티 레간니 아호티 칼라 아리티 מוֹרִי עִם־בְּשָׂמִי אָכַלְתִּי יַעְרִי 모리 임- 베싸미 아칼티 야에리	5:1 내가 나의 동산에 왔다. 나의 누이, 신부야. 나의 향료와 함께 나의 몰약을 나는 거두었다. 나의 꿀과 함께 나의 꿀송이를

אִכְלוּ רֵעִים שְׁתוּ וְשִׁכְרוּ דּוֹדִים׃
עִם־חֲלָבִי שָׁתִיתִי יֵינִי
עִם־דִּבְשִׁי

임-비라할 이클루 레임 쉬투 붸쉬크루 도딤
임-디브쉬 샤티티 예이니

나는 먹었다.
나의 우유와 함께 나의 포도주를
나는 마셨다.
먹을지어다.
오! 친구들, 마시고 풍성히
마실지어다. 오! 사랑하는 자들.

רבון 모든 세상들의 주권자 이시여, 여호와 나의 엘로힘 그리고 나의 아버지들의 엘로힘, 당신의 뜻이 이루어지기를 기도합니다.
내가 읽고 연구하는 '노래들 중의 노래'는 진정 가치 있습니다.
마치 지성소와 같습니다.
그것의 한 구절, 한 구절이 가치 있습니다.
그것의 단어들, 문자들, 모음 하나까지도 놀랍습니다.
그것을 노래하는 것에 대해 감사를 드립니다.
그것의 거룩하고, 순결하고, 경외심을 일으키는 이름들, 연합들, 암시들, 그리고 그 속에서 나오는 비밀들 - 이 시간은 깊은 긍휼의 사랑이 있는 시간, 당신만을 바라보는 시간, 당신의 소리에 귀를 기울이는 시간입니다.
우리는 당신을 부르고, 당신은 우리에게 응답하십니다.
우리는 당신에게 기도하고 당신은 우리로 하여금 당신을 정복하게 하십니다.
'노래들 중의 노래'를 낭송하고, 연구하는 것이 당신 앞에 올려지길 기도합니다.
우리는 그 노래 안에 봉인되어 있는 모든 경이롭고, 놀라운 비밀들을 붙잡았습니다.
우리가 의롭고 경건한 자들과 함께 신부가 되어, 다가올 세상을 일으키는 자들이 될 것입니다.
그 분의 선한 일들을 위한 우리 마음의 모든 제사장 기도를 그분께서 이루시길 기도합니다.
우리 혼의 생각을 통해, 우리의 마음과 우리 입의 말 속에 거하소서.
우리 삶을 통해, 우리의 손이 행하는 모든 일 속에 당신께서 함께 하실 것입니다.
우리의 손으로 하는 모든 일에 당신이 축복들과, 성공과 그리고 도움을 보내실 것입니다.
먼지로부터 온 우리를 부활시켜, 임명하소서.
사라질 빈곤의 쓰레기 더미로부터 우리를 일으키소서.
그리고 당신의 임재를 거룩한 도성에 회복시키소서 - 속히, 우리의 날들 안에, 아멘.

5. 카발라트 샤밧 קבלת שבת

-보통 카발라트 샤밧 서비스는 여기에서 시작한다. 절기 또는 절기 기간에 금요일 또는 샤밧이 올 때, 대부분은 시편 29편으로 시작한다.

<시편 95편>

לְכוּ נְרַנְּנָה 오라, 우리가 여호와께 노래하며 우리의 구원의 반석을 향하여 소리치자.
우리가 감사하며 그분의 눈 앞에 나아가고 시를 지어 그분을 향하여 즐거이 소리치자, 이는 여호와께서 위대하신 엘(אֵל)이시요, 모든 신들보다 위대하신 왕이시기 때문이로다.
땅의 깊은 곳들이 그분의 손 안에 있으며 산들의 능력도 그분의 것이로다.
바다도 그분의 것이니 그분께서 만드셨으며 마른 땅도 그분의 손이 조성하셨도다.
오라, 우리가 경배하고(샤하 שָׁחָה) 절하며 우리를 만드신 이 곧 여호와 앞에 무릎을 꿇자.
이는 그 분께서 우리 엘로힘이시요, 우리는 그분의 풀밭에 거하는 백성이요, 그분의 손이 기르시는 양들이기 때문이로다.
오늘 너희가 그분의 음성을 듣거든, 격노하게 하던 때와 같이 또 광야에서 시험하던 날과 같이 너희의 마음을 완악하게 하지 말라.
그때에 너희 조상들이 나를 시험하여 입증하고 내가 행한 일을 보았느니라.
내가 사십년 동안 이 세대로 인해 근심하여 이르기를, 이들은 마음 속으로 잘못하는 백성이요, 내 길들을 알지 못한 자들이라 하였도다.
그러므로 내가 그들에게 진노하여 맹세하기를 그들은 내 안식에 들어오지 못하리라 하였도다.

<시편 96>

שִׁירוּ לַיהוָה 오 새노래로 여호와께 노래하라. 온 땅이여, 여호와께 노래할지어다.
여호와께 노래하고 그분의 이름을 송축하며 그분의 구원(예슈아 יְשׁוּעָה)을 날마다 나타낼지어다.
그분의 영광을 이방나라들 가운데, 그분의 이적들을 모든 백성들 가운데 밝히 알릴지어다.
이는 여호와께서 위대하시므로 크게 찬양할 것임이라.
그분은 모든 신들보다 두려워할 분이시니 이는 민족들의 모든 신들은 우상이나 여호와는 하늘들을 만드셨음이로다.
존귀와 위엄이 그분 앞에 있으며 능력과 아름다움이 그분의 성소에 있도다.
오 만백성의 족속들아, 너희는 영광과 능력을 여호와께 드릴지어다. 여호와께 드릴지어다.
여호와의 이름에 합당한 영광을 그분께 드릴지어다.

온 땅이여, 그분 앞에서 두려워할지어다.
사람들은 이방나라들 가운데서 이르기를, 여호와께서 통치하시니 세상도 굳게 서서
흔들리지 아니하며 그분께서 만백성을 의롭게 심판하시리라 할지로다.
하늘들은 기뻐하고 땅은 즐거워하며 바다와 거기 충만한 것은 외치고 들판과 그 가운데
있는 모든 것은 기뻐할지로다.
그 때에 숲속의 모든 나무가 기뻐하되 여호와 앞에서 기뻐하리니 이는 그분께서 오시되
땅을 심판하러 오시기 때문이로다.
그분께서 의로 세상을 심판하시며 자신의 진리로 만백성을 심판하시리로다.

<시편 97>

יְהֹוָה מָלָךְ 여호와께서 통치하시니 땅은 기뻐하며 땅의 많은 섬들은 즐거워할지어다.
구름들과 어둠이 사방에서 그분을 두르며 의와 공의는 그분의 왕좌가 있는 거처로다.
불이 그분 앞에서 나아가 사방에서 그분의 원수들을 태우는도다.
그분의 번개가 세상을 비추니 땅이 보고 떨었도다.
산들이 여호와의 눈앞 곧 온 땅의 주(아돈 אָדוֹן)의 눈앞에서 밀초같이 녹았도다.
하늘들이 그분의 의를 밝히 드러내니 온 백성이 그분의 영광을 보는도다.
새긴 형상들을 섬기는 자들과 우상들을 자랑하는 자들은 다 당황하리니 모든 신들아,
너희는 그분께 경배할지어다.
오 여호와여, 당신의 공의로 인하여 찌온이 듣고 기뻐하였으며 유다의 딸들이
즐거워하였나니
이는 여호와여, 당신께서 온 땅보다 높으시므로 모든 신들보다 훨씬 더 높임을
받으셨음이니이다.
여호와를 사랑하는 자들아, 너희는 악을 미워하라.
그분께서 자신의 성도들의 혼을 보존하시며 사악한 자의 손에서 그들을 건지시느니라.
그분께서 의로운 자를 위하여 빛을 뿌리시고 마음이 올바른 자를 위하여 즐거움을
뿌리셨나니 의로운 자들아, 너희는 여호와를 기뻐하며 그분의 거룩하심을 기억하고
감사할지어다.

<시편 98>

מִזְמוֹר שִׁירוּ 오 새 노래로 여호와께 노래하라.
이는 그분께서 놀라운 일들을 행하사 자신의 오른손과 거룩한 팔로 자신을 위해
승리하셨음이로다.

✡ **샤밧 가이드**

여호와께서 자신의 구원(예슈아 יְשׁוּעָה)을 알게 하시며 자신의 의를 이방나라들의
눈앞에서 공개적으로 보이셨도다.
그분께서 이스라엘의 집에게 베푸신 바 자신의 헤쎄드(인애 חסד)와 진리를
기억하셨으므로 땅의 모든 끝이 우리 엘로힘의 구원을 보았도다.
온 땅이여, 여호와께 즐거이 소리칠지어다.
큰 소리를 내어 기뻐하며 찬양을 드릴지어다.
하프로 여호와께 노래하라, 하프를 타고 시를 낭송하며 노래할지어다.
나팔과 코넷(쇼파르 שׁוֹפָר)소리로 왕이신 여호와 앞에 즐거이 소리칠지어다.
바다와 거기 충만한 것과 세상과 그 가운데 거하는 자들은 외칠지어다.
큰 물들은 손뼉을 치며 산들은 함께 기뻐하되
여호와 앞에서 즐거워할지니 이는 그분께서 땅을 심판하러 오시기 때문이로다.
그분께서 의로 세상을 심판하시며 공평으로 만백성을 심판하시리로다.

<시편 99>

יְהוָה מָלָךְ 여호와께서 통치하시니 만백성이 떨 것이요, 그분께서 그룹들 사이에 앉아
계시니 땅이 흔들릴 것이로다.
여호와는 찌욘에서 위대하시며 모든 백성들보다 높으시도다.
그들로 하여금 당신의 크고 두려운 이름을 찬양하게 하소서.
이는 그 이름이 거룩하기 때문이니이다.
왕의 능력이 또한 공의를 사랑하니 당신께서 공평을 굳게 세우시며 야아콥에게 공의와
의를 집행하시나이다.
우리 엘로힘 여호와를 높이고 그의 발등상에 경배하라. 그는 거룩하시다.
그분의 제사장들 가운데는 모쉐와 아하론이 있고 그분의 이름을 부르는 자들 가운데는
쉬무엘이 있도다.
그들이 여호와를 부르매 그분께서 그들에게 응답하셨도다.
그분께서 구름 기둥 속에서 그들에게 말씀하시니 그들은 그분께서 자기들에게 주신 바
그분의 증거들과 규례를 지켰도다.
오 여호와 우리의 엘로힘이여, 당신께서 그들에게 응답하셨나이다.
또한 당신께서 그들이 창안한 것들에 대하여 보복하셨을지라도 당신은 그들을 용서하신
엘(אל)이시니이다.
너희는 여호와 우리 엘로힘을 높이고 그분의 거룩한 산을 향하여 경배(샤하 שָׁחָה)할지니
이는 여호와 우리 엘로힘께서 거룩하시기 때문이로다.

-절기가 금요일 또는 샤밧에 올 때는 여기부터 시작한다. 관습적으로 다음 시편을 낭송하는
동안 서 있는다. 그리고 천천히, 열렬히, 큰 소리로 낭송한다.

<시편 29>

הָבוּ לַיהוָה 다윗의 시

오 강력한 자들아, 너희는 영광과 능력을 여호와께 드리고 여호와께 드릴지어다.
여호와의 이름에 합당한 영광을 그분께 드리며 거룩함의 그 아름다움으로 여호와께 경배할지어다.
여호와의 음성이 물들 위에 있도다.
영광의 엘(אל)께서 천둥을 치시나니 여호와는 많은 물들 위에 계시도다.
여호와의 음성은 권능이 있고 여호와의 음성은 위엄이 가득하도다.
여호와의 음성이 백향목들을 꺾으시나니 참으로 여호와께서 레바논의 백향목들을 꺾으시는도다.
그분께서 또한 그 나무들을 송아지같이 뛰게 하시며 레바논과 씨르욘을 젊은 들송아지같이 뛰게 하시는도다.
여호와의 음성이 불꽃들을 가르는도다.
여호와의 음성이 광야를 흔드나니 여호와께서 카데쉬 광야를 흔드시는도다.
***하짠** - 여호와의 음성이 암사슴들로 하여금 새끼를 낳게 하시고 삼림을 드러나게 하나니 그분의 성전에서 사람마다 그분의 영광을 말하는도다.
여호와께서 큰 물 위에 앉아 계시나니 참으로 여호와께서 영원토록 왕으로 앉아 계시는도다.
여호와께서 자신의 백성에게 힘을 주시리니 여호와께서 자신의 백성에게 화평으로 복을 주시리로다.

-시편 92편을 낭송하며, 우리는 샤밧의 거룩함을 우리 위에 받아들인다.

<시편 92>

טוֹב לְהֹדוֹת 샤밧을 위한 시 또는 노래

오 지극히 높으신 이여, 여호와께 감사를 드리고 당신의 이름을 찬양함이 좋사오며
아침에는 당신의 헤쎄드(인애 חסד)를 알리고 밤마다 당신의 신실하심을 알림이 좋사오니 장엄한 소리와 더불어 십현금과 비파와 하프에 맞추리이다.
이는, 여호와여, 당신께서 행하신 일을 통해 당신께서 나를 기쁘게 하셨음이오니 당신의 손이 행하신 일들로 말미암아 내가 개가를 높이 부르리이다.
오 여호와여, 당신께서 행하신 일들이 어찌 그리 크신지요! 당신의 생각들은 매우 깊으시니이다.

짐승 같은 자는 알지 못하며 어리석은 자도 이것을 깨닫지 못하나이다.
사악한 자들이 풀같이 돋아나고 불법을 행하는 자들이 다 흥왕할지라도 그들은 영원히 멸망하리이다.
그러나 당신이여, 여호와는 영원토록 지극히 높으시오니
이는 보소서, 오 여호와여 보소서, 당신의 원수들이 곧 당신의 원수들이 패망하고 불법을 행하는 자들이 다 흩어질 것임이니이다.
그러나 당신께서 내 뿔을 유니콘의 뿔같이 높이시리니 내가 신선한 기름으로 기름부음을 받으리이다.
또한 내 소원이 내 원수들 위에서 이루어짐을 내 눈이 보며 나를 치려고 일어나는 사악한 자들 위에서 내 소원이 이루어짐을 내 귀가 들이리이다.

*하짠 - 의로운 자는 종려나무같이 흥왕하며 레바논의 백향목같이 자라리로다.
여호와의 집에 심긴 자들은 우리 엘로힘의 뜰 안에서 흥왕하리로다.
그들은 늙어서도 여전히 열매를 맺으며 기름지고 무성하리니
이것은 여호와께서 곧바르심을 보이시고자 하심이로다.
그분은 나의 반석이시니 그분께서는 불의가 전혀 없으시도다.

<시편 93>

יְהוָה מָלָךְ 여호와께서 통치하시니 그분은 권위를 입으셨도다.
여호와께서 능력을 입으시며 그것으로 친히 따를 띠셨음으로 세상도 굳게 서서 흔들리지 아니하는도다.
당신의 왕좌는 옛적부터 견고히 섰으며 당신은 영원부터 계셨나이다.
오 여호와여, 큰 물들이 소리를 높였고 큰 물들이 자기 소리를 높였으니 큰 물들이 자기 물결을 높이나이다.

*하짠 - 높이 계신 여호와는 많은 물들의 소리보다 강하시며
참으로 바다의 강한 파도들보다 강하시니이다.
오 여호와여, 당신의 증거들이 매우 확실하오니 거룩함이 당신의 집에 영원히
합당하옵나이다.

6. 샤밧과 절기의 마아리브(저녁기도)

◆ 바레쿠 - 예배로의 부르심

-리더가 '바레쿠'에 절하고 '아도나이'에 일어선다.

בָּרְכוּ אֶת יְהוָה הַמְבֹרָךְ
람보함   이나도아   엘   쿠레바

-회중이 리더를 따라서 응답한다. '바룩'에 절하고 '아도나이'에 일어선다.

בָּרוּךְ יְהוָה הַמְבֹרָךְ לְעוֹלָם וָעֶד
드에봐 람올레   람보함   이나도아 룩바

왕 중의 왕이신 그분의 이름이여! 송축을 받으시고, 찬양을 받으시고, 영광 받으시고, 높임 받으시고, 칭송 받으소서. 땅의 왕들의 왕이시여, 거룩하신 분, 송축 받으실 바로 그분이시여. 그분은 처음과 나중이십니다. 그분 외에 다른 신이 없습니다. 그분의 이름을 찬양하라. 하늘을 타고 구름을 타고 다니시는 그분의 이름 여호와를 높이 찬양하라. 그분 앞에서 기뻐할지어다. 그분의 이름이 모든 송축과 찬양 위에 높임을 받으소서. 그분의 영광스런 왕국의 이름이 영원히 찬송 받을지어다. 지금부터 영원까지 여호와의 이름이 송축 받으시리로다.

◆ 쉐마 블레싱 ברכות קריאת

בָּרוּךְ 당신을 송축합니다. 여호와 우리의 엘로힘, 우주의 왕, 그 분의 말씀으로 저녁을 오게 하시는 분, 지혜(호크마)로 문들을 여시고, 총명으로 시간을 변화시키시고, 계절들을 바꾸시며, 그리고 그분의 뜻으로 하늘의 별들이 반짝이도록 명령하는 분이시여. 그분은 낮과 밤을 창조하시고, 어둠이 오기 전에 빛이 사라지게 하시고, 빛이 오기 전에 어둠을 사라지게 하는 분이시다. 그 분은 낮과 밤을 구별하시고, 낮이 지나가고 밤이 오게 하신다. - 만군의 여호와가 그분의 이름이시다.

*하짠 - 영원히 살아계신 엘(אל)이시여, 영원 영원히 항상 우리를 통치하소서. 당신을 송축합니다. 여호와, 저녁이 오게 하시는 분이시여. (회중-아멘)

샤밧 가이드

<씨두르 샤하리트 참조>

◆ 쉐마 שמע

◆ 쉐모네 에스레이 / 아미다

◆ 카디쉬

◆ 알레이누

◆ 십계명

◆자녀를 축복

-기도의 집에서 돌아온 후에 자녀들을 축복한다.

*남자아이 축복 - 엘로힘께서 너를 에프라임 같이, 그리고 므낫쉐 같이 임명하시길!
*여자아이 축복 - 엘로힘께서 너를 사라, 리브카, 라헬 그리고 레아 같이 임명하시길!
*가장이 자녀들에게 개인적인 축복을 할 수도 있다.

יְבָרֶכְךָ יְהוָה וְיִשְׁמְרֶךָ׃
카레메쉬이붸 이나도아 카케레바예
여호와께서 네게 복을 주시고 너를 지키시기를 원하며

יָאֵר יְהוָה פָּנָיו אֵלֶיךָ וִיחֻנֶּךָּ׃
카넥훈비 카레엘 브이나파 이나도아 르에야
여호와께서 자신의 얼굴로 네게 빛을 비추사 네게 은혜 베푸시기를 원하고

יִשָּׂא יְהוָה פָּנָיו אֵלֶיךָ וְיָשֵׂם לְךָ שָׁלוֹם׃
롬샬 카레 쎔야베붸 카레엘 브이나파 이나도아 싸잇
여호와께서 자신의 얼굴을 네게로 향하여 드사 평강 주시기를 원하노라

◆ 샤밧 저녁 식사

-만찬 음식은 두 천사를 맞이하는 낭송과 함께 오픈 된다. 이 두 천사는 기도의 집으로부터 집에까지 샤밧에 에스코트한 천사이다. 각각 3번씩 낭송한다.

שָׁלוֹם עֲלֵיכֶם. מַלְאֲכֵי הַשָּׁרֵת. מַלְאֲכֵי עֶלְיוֹן
욘엘 케아말 렡샤하 케아말 켐레알 롬샬

מִמֶּלֶךְ מַלְכֵי הַמְּלָכִים. הַקָּדוֹשׁ בָּרוּךְ הוּא:
후 룩바 쉬도카학 킴라믈함 케아말 렉멜밈

당신들 위에 샬롬이 있기를, 사역의 천사들이여. 왕들을 통치하는 왕으로부터 온 엘욘-지극히 높으신 이-의 천사들이여.
하 카도쉬 바룩 후

בּוֹאֲכֶם לְשָׁלוֹם. מַלְאֲכֵי הַשָּׁלוֹם. מַלְאֲכֵי עֶלְיוֹן.
욘엘 케아말 롬샬하 케아말 롬샬레 켐아보

מִמֶּלֶךְ מַלְכֵי הַמְּלָכִים. הַקָּדוֹשׁ בָּרוּךְ הוּא:
후 룩바 쉬도카학 킴라믈함 케말 렉멜밈

당신들의 오심에 샬롬이 있기를, 샬롬의 천사들이여. 왕들을 통치하는 왕으로부터 온 엘욘-지극히 높으신 이-의 천사들이여.
하카도쉬 바룩 후

בָּרְכוּנִי לְשָׁלוֹם. מַלְאֲכֵי הַשָּׁלוֹם. מַלְאֲכֵי עֶלְיוֹן.
욘엘 케아말 롬샬하 케아말 롬샬레 니쿠르바

מִמֶּלֶךְ מַלְכֵי הַמְּלָכִים. הַקָּדוֹשׁ בָּרוּךְ הוּא:
후 룩바 쉬도카학 킴라믈함 케말 렉멜밈

샬롬을 위해 나를 축복하소서, 샬롬의 천사들이여. 왕들을 통치하는 왕으로부터 온 엘욘-지극히 높으신 이-의 천사들이여.
하카도쉬 바룩 후

צֵאתְכֶם לְשָׁלוֹם. מַלְאֲכֵי הַשָּׁלוֹם. מַלְאֲכֵי עֶלְיוֹן.
욘엘 케아말 롬샬하 케아말 롬샬레 켐트쩨

מִמֶּלֶךְ מַלְכֵי הַמְּלָכִים. הַקָּדוֹשׁ בָּרוּךְ הוּא
후 룩바 쉬도카학 킴라믈함 케말 렉멜밈

당신의 떠남에 샬롬이 있기를, 샬롬의 천사들이여. 왕들을 통치하는 왕으로부터 온 엘욘-지극히 높으신 이-의 천사들이여.
하카도쉬 바룩 후

כִּי מַלְאָכָיו יְצַוֶּה־לָּךְ לִשְׁמָרְךָ בְּכָל־דְּרָכֶיךָ:
카케라데-콜베 카르마쉬리 락 -붸짭예 브이카아말 키

그가 너를 위하여 그의 천사들을 명령하사 네 모든 길에서 너를 지키게 하심이라.

יְהוָה יִשְׁמָר־צֵאתְךָ וּבוֹאֶךָ מֵעַתָּה וְעַד־עוֹלָם:
람올 -드아붸 타앝메 카에보우 카트쩨-르마쉬이 이나도아

여호와께서 너의 출입을 지금부터 영원까지 지키시리로다.

✡ **샤밧 가이드**

-교회에서는 상황에 따라 샤밧식사를 먼저 하거나 집에서 가족들과 함께하고 모일 수 있다.
-카발라트 샤밧(금요일 저녁)식사는 대부분 회당 예배후 먹는다.
-식사 중 누군가 주간 토라 말씀에 대해 설명하는 것이 일반적이다.
 (또는 한 주간 은혜 안에 살아온 이야기 등을 나눈다)

◆ **아내를 위한 축복**

- 에쉩-하일 אֵשֶׁת־חַיִל

<잠언 31:10~31>

אֵשֶׁת־חַיִל 누가 덕스런(חַיִל) 여인을 얻겠느냐? 이는 그녀의 값이 루비보다 훨씬 더 나가기 때문이니라.

ב 그녀의 남편의 마음이 그녀를 편안히 신뢰하므로 그가 노략물을 필요로 하지 아니하겠으며

ג 그녀는 자기 평생 동안 그에게 선을 행하고 악을 행하지 아니하리라.

ד 그녀는 양털과 아마를 구하여 기꺼이 자기 손으로 일하고

ה 상인들의 배들과 같아서 멀리서 자기 양식을 가져오며

ו 또 아직 밤중일 때에 일어나 자기 집안 식구들에게 먹을 것을 주고 자기 여종들에게 몫을 정하여 주며

ז 밭을 깊이 살펴보고 사며 자기 손의 열매를 가지고 포도원을 세우며

ח 힘있게 허리를 동이고 자기 팔을 강하게 하며

ט 자기의 장사하는 일이 잘되는 줄을 깨닫고 밤에 등잔불을 끄지 아니하며

י 자기 손을 물레에 대고 손으로 물레 가락을 잡으며

כ 가난한 자들에게 손을 내밀고 참으로 궁핍한 자들에게 손을 뻗으며

ל 자기 집의 모든 사람들이 주홍색 옷을 입었으므로 눈이 와도 자기 집 사람들로 인해 두려워하지 아니하고

מ 스스로 수놓은 융단 덮개를 만들며 비단옷과 자주색 옷을 입고

נ 그녀의 남편은 그 땅의 장로들 사이에 앉을 때에 성문 안에서 알려지며

ס 그녀는 고운 아마포를 만들어 팔고 허리띠를 상인들에게 넘겨주며

ע 능력과 명예로 옷을 삼고 훗날에 기뻐하며

פ 지혜를 가지고 입을 열며 자기 혀로 친절의 법을 베풀고

צ 자기 집안 일들을 잘 살피며 게을리 얻은 빵을 먹지 아니하나니

ק 그녀의 자녀들은 일어나서 그녀를 가리켜 복받은 자라 하고 그녀의 남편도 그녀를 칭찬하기를
ר 많은 딸들이 덕스럽게(חיל) 행하였으나 그대는 그들 모두보다 뛰어나다 하느니라.
ש 호의를 베푸는 것도 거짓되고 아름다운 것도 헛되나 오직 여호와를 두려워하는 여자는 칭찬을 받으리라.
ת 그녀의 손의 열매를 그녀에게 줄 것이요, 그녀가 몸소 행한 일들로 인하여 성문 안에서 그녀를 칭찬할지어다.

[남편이 아내에게 큰 소리로 고백한다]

"덕행 있는 여자는 많으나 그대는 모든 여자보다 뛰어나다"

　　　[남편은 아내에게 키스를 해준다]

[여자는 남편에게]
"당신은 나의 왕이십니다" [라고 고백한다]

◆ 가족을 위한 기도 (가족 모임일 때)

여호와 우리 엘로힘 우주의 왕이시여,
우리 가정에 샤밧을 주시고 우리 가족이 주님 앞에 에하드가 되게 하심에 감사드립니다.
우리의 마음이 주님께 충성될 때 그 때 비로소 사랑하고 돌볼 수 있는 능력이 우리에게 있는 것을 고백합니다.
우리로 남의 요구에 민감하게 하시고 우리가 섬기는 일에 앞서게 하소서.
섬긴 것을 기억하지 못하게 하시고 우리가 남을 용서한 것을 헤아리지 않게 하소서.
우리 주위에 이웃이 있음을 감사하게 하시며 우리의 사랑과 친절이 그들에게 표현되게 하소서.
우리가 권면할 때 부드러운 말과 남을 돌보는 말을 하게 하시고 상대방을 이해하는 격려의 말 칭찬의 말을 아끼지 않게 하소서.
우리 가족을 건강과 기쁨으로 축복해 주옵소서.
성령 충만하게 하셔서 평화의 가정을 세우는 지혜를 주옵소서.
예슈아 함마쉬아흐의 이름으로 기도합니다.
[아멘]

샤밧 가이드

◆샤밧 저녁 키두쉬　קידוש לליל שבת

יוֹם הַשִּׁשִּׁי　그 여섯째 날, 그리고 하늘과 땅과 모든 군대가 완성되었다. 일곱째 날 속에서 엘로힘은 그분께서 역사하시는 그분의 일을 완성하셨다. 그분은 그가 역사하시는 모든 그의 일들로부터 일곱째 날에 안식하셨다. 엘로힘께서는 일곱째 날을 복주셨다. 그리고 그것을 거룩케 하셨다. 왜냐하면 그날 안에서 그 분은 엘로힘이 역사하시기 위해 창조하신 모든 그 분의 일들로 부터 안식하셨기 때문이다.

בָּרוּךְ אַתָּה יְיָ אֱלֹהֵינוּ מֶלֶךְ הָעוֹלָם בּוֹרֵא פְּרִי הַגָּפֶן :
　펜가학　리페　레보　람올하　렉멜　누헤로엘　이나도아　타앝　룩바

바룩 앝타 아도나이 엘로헤누 멜렉 하올람, 포도나무의 열매를 창조하신 분이시여.
[회중-아멘]

바룩 앝타 아도나이 엘로헤누 멜렉 하올람, 아쉐르 키드샤누 베미쯔보타브,

여호와 우리의 엘로힘 온 우주의 왕이시여, 당신의 계명들로 우리를 거룩하게 하시고, 그리고 우리 안에서 기쁨을 얻는 분이시여. 거룩한 샤밧을 사랑과 기뻐하는 뜻 안에서 우리에게 기업으로 주신 분이시여. 처음 역사를 기억하기 위해. 왜냐하면 그 날은 거룩한 대화를 위한 시작입니다. 미쯔라임(이집트)에서 나온 것에 대한 기억을 위해, 왜냐하면 당신은 우리를 선택하셨습니다. 그리고 당신은 모든 민족으로부터 우리를 거룩하게 하셨습니다. 그리고 당신의 거룩한 샤밧, 사랑 안에서, 당신의 기뻐하는 뜻 안에서 우리에게 상속하게 하십니다. 바룩 앝타 아도나이, 샤밧을 거룩하게 하시는 분이시여!

샤밧-샤하리트 [아침 기도]

1. 찬양의 절들(시편)로의 도입

<시편 30> 다윗을 위한 그 집을 봉헌하는 노래 시편

내가 당신을 높입니다. 오 여호와여, 이는 당신께서 나를 건져주셨고, 내 원수들로 하여금 나를 누르고 기뻐하지 못하게 하셨음이니이다. 오 여호와 내 엘로힘이여, 내가 당신께 부르짖으매 당신께서 내 혼을 쉬올에서 올리시고 나를 계속해서 살게 하사 구덩이로 내려가지 아니하게 하셨나이다. 오 그분의 성도들아, 너희는 여호와께 노래하며 그분의 거룩하심을 기억하고 감사할지어다. 이는 그분의 분노는 잠시뿐이요, 그분의 원하심은 생명이라. 저녁에는 눈물로 지내나 아침에는 환성을 지르리로다. 내가 형통할 때에 말하기를, 내가 영원히 흔들리지 아니하리라 하였도다. 여호와여, 당신께서 원하실 때 내 산을 굳게 세우셨사오나 당신께서 당신의 얼굴을 숨기시니 내가 근심하였나이다. 오 여호와여, 내가 당신께 부르짖고 여호와께 간구하였나이다. 내가 구덩이로 내려갈 때에 내 피가 무슨 유익이 있으리이까. 흙이 당신께 감사하겠나이까. 그것이 당신의 진리를 전할 수 있겠나이까. 오 여호와여, 들으시고 내게 은혜를 베푸소서. 여호와여, 나를 돕는 이가 되소서.

<하짠> 당신께서 나를 위하여 나의 통곡을 바꾸사 춤이 되게 하시며 당신께서 나의 굵은 베옷을 벗기시고 기쁨으로 띠를 동여매게 하셨나이다. 이것은 내 영광이 잠잠하지 아니하고 당신께 찬송을 드리게 하려 하심이니이다. 오 여호와 내 엘로힘이여, 내가 당신께 영원토록 감사하리이다.

בָּרוּךְ שֶׁאָמַר(바룩 쉐아마르)를 낭송하는 동안 서 있는다. 낭송하는 동안 탈릿의 앞에 있는 찌찌트 두 개를 잡아서 오른손에 쥐고, 낭송이 끝날 때 찌찌트에 키스하고 놓는다. 여기서부터 슈모네 에스레이 아미다 기도가 끝날 때까지 반드시 응답해야 하는 기도를 제외하고 대화는 금지된다.

בָּרוּךְ שֶׁאָמַר 말씀으로 세상을 있게 하신 분을 송축하라. 그분을. 송축하라. 시작을 이루신 그분을 송축하라. 법으로 명하시고 완성하시는 그분을 송축하라. 온 땅 위에 깊은 자비의 사랑을 베푸시는 그분을 송축하라. 모든 창조물 위에 깊은 자비의 사랑을 베푸시는 그분을 송축하라. 그를 경외하는 자에게 선한 상을 베푸시는 그분을 송축하라 영속하시고 영원히 살

아계시는 그분을 송축하라. 구속하시고 구원하신 그분을 송축하라. - 그의 이름을 송축하라! 바룩 앝타 아도나이 멜렉 하올람. 깊은 자비의 사랑을 베푸시는 엘로힘 아버지시여. 당신의 백성의 입을 통해 찬양 받으시는 분이시여. 그의 성도들과 그의 종들의 입술에 의해, 그리고 당신의 종 다뷛의 시들을 통해 찬송과 영광 받으시는 분이시여. 우리는 당신을 찬미할 것입니다. 여호와 우리의 엘로힘, 찬양과 시(노래)들로 우리는 당신을 높일 것입니다. 당신을 찬양합니다. 당신께 영광을 돌립니다. 당신의 이름과 당신의 통치를 기억할 것입니다. 우리의 왕, 우리의 엘로힘.

<하짠> 여호와 온 세상에 생명을 주시는 분, 그 이름이 영원히 찬양 받으시고 영광 받으시는 왕이시여. 바룩 앝타 아도나이, 찬양 받기에 합당한 왕이시여.
[회중-아멘]

< 역대상 16:8~36 >

여호와께 감사하라. 그의 이름을 불러라, 민족들에게 그의 행하신 일들을 알려라. 그를 노래하고 그를 찬송하라. 그의 모든 놀라운 일들을 말하라. 그의 거룩하신 이름을 자랑하라. 여호와를 찾는 자들아, 마음을 기쁘게 하라. 여호와, 그의 능력을 구하라. 항상 그의 얼굴을 찾으라. 그가 행하신 그의 놀라운 일들 곧 그의 이적들과 그의 입의 심판들을 기억하라. 그의 종 이스라엘의 씨들아! 그의 택하신 자들인 야아콥의 자손아! 그는 우리 엘로힘 여호와시니 온 땅에 그의 심판들이 있다. 그의 언약을 영원히 기억하라. 천 대에게 명령하신 말씀, 곧 아브라함과 맺으셨고 이쯔학과 맹세하셨으니 그가 야아콥에게 규례로 그것을 세우셨고 이스라엘에게 영원한 언약으로 세우셨다. 이르시기를, "내가 네게 크나안 땅을 줄 테니 너희 유업의 지분으로 줄 것이다. 너희가 적은 수였을 때 잠시 그곳에서 우거했다. 그들이 나라에서 나라로 다니며 이 왕국에서 다른 백성에게로 다녔다. 그러나 그는 사람이 그들을 압제하도록 놓아두지 않으시고 그들을 위하여 왕들을 꾸짖으시기를, "너희는 내 메시아에게 손을 대지 말며 내 예언자를 해치지 말라."
온 땅이여, 여호와께 노래하며 날마다 그분의 예슈아를 기쁜 소식으로 전할지어다. 그의 영광을 이방 나라들에게 알리고 그의 놀라운 일들을 온 민족들에게 알려라. 참으로 여호와는 크시니 매우 찬양 받으셔야 하고 모든 신들 위에 경외함을 받으셔야 한다.

<하짠> 참으로 민족들의 모든 신들은 우상들이다. -그러나 여호와는 하늘들을 만드셨도다.

그 앞에는 위엄과 존귀가 있고 그가 계시는 곳에는 권능과 기쁨이 있다. 만국의 족속들아, 여호와께 돌려라. 영광과 권능을 여호와께 돌려라. 그의 이름의 영광을 여호와께 돌려라. 예물을 들고 그 앞으로 들어가 존귀한 성소에서 여호와께 경배하라. 온 땅아, 그 앞에서 떨어라. 세상이 굳건하여 흔들리지 않는다. 하늘은 기뻐하고, 땅은 즐거워하며 이방 나라들에서

'여호와께서 다스리신다'고 말하게 하라. 바다와 그 충만한 것들이 소리치게 하라. 바다와 그 충만한 것들이 소리치게 하라. 그 땅을 심판하러 오시는 그 때 여호와 앞에서 숲의 모든 나무들이 기뻐 외칠 것이다. 여호와 감사하라. 참으로 그는 선하시며 참으로 그의 헤쎄드(인애)가 영원하시다. 그들로 말하게 하라. '우리를 구원해 주십시요, 우리 구원의 엘로힘, 우리를 그 이방 나라들로 부터 모아 주셔서 당신의 거룩한 이름을 찬양하며 당신을 찬양함으로 영광을 돌리게 하여 주십시요.' '이 세상으로부터 다가올 세상까지 이스라엘의 엘로힘을 송축하라.' 모든 백성이 '아멘. 여호와를 찬양하라'고 말했다.

<하짠> 우리 엘로힘 여호와를 높이고 그의 발등상에 경배하라 그는 거룩하시다. (시99:5) 우리 엘로힘 여호와를 높이고 그의 거룩한 산을 향하여 경배하라 참으로 우리 엘로힘 여호와는 거룩하시다. (시 99:9)

그분은 동정심이 많으시므로 그들의 불법을 용서하시어 그들을 멸하지 아니하시고 참으로 여러번 자신의 분노를 돌이키시며 자신의 진노를 다 내지 아니하셨도다. (시78:38) 오 여호와시여, 당신의 긍휼을 내게서 거두지 마시오며 당신의 헤쎄드(인애)와 당신의 진리로 항상 나를 보존하소서. (시40:11) 오 여호와여, 당신의 긍휼과 당신의 헤쎄드(인애)가 옛적부터 항상 있었사오니 그것들을 기억하소서. (시25:6) 너희는 엘로힘께 능력을 돌릴지니 그분의 위엄이 이스라엘 위에 있고 그분의 능력이 구름들 속에 있도다. 오 엘로힘이여, 당신은 당신의 거룩한 처소들 밖에서 무서운 이시니 곧 이스라엘의 엘로힘은 자신의 백성에게 능력과 권능을 주시는 이시니이다. 엘로힘을 송축할지어다. 바룩 엘로힘 (시68:34~35) 오 여호와 엘이여, 원수 갚는 일이 당신께 속하였나이다. 오 엘이여, 원수 갚는 일이 당신께 속하였사오니 친히 자신을 나타내소서. 땅의 심판자이시여, 친히 일어나사 교만한 자들에게 마땅히 보응하옵소서. (시94:1~2) 구원(예슈아)은 여호와께 속한 것이오니 당신의 복이 당신의 백성 위에 있나이다. 쎌라. (시3:8)

<하짠> 만군의 여호와께서 우리와 함께 하시니 야아콥의 엘로힘은 우리의 피난처이시로다. 쎌라. (시46:7) 오 만군의 여호와여, 당신을 신뢰하는 자는 복이 있나이다. (시84:12) 여호와여, 구원하소서. 왕께서는 우리가 부를 때에 우리 말을 들으소서. (시28:9)

당신의 백성을 구하시고 당신의 상속에게 복을 주시며 또 그들을 먹이시고 영원토록 들어 올리시옵소서. (시28:9) 우리의 혼이 여호와를 기다리나니 그분은 우리의 도움과 우리의 방패시로다. 이는 우리가 그분의 거룩한 이름을 신뢰하였으므로 우리 마음이 그분을 기뻐할 것임이로다. 오 여호와여, 우리가 당신께 소망을 두는 대로 당신의 헤쎄드(인애)를 우리에게 베푸소서. (시33:20~22) 오 여호와여 우리에게 당신의 헤쎄드(인애)를 보이시며 우리에게 당신의 구원을 허락하소서. (시85:7) 일어나 우리를 도우소서. 당신의 헤쎄드(인애)로 인하여 우리를 구속하소서. (시44:26) 나는 너를 미쯔라임(이집트) 땅에서 인도하여 낸 여호와 네 엘로힘이니 네 입을 크게 열라. 내가 채우리라. (시81:10) 이러한 백성은 행복하나이다. (시

144:15)

<하짠> 오직 내가 당신의 헤쎄드(인애)를 신뢰하였사오니 내 마음이 당신의 구원(예슈아)를 기뻐하리이다. (시13:5) 내가 여호와를 위하여 노래하리니 이는 그분께서 나를 관대히 대하셨음이로다. (시13:6)

<시편 19>

לַמְנַצֵּחַ מִזְמוֹר 악장에게 준 다윗의 시 - 하늘들이 엘(אל)의 영광을 밝히 드러내고 궁창이 그분의 손으로 행하신 일을 나타내는도다.
낮은 낮에게 말하고 밤은 밤에게 지식을 보이니 말도 없고 언어도 없으며 그것들의 음성도 들리지 아니하나 그것들의 줄이 온 땅에 두루 나아가고 그것들의 말이 세상 끝까지 이르렀도다.
그분께서 해를 위하여 하늘들 안에 장막을 세우시매 해는 자기 침소에서 나오는 신랑 같고 경주하기를 기뻐하는 힘센 자 같도다.
해가 하늘 끝에서부터 나아가며 그 순환 회로는 하늘 끝들에까지 이르나니 해의 열기에서 숨을 것이 없도다.
여호와의 토라는 완전하여 혼을 회심시키고 여호와의 증거는 확실하여 단순한 자를 지혜롭게 하며, 여호와의 법규들은 정당하여 마음을 기쁘게 하고 여호와의 명령은 순수하여 눈을 밝게 하는도다.
여호와의 두려우심은 깨끗하여 영원토록 지속되고 여호와의 판단들은 진실하고 다 의로우니 참으로 금 곧 많은 정금보다 더 사모할 것이며 또 꿀과 송이꿀보다 더 달도다.
당신의 종이 또한 이것들로 경고를 받나니 이것들을 지킬 때에 큰 보상이 있나이다.
자기 잘못들을 능히 깨달을 자 누구리요. 당신께서 은밀한 허물에서 나를 정결하게 하소서.
또 당신의 종을 지키사 고의로 짓는 죄들로 부터 떠나게 하시고 그 죄들이 나를 지배하지 못하게 하소서. 그리하시면 내가 곧바르게 되어 큰 범죄들에서 벗어나 무죄하리이다.

*하짠-내 입의 말과 내 마음의 생각이 당신의 얼굴 앞에 받으실 만한 것이 되기를 원하나이다. 여호와 나의 반석, 그리고 나의 구속자이시여.

<시편 33>

רַנְּנוּ 오 의로운 자들아, 너희는 여호와를 기뻐하라.
찬양은 곧바른 자들이 마땅히 행할 바로다.
하프로 여호와를 찬양하고 비파와 십현금으로 그분께 노래할지어다.
새 노래로 그분께 노래하며 큰 소리로 솜씨 있게 연주할지어다.
이는 여호와의 말씀이 옳으며 그분의 모든 일이 진리 안에서 이루어지기 때문이로다.

그분께서 의와 공의를 사랑하시나니 땅은 여호와의 선하심으로 가득하도다.
여호와의 말씀으로 하늘들이 만들어지고 하늘들의 모든 무리가 그분의 입의 호흡으로 만들어졌도다.
그분께서 바닷물을 함께 모아 무더기같이 쌓으시며 깊음을 곳간들에 두시는도다.
온 땅은 여호와를 두려워하고 세상의 모든 거주민은 서서 그분을 두려워할지어다.
이는 그분께서 말씀하시매 그것이 이루어졌으며 명령하시매 그것이 굳게 섰음이라.
여호와께서 이방나라들의 계획을 무산시키시며 만백성의 계략들을 무효로 만드시는도다.
여호와의 계획은 영원히 서고 그분의 마음의 생각들은 모든 세대에 이르리로다.
여호와를 자기 엘로힘으로 삼은 민족 곧 그분께서 자기의 상속으로 택하신 백성은 복이 있도다.
여호와께서 하늘에서부터 바라보사 사람들의 아들들을 다 살피시고 자신의 거하시는 곳에서부터 땅의 모든 거주민을 보시는도다.
그분께서는 그들의 마음을 다 같게 지으셨으며 그들의 모든 일을 깊이 생각하시는도다.
군대의 많은 사람으로 구원받은 왕이 없으며 용사가 많은 힘으로 건짐을 받지 못하는도다.
안전을 지키는 데는 말도 헛되나니 그가 자기의 큰 힘으로 아무도 건지지 못하리로다.
보라, 여호와의 눈은 그분을 두려워하는 자들 곧 그분의 헤쎄드(인애)에 소망을 두는 자들 위에 있나니 이것은 그분께서 그들의 혼을 사망에서 건지시며 기근 중에도 그들을 지키사 살게 하려하심이로다.
우리의 혼이 여호와를 기다리나니 그분은 우리의 도움과 우리의 방패시로다.
이는 우리가 그분의 거룩한 이름을 신뢰하였음으로 우리 마음이 그분을 기뻐할 것임이로다.
오 여호와여, 우리가 당신께 소망을 두는 대로 당신의 헤쎄드(인애)를 우리에게 베푸소서.

<시편 34>

לְדָוִד 다윗이 아비멜렉 앞에서 행동을 바꿀 때에 아비멜렉이 그를 쫓아내므로 떠나면서 지은 시

א 내가 언제나 여호와를 찬송하리니 그분을 찬양함이 항상 내 입에 있으리로다.

ב 내 혼이 여호와를 자랑하리니 겸손한 자가 이것을 듣고 즐거워하리로다.

ג 오 나와 함께 여호와의 위대하심을 선포하고 모두 연합하여 그의 이름을 높이세.

ד 내가 여호와를 찾으매 그분께서 내 말을 들으시고 네 모든 두려움에서 나를 건지셨도다.

ה 그들이 그분을 바라보고 빛을 받게 되었으며

ו 그들의 얼굴이 부끄러움을 당하지 아니하였도다.

ז 이 가엾은 자가 부르짖으매 여호와께서 그의 말을 들으시고 그의 고난에서 그를 구원하셨도다.

ח 여호와의 천사가 그분을 두려워하는 자들을 둘러 진을 치고 그들을 건지는도다.

ט 너희는 여호와의 선하심을 맛보고 알지어다. 그분을 신뢰하는 사람은 복이 있도다.

י 오 여호와의 성도들아, 너희는 그분을 두려워하라. 이는 그분을 두려워하는 자에게 부족함이 없기 때문이로다.

샤밧 가이드

כ 젊은 사자들은 부족하여 굶주릴지라도 여호와를 찾는 자는 모든 좋은 것에 부족함이 없으리로다.

ל 자녀들아, 너희는 와서 내 말에 귀를 기울이라. 내가 여호와를 두려워하는 것을 너희에게 가르치리로다.

מ 생명을 원하고 많은 날을 사랑하여 좋은 것을 보고자 하는 사람이 누구냐?

נ 너는 네 혀를 지켜 악에서 떠나게 하고 네 입술을 지켜 교활한 말에서 떠나게 하며

ס 악을 떠나고 선을 행하며 화평을 구하고 그것을 따를지어다.

ע 여호와의 눈은 의로운 자들 위에 머무르며 그분의 귀는 그들의 부르짖음에 열려 있도다.

פ 여호와의 얼굴은 악을 행하는 자들을 대적하사 그들에 대한 기억을 땅에서 끊으시는도다.

צ 의로운 자들이 부르짖으매 여호와께서 들으시고 그들의 모든 고난에서 그들을 건지시는도다.

ק 여호와는 상한 마음을 가진 자들을 가까이하시며 통회하는 영을 가진 자들을 구원하시는도다.

ר 의로운 자는 고난이 많을지라도 여호와께서 그 모든 고난에서 그를 건지시는도다.

ש 그분께서 그의 모든 뼈를 지키시매 그 가운데 하나도 꺾이지 아니하는도다.

ת 악이 사악한 자를 죽일 것이요, 의로운 자를 미워하는 자들은 황폐하게 되리로다.

*하짠-여호와께서 자기 종들의 혼을 구속하시나니 그분을 신뢰하는 자는 아무도 황폐하게 되지 아니하리로다.

<시편 90>

תְּפִלָּה 엘로힘의 사람 모쉐의 기도

아도나이(나의 주님)여, 당신은 모든 세대에서 우리의 거처가 되셨나이다.
산들이 생기기 전 당신께서 땅과 세상을 조성하기 전 곧 영원부터 영원까지 당신은 엘(אֵל)이시니이다.
당신께서 사람을 멸망으로 돌아가게 하시며 말씀하시기를,
'사람의 자녀들아, 너희는 돌아갈지어다' 하시오니
이는 당신의 눈앞에서 천 년이 단지 지나간 어제와 같으며 밤의 한 경점과 같기 때문이니이다.
당신께서 그들을 홍수처럼 쓸어가시매 그들이 잠깐 자는 잠 같으며 아침에 자라나는 풀 같으니이다.
풀은 아침에 꽃이 피어 자라다가 저녁에는 베여 시드나니
이는 우리가 당신의 분노로 인하여 소멸되며 당신의 진노로 인하여 근심하기 때문이니이다.

당신께서 우리의 불법들을 당신 앞에 두시며 우리의 은밀한 죄들을 당신의 얼굴빛 가운데 두셨나니 이는 우리의 모든 날이 당신의 진노 중에 지나가며 우리의 햇수를 보내는 것이 이야기를 듣는 것 같기 때문이니이다.
우리의 햇수의 날들이 칠십 년이요, 강건하면 팔십 년이라도 그 햇수의 위력은 수고와 슬픔뿐이니 이는 그 위력이 곧 끊어지매 우리가 날아가 버리기 때문이니이다.
누가 당신의 분노의 능력을 아나이까. 당신의 진노는 당신의 두려우심과 꼭 같으니이다.
그런즉 우리에게 우리의 날수 세는 것을 가르치사 우리의 마음을 써서 지혜에 이르게 하소서.
오, 여호와여 돌아오소서, 어느 때까지이니까. 당신의 종들에 관하여 당신께서 돌이키소서.
오 새벽에 당신의 헤쎄드(인애)로 우리를 만족하게 하사 우리가 평생토록 기뻐하고 즐거워하게 하소서.
당신께서 우리를 괴롭게 하신 날수대로와 우리가 악한 일을 목격한 햇수대로 우리를 즐겁게 하소서.
당신께서 행하신 일을 당신의 종들에게 나타나시며 당신의 영광을 그들의 자녀들에게 나타내소서.

하짠 - 여호와 우리 엘로힘의 아름다움(נֹעַם 노암)을 우리 위에 임하게 하시오며 우리 손이 행한 일을 당신께서 우리 위에 굳게 세우소서. 참으로 우리 손이 행한 일을 당신께서 굳게 세우소서.

<시편 135>

הַלְלוּ יָהּ 너희는 야흐(יָהּ 여호와)를 찬양하라. 너희는 여호와의 이름을 찬양하라. 오 여호와의 종들아, 너희는 그분을 찬양하라.
여호와의 집 곧 우리 엘로힘의 집 뜰에 서 있는 너희여,
여호와는 선하시니 야흐(יָהּ 여호와)를 찬양하라. 그분의 이름이 아름다우니 그분의 이름을 찬양하라.
이는 야흐(יָהּ 여호와)께서 자신을 위하여 야아콥 곧 이스라엘을 자신의 특별한 보배(סְגֻלָּה 쎄굴라)로 택하셨음이로다.
또 내가 알거니와 여호와는 위대하시며 우리 주(아돈)는 모든 신들보다 높으시니
여호와께서는 무엇이든지 친히 기뻐하시는 일을 하늘과 땅과 바다들과 모든 깊은 곳에서 행하셨도다.
그분께서 수증기를 땅 끝에서 일으키시며 비를 위하여 번개를 만드시고 바람을 자신의 곳간들에서 끌어내시며 또 미쯔라임(이집트)의 처음 난 것은 사람이나 짐승이나 다 치셨도다.
오 미쯔라임(이집트)이여, 그분께서 네 한가운데 징조들과 이적들을 보내사 파르오와 그의 모든 종들에게 임하게 하시고 또 큰 민족들을 치시며 강한 왕들을 죽이셨나니
곧 에모리 족속의 왕 시혼과 바샨 왕 옥과 크나안의 모든 왕국이로다.
또 그들의 영토를 유산으로 주시되 곧 자신의 백성 이스라엘에게 유산으로 주셨도다.

오 여호와여, 당신의 이름은 영원히 지속되리이다.
오 여호와여, 당신을 기념함이 모든 세대에 두루 미치오리니, 이는 여호와께서 자신의
백성을 판단하시며 자신의 종들에 대하여 친히 뜻을 돌이키시기 때문이니이다.
이방나라들의 우상들은 금과 은이요, 사람들이 손으로 만든 것이라.
그것들은 입이 있어도 말하지 못하고 눈이 있어도 보지 못하며
귀가 있어도 듣지 못하고 그들의 입에는 아무 호흡도 없나니
우상들을 만드는 자들도 우상들과 같으며 우상들을 신뢰하는 자들도 다 그와 같도다.

*하짠- 오 이스라엘의 집이여, 여호와를 송축하라. 오 아하론의 집이여, 여호와를 송축하라.
　　　오 레뷔의 집이여, 여호와를 송축하라. 여호와를 두려워하는 자들아, 너희는 여호와를
　　　송축하라. 예루샬라임에 거하시며 찌욘에서 나오시는 여호와는 찬송을 받으실지어다.
　　　너희는 야흐(הּ 여호와)를 찬양하라.

<시편 136>

הוֹדוּ 오 여호와께 감사하라 그분은 선하시며

　　　　　　　　כִּי לְעוֹלָם חַסְדּוֹ 그분의 헤쎄드(인애)가 영원함이로다.

오 신들의 신이신 엘로힘께 감사하라.

　　　　　　　　כִּי לְעוֹלָם חַסְדּוֹ 그분의 헤쎄드(인애)가 영원함이로다.

오 주들의 주(아돈)께 감사하라.

　　　　　　　　כִּי לְעוֹלָם חַסְדּוֹ 그분의 헤쎄드(인애)가 영원함이로다.

홀로 큰 이적을 행하시는 이에게 감사하라.

　　　　　　　　כִּי לְעוֹלָם חַסְדּוֹ 그분의 헤쎄드(인애)가 영원함이로다.

지혜로 하늘들을 만드신 이에게 감사하라.

　　　　　　　　כִּי לְעוֹלָם חַסְדּוֹ 그분의 헤쎄드(인애)가 영원함이로다.

땅을 물들 위에 펴신 이에게 감사하라.

　　　　　　　　כִּי לְעוֹלָם חַסְדּוֹ 그분의 헤쎄드(인애)가 영원함이로다.

큰 광체들을 만드신 이에게 감사하라.

　　　　　　　　כִּי לְעוֹלָם חַסְדּוֹ 그분의 헤쎄드(인애)가 영원함이로다.

낮을 주관할 해를 만드신 이에게 감사하라.

　　　　　　　　כִּי לְעוֹלָם חַסְדּוֹ 그분의 헤쎄드(인애)가 영원함이로다.

밤을 주관할 달과 별들을 만드신 이에게 감사하라.

כִּי לְעוֹלָם חַסְדּוֹ 그분의 헤쎄드(인애)가 영원함이로다.

미쯔라임(이집트)에서 그들의 처음 난 것을 치신 이에게 감사하라.

כִּי לְעוֹלָם חַסְדּוֹ 그분의 헤쎄드(인애)가 영원함이로다.

이스라엘을 그들 가운데서 인도하여 내신 이에게 감사하라.

כִּי לְעוֹלָם חַסְדּוֹ 그분의 헤쎄드(인애)가 영원함이로다.

강한 손과 펴신 팔로 인도하여 내신 이에게 감사하라.

כִּי לְעוֹלָם חַסְדּוֹ 그분의 헤쎄드(인애)가 영원함이로다.

홍해를 가르신 이에게 감사하라.

כִּי לְעוֹלָם חַסְדּוֹ 그분의 헤쎄드(인애)가 영원함이로다.

이스라엘을 그 가운데로 지나게 하신 이에게 감사하라.

כִּי לְעוֹלָם חַסְדּוֹ 그분의 헤쎄드(인애)가 영원함이로다.

파르오와 그의 군대를 홍해 속에서 뒤엎으신 이에게 감사하라.

כִּי לְעוֹלָם חַסְדּוֹ 그분의 헤쎄드(인애)가 영원함이로다.

자신의 백성을 인도하여 광야를 지나가게 하신 이에게 감사하라.

כִּי לְעוֹלָם חַסְדּוֹ 그분의 헤쎄드(인애)가 영원함이로다.

위대한 왕들을 치신 이에게 감사하라.

כִּי לְעוֹלָם חַסְדּוֹ 그분의 헤쎄드(인애)가 영원함이로다.

유명한 왕들을 죽이신 이에게 감사하라.

כִּי לְעוֹלָם חַסְדּוֹ 그분의 헤쎄드(인애)가 영원함이로다.

에모리 족속의 왕 시혼을 죽이신 이에게 감사하라.

כִּי לְעוֹלָם חַסְדּוֹ 그분의 헤쎄드(인애)가 영원함이로다.

바샨 왕 옥을 죽이신 이에게 감사하라.

כִּי לְעוֹלָם חַסְדּוֹ 그분의 헤쎄드(인애)가 영원함이로다.

그들의 영토를 유산으로 주신 이에게 감사하라.

כִּי לְעוֹלָם חַסְדּוֹ 그분의 헤쎄드(인애)가 영원함이로다.

곧 그것을 자신의 종 이스라엘에게 유산으로 주신 이에게 감사하라.

כִּי לְעוֹלָם חַסְדּוֹ 그분의 헤쎄드(인애)가 영원함이로다.

우리가 비천한 처지에 있을 때에 우리를 기억하신 이에게 감사하라.

כִּי לְעוֹלָם חַסְדּוֹ 그분의 헤쎄드(인애)가 영원함이로다.

샤밧 가이드

우리를 우리 원수들에게서 구속하신 이에게 감사하라.

כִּי לְעוֹלָם חַסְדּוֹ 그분의 헤쎄드(인애)가 영원함이로다.

모든 육체에게 음식을 주시는 이에게 감사하라.

כִּי לְעוֹלָם חַסְדּוֹ 그분의 헤쎄드(인애)가 영원함이로다.

오 하늘의 엘(אל)께 감사하라.

כִּי לְעוֹלָם חַסְדּוֹ 그분의 헤쎄드(인애)가 영원함이로다.

<시편 92>

טוֹב לְהֹדוֹת 샤밧을 위한 시 또는 노래

오 지극히 높으신 이여, 여호와께 감사를 드리고 당신의 이름을 찬양함이 좋사오며
아침에는 당신의 헤쎄드(인애)를 알리고 밤마다 당신의 신실하심을 알림이 좋사오니
장엄한 소리와 더불어 십현금과 비파와 하프에 맞추리이다.
이는 여호와여, 당신께서 행하신 일을 통해 당신께서 나를 기쁘게 하셨음이오니 당신의 손이
행하신 일들로 말미암아 내가 개가를 높이 부르리이다.
오 여호와여, 당신께서 행하신 일들이 어찌 그리 크신지요.
당신의 생각들은 매우 깊으시니이다.
짐승 같은 자는 알지 못하며 어리석은 자도 이것을 깨닫지 못하나이다.
사악한 자들이 풀같이 돋아나고 불법을 행하는 자들이 다 흥왕할지라도 그들은 영원히
멸망하리이다.
그러나, 당신이여, 여호와는 영원토록 지극히 높으시오니
이는 보소서, 오 여호와여 보소서, 당신의 원수들이 곧 당신의 원수들이 패망하고 불법을
행하는 자들이 다 흩어질 것임이니이다.
그러나 당신께서 내 뿔을 들소의 뿔같이 높이시리니 내가 신선한 기름으로 기름부음을
받으리이다.
또한 내 소원이 내 원수들 위에서 이루어짐을 내 눈이 보며 나를 치려고 일어나는 사악한
자들 위에서 내 소원이 이루어짐을 내 귀가 들으리이다.

*하짠-의로운 자는 종려나무같이 흥왕하며 레바논의 백향목같이 자라리로다. 여호와의
집에 심긴 자들은 우리 엘로힘의 뜰 안에서 흥왕하리로다. 그들은 늙어서도 여전히 열매를
맺으며 기름지고 무성하리니 이것은 여호와께서 곧바르심을 보이고자 함이로다. 그분은
나의 반석이시니 그분께는 불의가 전혀 없도다.

<시편 93>

יְהוָה מָלָךְ 여호와께서 통치하시니 그분은 권위를 입으셨도다. 여호와께서 능력을 입으시며 그것으로 친히 띠를 띠셨으므로 세상도 굳게 서서 흔들리지 아니하는도다. 당신의 왕좌는 옛적부터 견고히 섰으며 당신은 영원부터 계셨나이다.
오 여호와여, 큰 물들이 소리를 높였고 큰 물들이 자기 소리를 높였으나 큰 물들이 자기 물결을 높이나이다.

*하짠-높이 계신 여호와는 많은 물들의 소리보다 강하시며 참으로 참으로 바다의 강한 파도들보다 강하시니이다. 오 여호와여, 당신의 증거들이 매우 확실하오니 거룩함이 당신의 집에 영원히 합당하옵나이다.

-다음 기도는 특별한 집중을 요구한다.

여호와의 영광이 영원히 지속되리니 여호와께서 친히 행하시는 일들을 기뻐하시리로다. (시104:31) 지금부터 영원토록 여호와의 이름을 찬양할지로다. 여호와는 모든 민족들보다 높으시며 그분의 영광은 하늘들보다 높으시도다. (시113:2~4) 여호와 당신의 이름이 영원하리이다. 여호와 당신을 기억함이 모든 세대에 두루 미치나이다. (시135:13) 여호와께서 자신의 왕좌를 하늘들에 예비하셨으므로 그분의 왕국이 모든 것을 다스리는도다. (시103:19) 하늘들은 기뻐하고 땅은 즐거워하며 사람들은 민족들 가운데서 이르기를, 여호와께서 통치하신다 할지로다. (대상16:31) 여호와는 영원무궁토록 왕이시오니 이방나라들이 그분의 땅에서 멸망하였나이다. (시10:16) 여호와께서 통치하시니 그분은 권위를 입으셨도다. 여호와께서 능력을 입으시며 그것으로 친히 띠를 띠셨으므로 세상도 굳게 서서 흔들리지 아니하는도다. (시93:1) 여호와께서 영원무궁토록 통치하시리이다. (출15:18) 여호와는 영원무궁토록 왕이시오니 이방나라들이 그분의 땅에서 멸망하였나이다. (시10:6) 여호와께서 이방나라들의 계획을 무산시키시며 만백성의 계략들을 무효로 만드시는도다. (시33:10) 사람의 마음에 많은 계획이 있을지라도 오직 여호와의 뜻만이 서리라. (잠19:21) 여호와의 계획은 영원히 서고 그분의 마음의 생각들은 모든 세대에 이르리로다. (시33:11) 이는 그분께서 말씀하시매 그것이 이루어졌으며 명령하시매 그것이 굳게 섰음이라. (시33:9) 이는 여호와께서 찌욘을 택하셨음이라. 그분께서 그곳을 자신의 거처로 삼기를 갈망하셨음이라. (시132:13) 이는 여호와께서 자신을 위하여 야아콥 곧 이스라엘을 자신의 특별한 보배(쎄굴라)로 택하셨음리로다. (시135:4) 이는 여호와께서 자신의 백성을 버리지 아니하시며 자신의 상속을 저버리지 아니하실 것임이로다. (시94:14)

<하짠> 그분은 동정심이 많으시므로 그들의 불법을 용서하시어 그들을 멸하지 아니하셨고 참으로 여러 번 자신의 분노를 돌이키시며 자신의 진노를 다 내지 아니하셨으니 (시78:38) 여호와여, 구원하소서. 왕께서는 우리가 부를 때에 우리 말을 들으소서. (시20:9)

2. 아쉬레 אשרי

אַשְׁרֵי יוֹשְׁבֵי בֵיתֶךָ עוֹד יְהַלְלוּךָ סֶּלָה:
아쉬레 베쉐요 카테베 오드 예할렐루카 쎌라

당신의 집에 사는 자들은 행복합니다. 언제나 그들이 당신을 찬양합니다. 쎌라.

אַשְׁרֵי הָעָם שֶׁכָּכָה לּוֹ אַשְׁרֵי הָעָם שֶׁיהוָה אֱלֹהָיו:
아쉬레 함하 쉐카카 로 아쉬레 함하 쉐아도나이 엘로하브이

그분과 같이 되는 백성은 행복합니다. 여호와께서 자기들의 엘로힘인 백성들은 행복합니다.

영이 가난한 자들은 행복하다, 하늘의 왕국이 그들의 것이기 때문이다.
애통하는 자들은 행복하다, 그들이 위로를 받을 것이기 때문이다.
온유한 자들은 행복하다, 그들이 땅을 상속받을 것이기 때문이다.
의에 주리고 목마른 자들은 행복하다, 그들이 배부를 것이기 때문이다.
긍휼을 베푸는 자들은 행복하다, 그들이 긍휼을 얻을 것이기 때문이다.
마음이 순수한 자들은 행복하다, 그들이 엘로힘을 볼 것이기 때문이다.
화평케 하는 자들은 행복하다, 그들이 엘로힘의 자녀라 일컬음을 받을 것이기 때문이다.
의로 인하여 핍박받는 자들은 행복하다, 하늘의 왕국이 그들의 것이기 때문이다.
사람들이 나 때문에 너희를 모욕과 박해하며, 너희를 거슬러 거짓으로 온갖 사악한 말을 하면, 너희는 행복하다. 기뻐하고 크게 즐거워하라, 이는 하늘에서 너희 보상이 크기 때문이다. 그들이 너희 전에 있던 대언자들도 이같이 핍박하였다.

אַשְׁרֵי הָעָם שֶׁכָּכָה לּוֹ אַשְׁרֵי הָעָם שֶׁיהוָה אֱלֹהָיו:
엘로하브이 쉐아도나이 함하 아쉬레 로 쉐카카 함하 아쉬레

이러한 백성은 행복합니다. 여호와께서 그들의 엘로힘인 백성은 행복합니다.

<시편 145> 다뷜의 찬양시

내가 당신을 높입니다. 왕이신 나의 엘로힘이시여. 내가 당신의 이름을 영원토록 송축합니다. 매일 내가 당신을 송축하니 당신의 이름을 영원토록 찬양합니다. 여호와는 크셔서 매우 찬양 받으시니 그의 크심을 측량할 수 없습니다. 대대로 당신의 행하심을 찬송하고 당신의 권능을 그들이 전할 것입니다. 존귀하고 영광스러운 당신의 위엄과 당신의 권능을 그들이 전할 것입니다. 존귀하고 영광스러운 당신의 위엄과 당신의 놀라운 말씀들을 내가 묵상할 것입니다. 당신의 두려운 권능을 그들이 말하며 당신의 크심을 내가 전할 것입니다. 당신의 크고 선하신 기억을 그들이 쏟아내고 당신의 의를 그들이 기뻐 외칠 것입니다. 여호와는 은혜로우시고 자비로우시며 오래 참으시고 헤쎄드(인애)가 크십니다. 여호와는 모두에게 선하시며 그의 자비하심이 그가 만드신 모든 것들 위에 있습니다. 당신께서 만드신 모든 것들이 당신께 감사를 드립니다. 여호와여, 당신의 경건한 자들이 당신을 송축합니다. 당신의 왕국의 영광을 그들이 말하며 당신의 권능을 그들이 전하리니, 사람들에게 그의 권능과 그의 왕국의 존귀와 영광을 알리기 위함입니다. 당신의 왕국은 영원한 왕국이며 당신의 통치권은 모든 세대에 있습니다. 여호와께서는 넘어지는 모든 자를 붙드시며 엎드리는 모든 자를 일으키십니다. 모든 눈이 당신을 바라니 당신은 때에 따라 그들에게 그들의 음식을 주시고 당신의 손을 여셔서 모든 생명의 원함을 만족시켜 주십니다. 여호와께서는 곧 그를 부르는 모든 자에게 가까이 계십니다. 그를 경외하는 자들의 기뻐하는 것을 그가 행하시며 도움을 청하는 그들의 소리를 들으시고 그들을 구원하실 것입니다. 여호와께서는 그를 사랑하는 모든 자를 지키시나 모든 악인들은 몰살시키십니다.

<하짠> 여호와의 찬양을 내 입이 전하고 모든 육체는 그의 거룩한 이름을 영원토록 송축할 것입니다.

우리는 지금부터 영원토록 여호와를 송축하리로다. 여호와를 찬양하라.

<시편 146>

할렐루야! 내 혼아, 여호와를 찬양하라. 내가 사는 동안 여호와를 찬양할 것이다. 내가 계속 내 엘로힘을 찬송할 것이다. 귀인들을 의지하지 마라. 구원할 능력이 없는 사람의 아들을 의지하지 말라. 그의 영이 나가면 그는 그의 땅으로 돌아가니 그 날에 그의 계획들은 사라질 것이다. 야아콥의 אל엘을 자신의 도움으로 삼는 자 곧 그의 엘로힘 여호와께 소망을 두는 자는 행복하다. 그는 하늘과 땅을 만드셨고 바다와 그 안에 있는 모든 것을 만드셨고 영원히 진리를 지키시는 분이시다. 억눌린 자들에게 공의를 행하시며 배고픈 자들에게 빵을 주신다. 여호와는 갇힌 자들을 풀어주신다. 여호와는 눈먼 자들의 눈을 여신다. 여호와는 엎드리는 자를 일으키신다. 여호와는 의인들을 사랑하신다. 여호와는 나그네들을 지키시며 고아와 과부를 도와 일으키시나 악인들의 길은 굽게 하신다.

<하짠> 여호와께서 영원히 다스리시니 찌욘아! 네 엘로힘께서 대대로 다스리신다. 할렐루야!

<시편 147>

할렐루야! 여호와를 찬양하라. 이는 우리 엘로힘을 찬송하는 것이 선하기 때문이다. 이는 찬양이 마땅하고 아름답기 때문이다. 여호와께서 예루샬라임을 세우시고 이스라엘의 쫓겨난 자들을 모으신다. 그는 마음이 상한 자들을 고치시고 그들의 상처를 싸매시며 별들의 수를 세시고 그것들 모두의 이름들을 부르신다. 우리 주님은 크시고 힘이 많으시니 그의 명철은 셀 수가 없다. 여호와께서 온유한 자들은 도와 일으키시나 악인들은 땅 끝까지 낮추신다. 여호와께 감사함으로 화답하라. 우리 엘로힘께 수금으로 찬송하라. 그는 하늘을 구름들로 덮으시고 땅에 비를 준비하셔서 산들에 풀을 자라게 하시고 짐승에게 먹이를 주시며 외치는 까마귀들에게 먹이를 주신다. 말의 능력을 그가 기뻐하지 않으시고 사람의 강한 다리들을 그가 기쁘게 여기지 않으시며 여호와께서는 그를 경외하는 자들을 기쁘게 여기시니 그의 헤쎄드(인애)를 기다리는 자들을 기쁘게 여기신다. 예루샬라임아, 여호와를 칭송하라. 찌욘아, 네 엘로힘을 찬양하라. 이는 그가 네 성문들의 빗장들을 강하게 하시고 네 가운데 있는 네 자식들에게 복주시며 네 영토를 평안하게 하시고 가장 좋은 밀들로 너를 만족케 하시며 그의 말씀을 땅에 보내셔서 그의 말씀이 빨리 달리게 하시며 눈을 양털처럼 주시고 서리를 재처럼 흩으시며 추위를 빵 부스러기처럼 뿌리시고 -그의 추위 앞에 누가 설 수 있으랴?- 그의 말씀을 보내셔서 그들을 녹이시고 그의 바람을 불게 하셔서 물이 흐르게 하시며

<하짠> 그의 말씀을 야아콥에게 전하시고 그의 규례들과 그의 법도들을 이스라엘에게 전하신다. 그러나 그가 모든 이방 나라들에게는 그처럼 행하지 않으셔서 그들은 법규들을 알지 못한다. 할렐루야!

<시편 148>

할렐루야! 하늘에서 여호와를 찬양하라. 높은 곳에서 그를 찬양하라. 그의 모든 사자들아, 그를 찬양하라. 그의 모든 군대들아, 그를 찬양하라. 해와 달아, 그를 찬양하라. 빛나는 모든 별들아, 그를 찬양하라. 하늘의 하늘아, 그를 찬양하라. 하늘 위에 있는 물들아, 그를 찬양하라. 여호와의 이름을 찬양하라. 참으로 그가 명령하시니 그들이 창조되었고 그들을 영원토록

서 있게 하셨으니 그가 규례를 주셔서 어기지 않게 하셨다. 땅에서 여호와를 찬양하라. 수룡들과 모든 깊은 바다들아, 불과 우박과 눈과 안개와 회오리바람 등 그의 말씀을 행하는 것들아, 산들과 모든 언덕들아, 열매 맺는 나무들과 모든 백향목들아, 짐승과 모든 가축들아, 기는 것과 날개 있는 새들아, 땅의 왕들과 모든 민족들아, 고관들과 땅의 모든 재판관들아, 청년들과 처녀들아, 노인들과 아이들아, 여호와의 이름을 찬양하라. 참으로 그의 이름만 홀로 높아지시니 그의 위엄이 땅과 하늘 위에 있으시다.

<하짠> 그가 그의 백성의 뿔을 높이셨으니, 그의 모든 경건한 자들 곧 그의 가까운 백성, 이스라엘 자손의 찬양을 높이셨다. 할렐루야!

내가 또 보고 들으매 왕좌와 짐승들과 장로들을 둘러싼 많은 천사들의 음성이 있으니 그들의 수가 만만이요, 천천이라. 그들이 큰 음성으로 이르되, 죽임을 당하신 어린양께서 권능과 부와 지혜와 힘과 존귀와 영광과 찬송을 받기에 합당하시도다 하더라. 또 내가 들으니 하늘과 땅 위와 땅 아래에 있는 모든 피조물과 바다에 있는 것들과 그것들 안에 있는 모든 것들이 이르되, 왕좌에 앉으신 분과 어린양에게 찬송과 존귀와 영광과 권능이 영원무궁토록 있으리로다 하니 네 짐승이 이르되 아멘, 하고 스물네 장로가 엎드려 영원무궁토록 살아 계시는 그분께 경배하더라. (계5:11~14)

< 시편 149 >

할렐루야! 새 노래로 여호와를 노래하라. 경건한 자들의 공동체에서 그를 찬양하라. 이스라엘이 자기를 만드신 분 때문에 기뻐하며 찌온의 자손이 그들의 왕 때문에 즐거워하게 하라. 그들이 춤으로 그의 이름을 찬양하며 작은 북과 수금으로 그를 찬송케 하라. 이는 여호와께서 그의 백성을 기쁘게 여기시며 온유한 자들을 구원(예슈아 יְשׁוּעָה)으로 영화롭게 하신다. 경건한 자들이 영광 가운데서 기뻐 뛰며 그들의 침대 위에서 기뻐 외치게 하라. 그들의 목소리로 엘אל의 높으심을 찬양케 하라. 그들의 손에 있는 양날의 칼로 이방 나라들에게 복수를 행하고 민족들에게 징계를 행하여

<하짠> 그들의 왕들을 사슬로 묶고 그들의 존경받는 자들을 족쇄로 묶어 기록된 법규대로 그들에게 집행했다. 그것이 그의 모든 경건한 자들의 아름다움이다. 할렐루야!

그들이 새 노래를 부르며 말했습니다. 당신께서 그 책을 취하시고 그 책의 봉인들을 열기에 합당하시오니 이는 당신께서 죽임을 당하사 당신의 피로 모든 족속과 언어와 백성과 민족 가운데서 우리를 구속하여 엘로힘께 드리시고 또 우리 엘로힘을 위하여 우리를 왕과 제사장으로 삼으셨음이니 우리가 땅에서 왕노릇하게 될 것입니다. (계5:9~10)

< 시편 150 >

그의 성소에서 엘을 찬양하라. 그의 강한 창공을 인하여 그를 찬양하라. 그의 권능을 인하여 그를 찬양하라. 그의 지극히 위대하심을 인하여 그를 찬양하라. 뿔나팔소리로 그를 찬양하라. 비파와 수금으로 그를 찬양하라. 작은 북과 춤으로 그를 찬양하라. 현악기와 피리로 그를 찬양하라. 심벌즈 소리로 그를 찬양하라. 심벌즈의 환호소리로 그를 찬양하라.

<하짠> 숨쉬는 모든 자들아, 여호와를 찬양하라. 할렐루야!

또한 이방인들로 하여금 엘로힘의 긍휼로 인하여 엘로힘께 영광을 돌리게 하려 하심이니 이것은 곧 기록된 바 이러한 까닭에 내가 이방인들 가운데서 여호와를 시인하며 당신의 이름을 찬송하리이다 함과 같으니라. 또 이르시되, 너희 이방인들아 그분의 백성과 함께 기뻐하라. 또 모든 이방인들아 너희는 여호와를 찬양하라. 모든 백성들아 너희는 그분을 찬미할지어다. (롬15:9~11)

여호와를 영원토록 송축할지어다. 아멘, 아멘.
예루살랄임에 거하시며 찌온에서 나오시는 여호와를 송축할지어다. 할렐루야!
엘로힘, 이스라엘의 엘로힘, 여호와를 송축할지어다. 그분은 홀로 놀라운 일들을 이루시는도다.

<하짠> 그분의 영광스러운 이름을 영원히 송축할지어다. 아멘, 아멘.

< 역대상 29:10~13 >

그러므로 다뷛이 온 회중 앞에서 여호와를 송축하여 이르되,
바룩 앝타 아도나이 이스라엘의 엘로힘, 우리 아버지. 이 세상으로부터 영원까지 송축 받으시옵소서.
오 여호와여, 광대하심과 권능과 영광과 승리와 위엄이 당신의 것이오니 이는 하늘과 땅의 모든 것이 당신의 것임이니이다. 오 여호와여, 왕국도 당신의 것이오니 당신은 높임을 받으사 모든 것 위에 머리가 되셨나이다. 재물과 존귀가 다 당신께로부터 나오며 또 당신은 모든 것을 다스리사 손에 권능과 능력이 있사오니 모든 사람을 크게 하심과 강하게 하심이 당신의 손에 있나이다. 그러므로 우리 엘로힘이여, 이제 우리가 당신께 감사하오며 당신의 영화로운 이름을 찬양하나이다.

3. 바다의 노래 שירת הים

< 출 14:30~15:19 >

여호와께서 구원하셨도다 – on that day -그 날 여호와께서 이같이 이스라엘을 미쯔라임(이집트) 사람들의 손에서 구원하시니 이스라엘이 바닷가에서 죽은 미쯔라임(이집트) 사람들을 보았더라.

<하짠> 이스라엘이 여호와께서 미쯔라임(이집트) 사람들에게 행하신 큰 일을 보았으므로 백성이 여호와를 두려워하며 또 여호와의 말씀과 그분의 종 모쉐의 말을 믿었더라.

그때에 모쉐와 이스라엘 자손이 이 노래로 여호와께 노래하고 말하여 이르기를,

אָשִׁירָה לַיהוָה כִּי־גָאֹה גָּאָה סוּס וְרֹכְבוֹ רָמָה בַיָּם:
얌바 마라 보케로웨 쓰쑤 아가 오가-키 이나도아라 라쉬아

עָזִּי וְזִמְרָת יָהּ וַיְהִי־לִי לִישׁוּעָה זֶה אֵלִי וְאַנְוֵהוּ
후안웨 리엘 제 아슈리 리-히예봐 야 랕짐웨 지앚

אֱלֹהֵי אָבִי וַאֲרֹמְמֶנְהוּ:
누멘롬아봐 비아 헤로엘

내가 여호와께 노래하리니 이는 그분께서 영화롭게 승리하셨음이요, 말과 거기 탄 자를 바다에 던지셨음이로다. 여호와는 나의 힘 그리고 나의 노래, 그리고 나에게 예슈아를 있게 하시는도다. 그는 나의 엘로힘이시니 내가 그분께 처소를 예비할 것이요, 내 아버지의 엘로힘이시니 내가 그분을 높이리로다.

יְהוָה אִישׁ מִלְחָמָה יְהוָה שְׁמוֹ:
모쉐 이나도아 마하밀 쉬이 이나도아

전쟁하는 한 남자이시요, 여호와가 그분의 이름이시로다 (X 2)

그분께서 파르오의 병거들과 그의 군대를 바다로 던지시니 그가 택한 대장들도 홍해에 잠겼고 깊음들이 그들을 덮으매 그들이 돌처럼 바닥에 가라 앉았도다. 오 여호와여, 당신의 오른

손이 권능으로 영화롭게 되었나이다. 오 여호와여, 당신의 오른손이 그 원수를 산산조각 내었나이다. 당신께서 당신을 대적하여 일어나는 자들을 당신의 크신 위엄으로 엎으셨나이다. 당신께서 진노를 일으키시매 그 진노가 그들을 지푸라기 같이 소멸시켰나이다. 당신의 거센 콧김에 물들이 함께 모이되 큰 물들이 산더미 같이 똑바로 일어서고 깊음들이 바다의 중심부에서 엉겼나이다. 그 원수가 말하기를, 내가 쫓아가서 따라잡고 노략물을 나누리라. 그들을 덮쳐 내 욕망을 채우리라. 내가 내 칼을 빼리니 내 손이 그들을 멸하리라 하였으나, 당신께서 당신의 바람으로 바람을 일으키시매 바다가 그들을 덮으니 그들이 강력한 물 속에 납같이 가라앉았나이다.

מִי־כָמֹכָה בָּאֵלִם יְהוָה מִי כָּמֹכָה
카모카 -미 림엘바 이나도아 미 카모카
נֶאְדָּר בַּקֹּדֶשׁ נוֹרָא תְהִלֹּת עֹשֵׂה פֶלֶא:
레펠 쎄오 롵힐테 라노 쉬데코박 르다에네

누가 신들 중에 당신과 같겠습니까.
여호와여! 누가 당신과 같이 거룩함 속에서 영화로우시며
찬양할 만큼 두려우시며 이적들을 행하리이까. (X2)

당신께서 오른손을 내미신즉 땅이 그들을 삼켰나이다. 당신께서 구속하신 백성을 당신의 헤쎄드(인애)로 인도하시되 당신의 힘으로 그들을 인도하사 당신의 거룩한 처소에 들어가게 하셨나이다. 백성이 듣고 두려워하며 슬픔이 플레쉘(블레셋)의 거주민들을 사로잡으리니 에돔의 족장들이 놀라고 모압의 용사들이 벌벌 떨며 크나안의 거주민들이 다 녹으리이다. 그들에게 두려움과 무서움이 임하매 당신의 크신 팔로 인하여 그들이 돌같이 잠잠하리니, 오 여호와여, 당신의 백성 곧 당신께서 사신 그 백성이 건너기까지 그리하리이다. 당신께서 그들을 데려오사 당신의 상속의 산에 심르시니, 오 여호와여, 그곳은 당신께서 거하시려고 만드신 곳이니이다. 오 아도나이(나의 주님 אֲדֹנָי)여, 그곳은 당신의 손으로 세우신 성소로소이다. 여호와께서 영원무궁토록 통치하시리이다.(여호와-그의 왕국이 영원 영원토록 지속되리로다.)

이는 파르오의 말과 병거들과 기병들이 함께 바다로 들어가매 여호와께서 바닷물을 되돌려 그들 위에 흐르게 하셨으나 이스라엘 자손은 바다 한가운데서 마른 땅 위로 갔음이더라.

< 신 32:39~43 > 모쉐의 노래

이제는 나 곧 내가 그인줄 알라. (X2)

나와 견줄 신이 없도다. 내가 죽이기도 하고 살리기도 하며 상하게도 하고 낫게도 하나니 내 손에서 능히 건져 낼 자가 없도다. 이는 내가 하늘을 향해 내 손을 들고 말하기를, 나는 영원히 사노라, 하기 때문이라. 내가 나의 번쩍이는 칼을 갈며 내 손에 심판을 쥐고 내 원수들을 보복하며 나를 미워하는 자에게 보응하리라. 내가 내 화살들로 하여금 피에 취하게 하고 내 칼로 하여금 고기를 삼키게 하리니 곧 원수에게 복수하기 시작한 때부터 죽임당한 자들과 포로된 자들의 피에 취하게 하리라, 하시는도다. 오 너희 민족들아, 그 분의 백성과 함께 기뻐하라. 이는 그분께서 자신의 종들의 피를 복수하사 자신의 대적들에게 원수를 갚으시고 자신의 땅과 백성에게 긍휼을 베푸실 것임이로다.

또 내가보니 불 섞인 유리 바다 같은 것이 있는데 짐승과 그의 형상과 그의 표와 그의 이름의 수를 이기고 승리한 자들이 엘로힘의 하프를 가지고 유리바다 위에 서서 엘로힘의 종 모쉐의 노래와 어린양의 노래를 부르며 이르되, 여호와 엘로힘 전능자여, 당신께서 하시는 일들은 크고 놀랍나이다. 성도들의 왕이여, 당신의 길들은 의롭고 참되나이다. 오 여호와여 누가 당신을 두려워하지 아니하며 당신의 이름을 영화롭게 하지 아니하오리이까. 이는 오직 당신만 거룩하시기 때문이니이다. 당신의 심판들이 드러났사오매 모든 민족들이 나아와 당신 앞에 경배하리이다. (계15:2~4)

<하짠> 이는 왕국이 여호와의 것이요, 그분께서 민족들 가운데서 다스리는 자이시기 때문이로다. 여호와께서 온 땅위에 왕이 되시리니 - 그날에 에하드이신 여호와가 계실 것이며 그분의 이름은 에하드이시리라. 오 이스라엘아 들으라. 여호와는 우리 엘로힘, 여호와는 에하드이시다.

-일어서서 낭송한다. '이 순간부터 영원까지'부터 '합당합니다'는 멈추지 않고 단숨에 낭송한다.

당신의 이름이 영원히 찬양을 받으소서. 우리의 왕 우리의 엘로힘 하늘들과 온 땅위에 위대하시고 거룩하신 왕이시여. 오 여호와 우리의 엘로힘, 그리고 우리 아버지들의 엘로힘, 이 순간부터 영원까지 노래와 경배, 찬양과 찬송, 힘과 통치, 위대한 승리와 권능, 예배와 영화로움, 거룩함과 왕국, 송축과 감사를 드림이 합당합니다.

<하짠> 바룩 아타 아도나이, 찬양 가운데서 위대한 왕이신 엘로힘, 감사의 엘로힘, 기적의 주권자, 찬송의 노래들을 선택하신 분이시여. 왕이신 엘로힘, 온 세상에 생명을 주신 분이시여.
[회중-아멘.]

◆ 샤밧 가이드

-로쉬 하샤나로부터 욤키푸르까지 그리고 호쉬아나 라바에 많은 회중들이 시편 130편을 낭송한다. 아크가 열리고 각 절들이 리더에 의해 낭송된다. 그리고 회중에 의해 낭송된다.

שִׁיר הַמַּעֲלוֹת 위로 올라가는 노래

오 여호와여, 내가 깊음들 속에서 당신께 부르짖었나이다. 아도나이(나의 주님)여, 나의 음성을 들으시고 나의 간구하는 소리에 당신의 귀를 기울이소서. 오 아도아이(나의 주님)여, 여호와께서 불법들을 지켜보실진대 누가 능히 서리까. 그러나 용서가 당신께 있사오니 이것은 당신을 두려워하게 하려 하심이니이다. 내가 여호와를 기다리고 내 혼이 기다리며 나는 그분의 말에 소망을 두는도. 내 혼이 아도나이(나의 주님)를 기다림이 파숫꾼이 아침을 기다림보다 더하도. 이스라엘은 여호와께 소망을 둘지어다. 이는 여호와께 헤쎄드(인애)가 있으며 그분께 풍성한 구속이 있기 때문이로다. 그분께서 이스라엘을 그의 모든 불법에서 구속하시리로다.

-만약 민얀이 있다면, 하짠이 하프-카디쉬와 보르후를 낭송한다.

◆ 하프- 카디쉬

יִתְגַּדַּל וְיִתְקַדַּשׁ שְׁמֵהּ רַבָּא:
달갇잍 붸잍캍닷쉬 쉬메- 바랍

위대하신 그분의 이름이여, 높임을 받으시고 거룩히 여김을 받으소서.

אָמֵן: | - 회중※
아멘

|회중-아멘|

בְּעָלְמָא דִי בְרָא כִרְעוּתֵהּ:
베알마 디 베라 키르우테-

그의 기쁘신 뜻을 따라 창조된 세상에서

וְיַמְלִיךְ מַלְכוּתֵהּ בְּחַיֵּיכוֹן וּבְיוֹמֵיכוֹן
붸얌맄 말쿠테- 베하예콘 우베요메콘

וּבְחַיֵּי דְכָל בֵּית יִשְׂרָאֵל בַּעֲגָלָא וּבִזְמַן
우베하예 데콜 베트 이쓰라엘 바아갈라 우비즈만

그리고 당신의 생명 안에서 그리고 당신의 날들 안에서, 모든 이스라엘 집의 생명의 시간들 안에서 그분이 가까운 시간 안에, 그의 왕권으로 통치하시기를. 아멘으로 화답하라.

קָרִיב: וְאִמְרוּ אָמֵן:
카립 붸임루 아멘

회중※   ※회중

샤밧 가이드

אָמֵן ׃ יְהֵא שְׁמֵהּ רַבָּא מְבָרַךְ לְעָלַם
아멘 예헤 쉠메- 바라 메바락 레올람

| 아멘.
위대한 그분의 이름을
영원, 영원, 영원토록
송축할지어다. |

וּלְעָלְמֵי עָלְמַיָּא ׃
울알메 알마야

יְהֵא שְׁמֵהּ רַבָּא מְבָרַךְ לְעָלַם וּלְעָלְמֵי
예헤 쉠메- 바라 메바락 레올람 울알메

위대한 그분의 이름을
영원, 영원, 영원토록
송축할지어다.

עָלְמַיָּא ׃
알마야

יִתְבָּרַךְ וְיִשְׁתַּבַּח וְיִתְפָּאַר וְיִתְרוֹמַם
잍바락 붸이쉬탑바흐 붸잍파아르 붸잍로맘

וְיִתְנַשֵּׂא וְיִתְהַדָּר וְיִתְעַלֶּה וְיִתְהַלָּל שְׁמֵהּ
붸잍낫쎄 붸잍핟다르 붸잍알레 붸잍할랄 쉠메-

דְּקֻדְשָׁא בְּרִיךְ הוּא
데쿧샤 브릭 후

송축 받으시며, 찬송
받으시고, 영광받으시며,
높임 받으시고, 칭송받
으시고, 위엄 있으시며,
예배 받으시며, 찬양
받으소서. 거룩하신
그분의 이름! 베릭 후
(그분을 송축합니다.)

※회중

※ 회중

| בְּרִיךְ הוּא |
브릭 후

|베릭 후 (그분을
송축합니다.)|

※1 לְעֵלָּא מִן כָּל בִּרְכָתָא וְשִׁירָתָא
레엘라 민 콜 비르카타 붸쉬라타

세상에 이미 알려진
것보다도 더 큰 축복과
노래와 찬양과 깊은
사랑을 당신께
올려드립니다.

תֻּשְׁבְּחָתָא וְנֶחֱמָתָא דַּאֲמִירָן בְּעָלְמָא ׃
투쉬베하타 붸네헤마타 다아미란 베알마

וְאִמְרוּ אָמֵן ׃
붸임루 아멘

아멘으로 화답하라.

※회중- אָמֵן ׃ |
아멘

|※회중-아멘|

※1 로쉬 하샤나에서 욤 키푸르까지 대체

לְעֵלָּא וּלְעֵלָּא מִכָּל
레알라 울엘라 믹칼

4. 바레쿠 - 예배로의 부르심

-리더가 '바레쿠'에 절하고 '아도나이'에 일어선다.

בָּרְכוּ אֶת יְהוָה הַמְבֹרָךְ
락보함   이나도아   엩   쿠레바

-회중이 리더를 따라서 응답한다. '바룩'에 절하고 '아도나이'에 일어선다.

בָּרוּךְ יְהוָה הַמְבֹרָךְ לְעוֹלָם וָעֶד
드에봐 람올레 락보함 이나도아 룩바

왕 중의 왕이신 그분의 이름이여! 송축을 받으시고, 찬양을 받으시고, 영광 받으시고, 높임 받으시고, 칭송 받으소서. 땅의 왕들의 왕이시여, 거룩하신 분, 송축 받으실 바로 그분이시여. 그분은 처음과 나중이십니다. 그분 외에 다른 신이 없습니다. 그분의 이름을 찬양하라. 하늘을 타고 구름을 타고 다니시는 그분의 이름 여호와를 높이 찬양하라. 그분 앞에서 기뻐할지어다. 그분의 이름이 모든 송축과 찬양 위에 높임을 받으소서. 그분의 영광스런 왕국의 이름이 영원히 찬송 받을지어다. 지금부터 영원까지 여호와의 이름이 송축 받으시리로다.

◆ 쉐마 블레싱 ברכות קריאת שמע

בָּרוּךְ 바룩 앝타 아도나이 엘로헤누 멜렠 하올람.
빛을 조성하시고 어둠을 창조하신 분이시여. 샬롬을 만드시고 모든 것을 창조하시는 도다.

הַמֵּאִיר 깊은 사랑으로 땅과 그 위에 거하는 자들에게 빛을 비추시는 도다. 그의 선하심으로 매일 창조의 작품들을 새롭게 하시는 도다. 당신의 일하심이 어찌 그리 위대하신지요. 오 여호와여, 당신께서 행하신 일들이 어찌 그리 많은지요. 당신께서 지혜로 그것들을 다 만드셨사오니 당신의 부요하심이 땅에 가득하나이다. 그 때로부터 홀로 높임을 받으신 왕, 영원의 날들로부터 찬양 받으시고, 영광 받으시고, 높임 받으신 분이시여. 영원한 왕이시여, 당신의 풍성한 긍휼로 우리를 긍휼히 여기소서. 오 우리 능력의 주권자, 우리 요새의 반석, 오 우리 구원의 방패, 우리를 견고하게 하시는 분이시여. 여호와 우리 엘로힘 당신 손으로 만드신 모든 것의 찬양을 통해 송축 받으십니다. 당신께서 만드신 빛을 비춤으로 당신께서는 송축 받으실 것입니다. 그들이 당신을 영화롭게 할 것입니다. 쎌라!

샤밧 가이드

תִּתְבָּרַךְ 당신은 송축 받으실 것입니다. 우리의 반석, 우리의 왕 그리고 구속자, 거룩한 자들의 창조자. 당신의 이름이 영원히 찬양 받으실 것입니다. 우리의 왕, 오 사역하는 자들을 만드신 분이시여, 그의 사역자들은 높은 곳에 서 있습니다. 그리고 모두 함께 경외함 속에서 목소리로 – 생명의 엘로힘 영원한 세상의 왕의 말씀들을 선포합니다. 그들 모두는 두려움과 경외함 속에서 그들을 창조한 자의 뜻을 행합니다.

<하짠> 그리고 그들 모두는 거룩, 순결, 찬양, 찬미 안에서 입을 엽니다.
그리고 송축하고, 경배하고, 영광을 돌리고, 존귀를 드리고, 거룩케 합니다. 그리고 왕권을 선포합니다.

אֶת־שֵׁם 엘 하쉠 하엘 함멜렉 학가돌 베하노라 카도쉬 후
그 엘로힘의 이름이여, 위대하시고, 능력 있으시며, 두려우신 왕, 그분은 거룩하십니다.

<하짠> 그리고 그들 모두는 서로 서로로부터 그들 위에 하늘 왕국의 결합을 받아들일 것입니다. 그리고 그들을 조성하신 분을 거룩하게 하기 위해 기쁨의 영 안에서, 분명한 언어 안에서, 그리고 달콤함 안에서 서로 서로에게 권위를 줄 것입니다. 모두가 에하드가 되어 거룩을 선포하며 경외함 안에서 말할 것입니다.

※ **모두가 큰 소리로**

קָדוֹשׁ קָדוֹשׁ קָדוֹשׁ יְהוָה צְבָאוֹת
옽바쩨 이나도아 쉬도카 쉬도카 쉬도카

거룩하다. 거룩하다. 거룩하다.

מְלֹא כָל־הָאָרֶץ כְּבוֹדוֹ:
도보케 쯔레아하-콜 로멜

만군의 여호와여, 그분의 영광이 온 땅에 충만하도다.

קָדוֹשׁ קָדוֹשׁ קָדוֹשׁ יְהוָה אֱלֹהִים צְבָאוֹת
옽바쩨 힘로엘 이나도아 쉬도카 쉬도카 쉬도카

거룩하다. 거룩하다. 거룩하다. 여호와 만군의 엘로힘.

אֲשֶׁר הָיָה וְהֹוֶה וְיָבוֹא
보야붸 베호붸 야하 르쉐아

전에도 계셨고 지금도 계시고 앞으로도 오실 이시라.

בָּרוּךְ כְּבוֹד־יְהוָה מִמְּקוֹמוֹ:
모코므밈 이나도아-드보케 룩바

그 분의 선 곳으로부터 여호와의 영광이 임하여 송축 받으시는도다.

5. 쉐마 שְׁמַע

-매일 쉐마를 낭송하기 전에 긍정적인 명령을 지키는 것에 집중한다. 각 단어를 또박또박 정확하게 발음하는 것이 중요하다. 민얀(종교적 의무에 필요한 성인 정원10명)이 없이 기도할 때는 다음의 세 단어를 기도하고 시작한다.

נֶאֱמָן / מֶלֶךְ / אֵל
만에네 / 렉멜 / 엘   엘, 신실하신 왕.

-첫 번째 절은 오른손으로 눈을 가리고 크게 낭송한다. 그리고 엘로힘의 절대적인 주권을 받아들이는 것에 집중한다.

שְׁמַע יִשְׂרָאֵל יְהוָה אֱלֹהֵינוּ יְהוָה אֶחָד:
드하에 이나도아 누헤로엘 이나도아 엘라쓰이 마쉐

오 이스라엘아, 들으라,
여호와는 우리 엘로힘, 여호와는 에하드이시라.

-조용히 [바룩 쉠 케보드 말쿠토 레올람]

이는 하늘에 증거하시는 세 분이 계시기 때문이니 곧 아버지와 말씀과 성령님이시라. 또한 이 세 분은 에하드이시니라. 여호와께서 온 땅위에 왕이 되시리니 – 그 날에는 에하드이신 여호와가 계실 것이며, 그 분의 이름은 에하드이시리라.

<신명기 6:5~9>

-신명기 6:5~9를 읽는 동안 엘로힘을 사랑하라는 계명을 받아들이는 것에 집중한다.

וְאָהַבְתָּ אֵת יְהוָה אֱלֹהֶיךָ בְּכָל־לְבָבְךָ
카베바레- 콜베 카헤로엘 이나도아 엘 타브하아붸

너는 네 마음을 다하고 혼을 다하고 힘을 다하여 여호와 네 엘로힘을 사랑하라.

וּבְכָל־נַפְשְׁךָ וּבְכָל־מְאֹדֶךָ:
카데오메- 콜브우 카쉐프나- 콜브우

וְהָיוּ הַדְּבָרִים הָאֵלֶּה אֲשֶׁר אָנֹכִי מְצַוְּךָ
카베짭메 키노아 르쉐아 레엘하 림바데한 유하붸

이 날 내가 네게 명령하는 이 말씀들을 너는 마음 속에 두고

הַיּוֹם עַל־לְבָבֶךָ:
카베바레- 알 욤하

וְשִׁנַּנְתָּם לְבָנֶיךָ וְדִבַּרְתָּ בָּם בְּשִׁבְתְּךָ 카테브쉬베 밤 타르바딥붸 카네바레 탐난쉰붸 בְּבֵיתֶךָ וּבְלֶכְתְּךָ בַדֶּרֶךְ וּבְשָׁכְבְּךָ וּבְקוּמֶךָ: 카메쿠브우 카베크쇼브우 크레데받 카테크레브우 카테베베	너는 그것들을 네 자녀들에게 반복하고, 집에 앉았을 때에든지, 길을 걸어갈 때에든지, 누웠을 때에든지, 일어날 때에든지 말하여야 한다.
וּקְשַׁרְתָּם לְאוֹת עַל־יָדֶךָ וְהָיוּ לְטֹטָפֹת 폿타토레 유하붸 카데야 -알 트오레 탐르샤크우 בֵּין עֵינֶיךָ: 카네에 벤	너는 또 그것들을 네 손에 매어 표적이 되게 하고 네 눈 사이에 표시들로 두어야 한다.
וּכְתַבְתָּם עַל־מְזוּזוֹת בֵּיתֶךָ וּבִשְׁעָרֶיךָ: 카레아쉬비우 카테베 좇주메 -알 탐브타크우	또 네 집의 문설주들과 네 대문들에 기록해야 한다.

-신명기 1:13~21을 낭송하는 동안, 모든 계명과 상과 벌의 개념을 받아들이며 집중한다.

< 신명기 11:13~21 >

그리고 만일 너희가 오늘 내가 너희에게 명령하는 명령들, 곧 여호와 너희들의 엘로힘을 사랑하기 위한, 그리고 온 마음과 온 혼으로 그를 섬기기 위한 나의 명령들을 듣고 순종하면, 내가 너희들의 땅에 이른 비와 늦은 비를 제 때에 주리니 네가 네 곡식과 네 포도즙과 네 기름을 거둘 것이요, 또 내가 가축을 위하여 들에 풀을 내리니 네가 먹고 배부르리라. 너희들은 주의하라. 두렵건대 너희 마음이 유혹을 받아 너희가 돌이켜서 다른 신들을 섬기며 그들에게 경배하므로 여호와의 진노가 너희를 향해 불같이 타올라 그분께서 하늘을 닫아 비를 내리지 아니하시며 땅이 열매를 내지 아니하게 하시므로 여호와께서 너희에게 주신 좋은 땅에서 너희가 속히 멸망할까 염려하노라. 그러므로 너희는 나의 이 말들을 너희 마음과 너희 혼에 두고 또 그것들을 너희 손에 매어 표적이 되게 하고 네 눈 사이에 표시들로 두어야 한다. 또 그것들을 너희 자녀들에게 가르치고 네 집에 앉았을 때에든지 길에서 걸을 때에든지 누웠을 때에든지 일어날 때에든지 그것들에 관하여 말하고 또 네 집의 문기둥과 문에 기록해야 한다. 그리하면 너희들과 너의 자녀들의 날들이, 땅 위에 하늘의 날들로써 크게 증가될 것이다. 여호와께서 너희 아버지들에게 주리리고 맹세하신 땅에서 그렇게 될 것이다.

✡ 샤밧 가이드

-민수기 15:37~41절을 낭송하기 전에, 오른손에 찌찌트(술)를 잡는다. 찌찌트(술)라는 단어가 나올 때, 그리고 문단의 끝에서 찌찌트(술)에 키스한다. '그것을 보고'가 나오면 찌찌트(술)를 눈 앞으로 지나게 한다.

-출애굽의 명령들을 이행하는 것에 집중한다.

< 민수기 15:37~41 >

여호와께서 모쉐에게 말씀하여 이르시되, 이스라엘 자손에게 말하고 명령하여 대대로 그들의 옷단에 술을 만들고 청색 끈을 그 단의 술에 붙이도록 하여 이것이 너희에게 술이 되게 할지니 이것은 너희로 하여금 그것을 보고 여호와의 모든 명령을 기억하여 행하게 하며 또 너희 마음과 눈을 따라 음행의 길로 가지 아니하게 하려 함이라. 그리하면 너희가 내 모든 명령을 기억하고 행하여 너희 엘로힘 앞에 거룩한 자가 되리라. 나는 너희 엘로힘이 되려고 너희를 미쯔라임(이집트) 땅에서 인도하여 낸 여호와 너희 엘로힘이니 곧 나는 여호와 너희 엘로힘이니라.

예슈아께서 대답하시되, 모든 명령 중에서 첫째 명령은 이것이니, 오 이스라엘아 들으라 여호와는 우리의 엘로힘, 여호와는 에하드이시라. 너는 네 마음을 다하고 혼을 다하고 생각을 다하고 힘을 다하여 여호와 네 엘로힘을 사랑하라 하셨으니 이것이 첫째 계명이니라. 둘째는 이와 같으니 곧 너는 네 이웃을 네 자신과 같이 사랑하라 하신 것이라. 이보다 더 큰 명령이 없느니라. (막12:29~31)
우리에게는 오직 에하드이신 엘로힘 곧 아버지가 계시기 때문이니 모든 것이 그분에게서 났고 우리도 그분 안에 있으며 또한 에하드이신 여호와, 예슈아 마쉬아흐가 계시기 때문이니 모든 것이 그분으로 말미암아 존재하고 우리도 그분으로 말미암아 존재하느니라. (cf 고전 8:3~6)
내가 그들 안에 있고 아버지께서 내 안에 계신 것은 그들로 하여금 에하드 안에서 완전함을 이루게 하려 함이며 아버지께서 나를 보내신 것과 또 나를 사랑하신 것같이 그들도 사랑하신 것을 세상으로 하여금 알게 하려 함이로소이다. (요17:23)
<하짠>

תְּהִלּוֹת לְאֵל עֶלְיוֹן בָּרוּךְ הוּא וּמְבֹרָךְ

롵힐테 엘레 욘엘 룩바 후 락보움

지극히 높으신 엘(אל)을 향한 찬양들이여! 송축 받으시는 그분을 송축하라!

모쉐와 이스라엘의 자녀들은 큰 기쁨으로 한 노래를 크게 불렀습니다. 그리고 그들 모두는 말하였습니다.

מִי־כָמֹכָה בָּאֵלִם יְהוָה מִי כָּמֹכָה
카모카   미 이나도아 림엘바   카모카 - 미

נֶאְדָּר בַּקֹּדֶשׁ נוֹרָא תְהִלֹּת עֹשֵׂה פֶלֶא:
레펠   쎄오   롵힐테   라노   쉬데코박   르다에네

누가 신들 중에 당신과 같겠습니까.
여호와여 누가 당신과 같이 거룩함 속에서 영화로우시며 찬양할 만큼 두려우시며 이적들을 행하리이까. (X2)

<하짠> 새 노래로 구속받은 자들이 바다에서 당신의 이름을 찬양했습니다. 그들 모두는 하나가 되어 감사를 드리고 당신의 통치를 깨달았습니다. 그리고 그들은 말했습니다.

יְהוָה יִמְלֹךְ לְעֹלָם וָעֶד
드에봐   람올레   록임   이나도아

여호와께서 영원 무궁토록 통치하시리라

-여기에서 뒤로 세 걸음 간다. '쉐모네, 에스레, 카디쉬, 케두샤 또는 아멘'에서 방해하거나 멈추는 것은 금지된다.

צוּר יִשְׂרָאֵל קוּמָה בְּעֶזְרַת יִשְׂרָאֵל
엘라쓰이   트라즈에베   마쿠   엘라쓰이   르쭈

<하짠> 이스라엘의 반석이시여, 일어나사 이스라엘을 도우소서.

וּפְדֵה כִנְאֻמֶךָ יְהוּדָה וְיִשְׂרָאֵל
엘라쓰이붸   다후예   카메우킨   데페우

그리고 당신이 맹세하신대로 유다와 이스라엘을 구속하소서.

גֹּאֲלֵנוּ יְהֹוָה צְבָאוֹת שְׁמוֹ קְדוֹשׁ יִשְׂרָאֵל:
고알레누 아도나이 쩨바옽 쉬모 케도쉬 이스라엘

בָּרוּךְ אַתָּה יְהֹוָה גָּאַל יִשְׂרָאֵל:
바룩 아타 아도나이 가알 이스라엘

우리의 구속자, 그 이름은 만군의 여호와 이스라엘의 거룩하신 분,
이스라엘을 구속하신 분이시여.

-아비누와 슈모네 에스레이 기도를 하기 위해 엘로힘의 존전 앞으로 세 걸음 나온다.

6. 아비누 אָבִינוּ

אָבִינוּ שֶׁבַּשָּׁמַיִם יִתְקַדֵּשׁ שְׁמֶךָ
카쉼 쉬데칸잍 임마샤바쉡 누비아

하늘에 계신 우리 아버지여 당신의 이름이 거룩히 여김을 받으시오며

תָּבֹא מַלְכוּתֶךָ יֵעָשֶׂה רְצוֹנְךָ בָּאָרֶץ
쯔레알바 카쫀레 쎄아예 카테쿠말 보타

당신의 왕국이 임하시오며 당신의 뜻이 하늘에서 이루어진 것같이 땅에서도 이루어지이다.

כַּאֲשֶׁר נַעֲשָׂה בַשָּׁמַיִם
임마샤밧 싸아나 르쉐아카

אֶת־לָנוּ הַיּוֹם לֶחֶם חֻקֵּנוּ
누케훅 헴레 욤하 누라-텐

오늘 우리에게 일용할 레헴(양식)을 주옵시고

וּסְלַח־לָנוּ אֶת־אַשְׁמָתֵנוּ כַּאֲשֶׁר סֹלְחִים
힘쏠 르쉐아카 누테마쉬아-엩 누라-흐라쓸우

우리가 우리에게 빚진 자들을 용서하는 것같이 우리의 빚을 용서하옵시고

אֲנַחְנוּ לַאֲשֶׁר אָשְׁמוּ לָנוּ
누라 무쉬아 르쉐아라 누흐나아

וְאַל־תְּבִיאֵנוּ לִידֵי מַסָּה כִּי
키 싸맛 데리 누에비테-알붸

우리를 인도하사 시험에 들게 말게 하옵시고 다만 악에서 구하시옵소서.

אִם־הַצִּילֵנוּ מִן־הָרָע
라하-민 누레찌핫-임

כִּי לְךָ הַמַּמְלָכָה וְהַגְּבוּרָה וְהַתִּפְאֶרֶת
렡에프티핱붸 라부그학붸 카라맘함 카레 키

이는 왕국과 권능과 영광이 영원토록 당신의 것임이니이다. 아멘

לְעוֹלְמֵי עוֹלָמִים אָמֵן
멘아 밈라올 메올레

7. 슈모네 에스레 - 아미다

-슈모네 에스레를 낭송하는 동안에는 발을 모으고 선 채로 한다. 이것을 낭송하는 동안에는 침묵해야 하며, 어떤 방해가 있거나 다른 사람과 대화를 해서도 안된다. 다른 사람에게는 들릴 필요가 없지만, 자기만 알아들을 정도의 소리로 기도한다.

אֲדֹנָי שְׂפָתַי תִּפְתָּח וּפִי יַגִּיד תְּהִלָּתֶךָ:
카테라힐테 드기약 피우 타프티 이나도아

오 아도나이(나의 주님)시여! 당신이 나의 입술을 열어 주소서.
내 입이 당신의 찬양을 전하리이다.

아도나이 스파타이 티프타 우피 약기드 테힐라테카, 앝타 가돌 앝타 베아길라 비슈아테카 (X2)
/ 오 아도나이시여! 당신이 나의 입술을 열어 주소서. 내입이 당신의 찬양을 전하리이다.
  당신은 위대하십니다. 그리고 당신의 구원 안에서 기뻐할 것입니다.

아도나이 스파타이 티프타 우피 약기드 쉠 예슈아 임마누엘 임마누엘 하쉠 예슈아 함마쉬아흐 (X2)
/ 오 아도나이시여! 당신이 나의 입술을 열어 주소서. 내 입이 당신의 예슈아를 전하리이다.
  우리와 함께 하시는 엘(אל). 그 이름 예슈아 함마쉬아흐.

예슈아 함마쉬아흐의 이름으로 구하오니 우리의 모든 기도를 들으소서.

◆ 아브라함, 이쯔학, 야아콥의 엘로힘(אֱלֹהִים)을 찬양 - 아보트 אבות

בָּרוּךְ אַתָּה יהוה אֱלֹהֵינוּ וֵאלֹהֵי
헤로붸 누헤로엘 이나도아 타앝 룩바

אֲבוֹתֵינוּ אֱלֹהֵי אַבְרָהָם אֱלֹהֵי יִצְחָק
학쯔이 헤로엘 함라브아 헤로엘 누테보아

וֵאלֹהֵי יַעֲקֹב הָאֵל הַגָּדוֹל הַגִּבּוֹר
르보기학 돌가학 엘하 콥아야 헤로붸

바룩 앝타 아도나이 엘로헤누, 우리 주 예슈아 마쉬아흐의 엘로힘, 우리 아버지들의 엘로힘, 아브라함의 엘로힘 이쯔학의 엘로힘 야아콥의 엘로힘, 위대하시고 강력하시고 두려운 경외의 엘(אל), 선한 헤쎄드(인애)를 주시

샤밧 가이드

는 분, 모든 것을 창조하시는 분, 그리고 아버지들의 헤쎄드(인애)를 기억하시는 분, 그리고 그들의 자녀들의 자녀들을 위해 구속자(고엘)를 가져오시는 분, 주 예슈아여 속히 오소서.

וְהַנּוֹרָא אֵל עֶלְיוֹן גּוֹמֵל חֲסָדִים
베하노라 엘 엘욘 고멜 하싸딤

טוֹבִים וְקוֹנֵה הַכֹּל וְזוֹכֵר חַסְדֵי
토빔 베코네 하콜 베조케르 하쓰데

그분의 이름을 위해!

אָבוֹת וּמֵבִיא גוֹאֵל לִבְנֵי בְנֵיהֶם לְמַעַן
아보트 우메비 고엘 리브네 베네헴 레마안

사랑 안에서!

שְׁמוֹ בְּאַהֲבָה :
쉐모 베아하바

※ 로쉬 하샤나에서 욤 키푸르까지

זָכְרֵנוּ לְחַיִּים מֶלֶךְ חָפֵץ בַּחַיִּים וְכָתְבֵנוּ
자크레누 레하임 멜렉 하페쯔 바하임 베카트베누

생명을 위해 우리를 기억하소서. 생명을 갈망하시는 왕이시여. 그리고 생명책에 우리를 기록하소서-당신을 위하여, 오 살아계신 엘로힘이시여.

בְּסֵפֶר הַחַיִּים לְמַעַנְךָ אֱלֹהִים חַיִּים :
베쎄페르 하하임 레마안카 엘로힘 하임

מֶלֶךְ עוֹזֵר וּמוֹשִׁיעַ וּמָגֵן בָּרוּךְ אַתָּה
멜렉 오제르 우모쉬아 우마겐 바룩 아타

우리의 왕이시며 돕는 이시며 구원자이시며 아브라함의 방패되신 주님. 바룩 앝타 아도나이 마겐(방패) 아브라함.

יהוה מָגֵן אַבְרָהָם :
아도나이 마겐 아브라함

◆ 죽은 자를 부활시키시는 분을 찬양   גבורות

אַתָּה גִּבּוֹר לְעוֹלָם אֲדֹנָי
아타 깁보르 레올람 아도나이

당신께서는 영원한 강력한 용사이십니다. 아도나이(나의 주님)!

מְחַיֵּה מֵתִים אַתָּה רַב לְהוֹשִׁיעַ :
메하예 메팀 아타 라브 레호쉬아

죽은 자들을 살리시는 분이시여! 라브 레호쉬아-구원의 대장이십니다.

※※※1

מְכַלְכֵּל חַיִּים בְּחֶסֶד מְחַיֵּה מֵתִים
메칼켈 하임 베헤쎄드 메하예 메팀

헤쎄드(인애) 안에서 살아 있는 자들을 보전하소서 위대하고 깊은 사랑으로 죽은 자들을 살리소서.

בְּרַחֲמִים רַבִּים סוֹמֵךְ נוֹפְלִים וְרוֹפֵא
베라하밈 랍빔 쏘멕 노플림 베로페

엎드린 자들에게 안수하시고 지지하시고 지원하소서.

샤밧 가이드

חוֹלִים וּמַתִּיר אֲסוּרִים וּמְקַיֵּם אֱמוּנָתוֹ
림호 르티마우 르쑤아 렘이카메우 에무나토

상함을 치유하소서. 갇힌 자들 매인 자들을 자유케 하소서. 티끌에서 잠자는 자들을 위한 그분의 진리는 변하지 않습니다.

לִישֵׁנֵי עָפָר:
르파아 네쉐리

מִי כָמוֹךָ בַּעַל גְּבוּרוֹת וּמִי דוֹמֶה לָךְ
미 카모카 바알 게부롯 우미 도메 락

누가 당신과 같겠습니까. 강력한 일들의 주관자이시여! 누구를 당신과 비교하겠습니까. 삶과 죽음을 주장하는 왕이시여. 예슈아를 솟아나게 하소서.

מֶלֶךְ מֵמִית וּמְחַיֶּה וּמַצְמִיחַ יְשׁוּעָה:
렐멜 밑메 예이하메우 흐아미쯔마우 예슈아

※ 로쉬 하샤나에서 욤 키푸르까지

מִי כָמוֹךָ אַב הָרַחֲמִים
미 카모카 브아 하라하밈

누가 당신과 같겠습니까. 긍휼이 많으신 아버지여, 긍휼함 속에서 그분께서 만드신 것에 생명을 주시기 위해 기억하시는 분이시여.

זוֹכֵר יְצוּרָיו לְחַיִּים בְּרַחֲמִים:
조케르 예쭈라이브 르하임 베라하밈

וְנֶאֱמָן אַתָּה לְהַחֲיוֹת מֵתִים :
붸네에만 아타 르하하요이트 메팀

죽은 자의 부활에 당신께서는 신실하십니다.
바룩 앝타 아도나이 메하이예 함 메팀/
죽은 자를 부활시키시는 주님.

בָּרוּךְ אַתָּה יהוה מְחַיֵּה הַמֵּתִים :
바룩 앝타 아도나이 메하예 함메팀

쉐미니 아쩨레트와 페싹 사이에 ※※※1

מַשִּׁיב הָרוּחַ וּמוֹרִיד הַגֶּשֶׁם
맛쉬브 하루아흐 우모리드 학게쉠

바람을 불게 하시고 비를 내리게 하시는 분이시여.

페싹에서 수콧까지 ※※※1

מוֹרִיד הַטָּל
모리드 핱탈

이슬을 내리게 하시는 분이시여.

158

◆ 케두샤 קְדוּשָׁה

=케두샤를 낭송할 때는 두 발을 모으고 서야 하고, 어떤 방해도 없어야 한다.
다음 단어를 말할 때는 발끝으로 선다. קָדוֹשׁ בָּרוּךְ יִמְלֹךְ

נְקַדֵּשׁ אֶת שִׁמְךָ בָּעוֹלָם כְּשֵׁם שֶׁמַּקְדִּישִׁים
쉼디크마쉠   쉠케   람올바   카쉼   엩   쉬데칸네

אוֹתוֹ בִּשְׁמֵי מָרוֹם כַּכָּתוּב עַל יַד נְבִיאֶךָ
카에비네 드야 알 브루카카 롬마 메쉬비 토오

וְקָרָא זֶה אֶל זֶה וְאָמַר:
르마아붸 제 엘 제 라카붸

קָדוֹשׁ קָדוֹשׁ קָדוֹשׁ יְהוָה צְבָאוֹת
옽바쩨 이나도아 쉬도카 쉬도카 쉬도카

מְלֹא כָל־הָאָרֶץ כְּבוֹדוֹ:
도보케 쯔레아하-콜 로믈

לְעֻמָּתָם בָּרוּךְ יֹאמֵרוּ:
루메요 룩바 탐마움레

בָּרוּךְ כְּבוֹד־יְהוָה מִמְּקוֹמוֹ:
모코므밈 이나도아-드보케 룩바

וּבְדִבְרֵי קָדְשְׁךָ כָּתוּב לֵאמֹר:
르모레 브투카 카쉐드코 레브디베우

יִמְלֹךְ יְהוָה לְעוֹלָם אֱלֹהַיִךְ צִיּוֹן
욘찌 크이하로엘 람올레 이나도아 록임

לְדֹר וָדֹר הַלְלוּ־יָהּ:
-야-루렐할 르도봐 르도레

לְדוֹר וָדוֹר נַגִּיד גָּדְלֶךָ וּלְנֵצַח נְצָחִים
힘짜네 흐짜네울 카레드가 드기낙 르도봐 르도레

קְדֻשָּׁתְךָ נַקְדִּישׁ וְשִׁבְחֲךָ אֱלֹהֵינוּ מִפִּינוּ
누피밒 누헤로엘 카하브쉬붸 쉬디케나 카테샤둣케

회중> 우리는 이 세상에서 당신의 이름을 거룩히 여깁니다. 그것은 그 이름이 하늘 높은 곳에서 거룩히 여김을 받는 것과 같습니다.

하짠> 당신의 예언자에 의해 쓰여진 것처럼, 하나가 다른 하나에게 크게 외쳐 이르되:

회중> 거룩하다 거룩하다 거룩하다 만군의 여호와여. 그분의 영광이 온 땅에 충만하도다.

하짠> 그들을 바라보는 자들이 말하는 도다. '바룩'

회중> 그분의 선 곳으로부터 여호와의 영광이 임하여 송축 받으시는도다.

하짠> 당신의 거룩한 말씀에 쓰여져 있기를

회중> 여호와께서 영원히 통치하시리니 찌욘아 네 엘로힘께서 모든 세대에 이르기까지 통치하시리로다. 너희는 여호와를 찬양하라.

하짠> 우리는 이 세대로부터 오는 세대까지 당신의 위대하심을 전할 것입니다. 우리는 당신의 거룩함을 선포할 것입니다. 우리는 영원히 당신을 거룩히 여길 것입니다. 우리

לֹא יָמוּשׁ לְעוֹלָם וָעֶד כִּי אֵל מֶלֶךְ גָּדוֹל
돌가 렠멜 엘 키 드에봐 람올레 쉬무야 로

וְקָדוֹשׁ אָתָּה:
타알 쉬도카붸

בָּרוּךְ אַתָּה יְהוָה הָאֵל הַקָּדוֹשׁ:
쉬도카학 엘하 이나도아 타알 룩바

엘로힘이시여, 우리의 입에서 당신을 향한 찬양이 영원히 떠나지 않을 것입니다.
오 엘(אל)당신은 위대하고 거룩한 왕이십니다.

바룩 알타 아도나이 거룩한 왕이시여.

◆ 엘로힘의 이름의 거룩함 קדושת השם

אַתָּה קָדוֹשׁ וְשִׁמְךָ קָדוֹשׁ
쉬도카 카쉼붸 쉬도카 타알

וּקְדוֹשִׁים בְּכָל יוֹם יְהַלְלוּךָ סֶּלָה:
라쎌 카루렐할예 욤 콜베 쉼도케우

בָּרוּךְ אַתָּה יְהוָה הָאֵל הַקָּדוֹשׁ:
쉬도카학 엘하 이나도아 타알 룩바

당신은 거룩하십니다.
그리고 당신의 이름은 거룩합니다.
거룩한 자들이 모든 날 동안에 당신을 찬양합니다. 쎌라.

바룩 알타 아도나이 거룩한 엘(אל)이시여.

◆ 지식과 분별을 위한 간구 בינה

אַתָּה חוֹנֵן לְאָדָם דַּעַת וּמְלַמֵּד
드메람움 알다 담아레 넨호 타알

לֶאֱנוֹשׁ בִּינָה:
나비 쉬노에레

חָנֵּנוּ מֵאִתְּךָ דֵּעָה בִּינָה וְהַשְׂכֵּל:
켈스하붸 나비 아데 카트잍메 누네한

בָּרוּךְ אַתָּה יְהוָה חוֹנֵן הַדָּעַת:
트아다한 넨호 이나도아 타알 룩바

당신은 사람을 긍휼이 여기심으로 지식(다아트)를 주십니다. 그리고 연약한 인간(에노쉬)에게 분별(비나)를 가르치십니다.

우리에게 은혜를 베푸사 당신으로부터 오는 여호와를 아는 지식(데아), 분별(비나) 통찰(하스켈)을 주소서. 지혜와 계시의 영을 주소서.

바룩 알타 아도나이 호넨 하다아트
/지식을 은혜로이 주시는 분이시여.

◆ 우리의 아버지, 토라로의 회개 תשובה

הֲשִׁיבֵנוּ אָבִינוּ לְתוֹרָתֶךָ וְקָרְבֵנוּ
누베르카붸 카테라토레 누비아 누베쉬하

מַלְכֵּנוּ לַעֲבוֹדָתֶךָ וְהַחֲזִירֵנוּ בִּתְשׁוּבָה
바슈테비 누레지하하붸 카테다보아라 누케말

שְׁלֵמָה לְפָנֶיךָ:
카네파레 마레쉬

בָּרוּךְ אַתָּה יהוה הָרוֹצֶה בִּתְשׁוּבָה:
바슈테비 쩨로하 이나도아 타앝 룩바

우리의 아버지여, 우리를 당신의 토라로 회개(슈브)하게 하소서. 그리고 우리 왕이시여, 당신을 섬기도록 우리를 가까이 이끄소서.
그리고 당신의 얼굴을 향하는 완전한 회개 안에서 우리를 회복시키소서.

바룩 앝타 아도나이 하로쩨 비테슈바
/회개를 원하시는 분이시여.

◆ 용 서 סליחה

סְלַח לָנוּ אָבִינוּ כִּי חָטָאנוּ
누타하 키 누비아 누라 흐라쎄

מְחַל לָנוּ מַלְכֵּנוּ כִּי פָשָׁעְנוּ
누에샤파 키 누케말 누라 할메

כִּי מוֹחֵל וְסוֹלֵחַ אָתָּה:
타앝 흐아레쏘붸 헬모 키

בָּרוּךְ אַתָּה יהוה חַנּוּן הַמַּרְבֶּה
베르마함 눈한 이나도아 타앝 룩바

לִסְלֹחַ:
흐아로쎄리

예슈아의 이름으로 기도하오니 우리를 용서하소서. 우리 아버지여 우리가 죄를 지었습니다.
우리를 벌하지 마소서 우리의 왕이시여. 우리가 법을 어겼습니다.
주께서는 벌하지 않으시는 분이시며 용서하시는 분이십니다.

바룩 앝타 아도나이
넘치는 용서를 은혜로이 주시는 분이시여.

◆ 구 속 גאולה

רְאֵה בְעָנְיֵנוּ וְרִיבָה רִיבֵנוּ וּגְאָלֵנוּ
누레아그우 누베리 바리붸 누예안베 에레

מְהֵרָה לְמַעַן שְׁמֶךָ כִּי גּוֹאֵל חָזָק אָתָּה:
타앝 크자하 엘고 키 카메쉐 안마레 라헤메

בָּרוּךְ אַתָּה יהוה גּוֹאֵל יִשְׂרָאֵל:
엘라쓰이 엘고 이나도아 타앝 룩바

우리의 고통을 깊이 살피소서(르에). 그리고 우리의 주장을 변호하소서(리바). 그리고 속히 우리를 구속하소서 주의 이름을 위하여.
아도나이 예슈아 함마쉬아흐 속히 오소서. 당신은 강한 구속자(고엘 하작)이십니다.
바룩 앝타 아도나이
이스라엘의 구속자이시여.

샤밧 가이드

-금식하는 날에 하짠이 낭송한다.

우리에게 응답하소서. 여호와여 우리에게 응답하소서. 이 금식의 날에. 우리는 큰 애통함 가운데 있습니다. 우리의 악함을 보지 마옵소서. 우리로부터 당신의 얼굴을 감추지 마시옵소서. 그리고 우리의 간구를 외면하지 마옵소서. 우리가 부르짖을 때 가까이 하소서. 간절히 구하오니 당신의 헤쎄드(인애)가 우리를 위로하게 하소서. 그 때에는 그들이 부르기 전에 내가 응답할 것이요 그들이 아직 말하고 있을 때 내가 들으리라. (사65:24) 당신께서 말씀하신 것처럼 우리가 당신을 부르기 전에 우리에게 응답하소서. 당신은 여호와, 고통과 애통의 시간에 응답하시는 분이십니다. 당신은 고통과 애통의 모든 시간 속에서 구속하고 구출하시는 분이십니다. 바룩 앝타 아도나이 애통의 시간 속에서 응답하시는 분이시여.

◆ 치유의 기도   רפואה

רְפָאֵנוּ יְהוָה וְנֵרָפֵא הוֹשִׁיעֵנוּ
누에쉬호 페라네붸 이나도아 누에파레

וְנִוָּשֵׁעָה כִּי תְהִלָּתֵנוּ אַתָּה וְהַעֲלֵה
레아하붸 타앝 누테라힐테 키 아쉐바닙붸

רְפוּאָה שְׁלֵמָה לְכָל מַכּוֹתֵינוּ כִּי
키 누테코막 콜레 마레쉴 아푸레

אֵל מֶלֶךְ רוֹפֵא נֶאֱמָן וְרַחֲמָן אָתָּה:
타앝 만하라붸 만에네 페로 렠멜 엘

בָּרוּךְ אַתָּה יְהוָה רוֹפֵא חוֹלֵי
레호 페로 이나도아 타앝 룩바

עַמּוֹ יִשְׂרָאֵל:
엘라쓰이 모암

우리를 치유하소서 주님, 그리하면 우리는 치유될 것입니다.
우리를 구원하소서 그리하면 우리가 구원될 것입니다.
우리의 모든 고통에 완전한 치유를 주소서.
[치유기도]
왕되신 엘(אל), 치료자이신 당신은 신실하고 긍휼이 많으십니다.
바룩 앝타 아도나이 로페 홀레이 암모 이스라엘/
그분의 백성 이스라엘의 아픔을 치유하시는 분이시여.

◆ 해의 축복을 위한 간구   ברכת השנים

-비르캇트 하샤님 블레싱은 페싹 절기기간부터 12월 4일 민하(혹은 윤년에는 5일)에 낭송된다. '이슬과 비의 축복을 주소서'는 12월 4일 마아리브부터 페싹까지 낭송된다.

בָּרֵךְ עָלֵינוּ יְהוָה אֱלֹהֵינוּ אֶת הַשָּׁנָה
나샷핫 엩 누헤로엘 이나도아 누레알 렠바

הַזֹּאת וְאֶת כָּל מִינֵי תְבוּאָתָהּ לְטוֹבָה
바토레 -타아부테 네미 콜 엩붸 트죠핫

여호와 우리 엘로힘, 우리를 위해 이 해를 축복하소서.

그리고 모든 종류의 소출을 최고로 선하게 축복하소서.

וְתֵן בְּרָכָה [טַל וּמָטָר לִבְרָכָה]
카라베리 르타마우 탈 카아베 텐붸

그리고 땅의 표면에 [이슬과 비의] 축복을 주소서.

עַל פְּנֵי הָאֲדָמָה וְשַׂבְּעֵנוּ מִטּוּבֶךָ וּבָרֵךְ
렉바우 카베투밑 누에브쌉붸 마다아하 네페 알

당신께서 주시는 선한 것들로부터 우리에게 만족함이 있게 하소서.

שְׁנָתֵנוּ כַּשָּׁנִים הַטּוֹבוֹת:
트보토핟 님샤캇 누테나쉬

가장 좋은 해들처럼 우리의 해를 축복하소서.

בָּרוּךְ אַתָּה יהוה מְבָרֵךְ הַשָּׁנִים:
님샷핫 렉바메 이나도아 타앝 룩바

바룩 앝타 아도나이
해들을 축복하는 분이시여.

[이스라엘을 위한 기도]

◆ 흩어진 백성을 다시 모음   קִבּוּץ גָּלֻיּוֹת

תְּקַע בְּשׁוֹפָר גָּדוֹל לְחֵרוּתֵנוּ וְשָׂא
샤붸 누테루헤레 돌가 르파쇼베 카테

우리의 자유를 위해 위대한 나팔을 부소서.

נֵס לְקַבֵּץ גָּלֻיּוֹתֵינוּ וְקַבְּצֵנוּ יַחַד
드하야 누쩨브캅붸 누테요루갈 쯔베캅레 쓰네

흩어진 우리를 모이기 위한 깃발을 세우소서.

מֵאַרְבַּע כַּנְפוֹת הָאָרֶץ:
쯔레아하 트포칸 바레아메

땅의 네 날개로부터 우리를 함께 모으시옵소서.

בָּרוּךְ אַתָּה יהוה מְקַבֵּץ נִדְחֵי עַמּוֹ
모암 헤드니 쯔베캅메 이나도아 타앝 룩바

바룩 앝타 아도나이
흩어진 그의 백성 이스라엘을 다시 모으시는 분이시여.

יִשְׂרָאֵל:
엘라쓰이

◆ 정의의 회복   דִּין

הָשִׁיבָה שׁוֹפְטֵינוּ כְּבָרִאשׁוֹנָה
나쇼리바케 누테프쇼 바쉬하

우리의 통치자들을 처음처럼 회복시키소서.

וְיוֹעֲצֵינוּ כְּבַתְּחִלָּה וְהָסֵר מִמֶּנּוּ יָגוֹן
곤야 누멘밈 르쎄하붸 라힐테밭케 누쩨아요붸

그리고 우리의 모사들을 시작처럼 회복시켜 주시옵소서.

וַאֲנָחָה וּמְלוֹךְ עָלֵינוּ אַתָּה יהוה
이나도아 타앝 누레알 록음 하나아봐

우리로부터 슬픔과 탄식을 제하여 주시옵소서.

לְבַדְּךָ בְּחֶסֶד וּבְרַחֲמִים וְצַדְּקֵנוּ
누케드짣꿰 밈하라브우 드쎄헤베 카드발레

בַּמִּשְׁפָּט:
트파쉬미밤

בָּרוּךְ אַתָּה יְהוָה מֶלֶךְ אוֹהֵב צְדָקָה
카다쩨 브헤오 렉멜 이나도아 타앝 룩바

וּמִשְׁפָּט:
트파쉬미우

그리고 우리를 통치하여 주시옵소서. 헤쎄드(인애)와 깊은 자비의 사랑 안에서 오직 여호와 당신 홀로 우리를 통치하시옵소서. 정의로운 통치 안에서 우리를 의롭게 하소서.

바룩 앝타 아도나이
의와 정의로운 통치를 사랑하는 왕이시여.

◆ 의로운 자들   צַדִּיקִים

עַל הַצַּדִּיקִים וְעַל הַחֲסִידִים וְעַל זִקְנֵי
네크지 알뷔 딤씨하하 알뷔 킴디짣핫 알

עַמְּךָ בֵּית יִשְׂרָאֵל וְעַל פְּלֵיטַת
트타레페 알뷔 엘라쓰이 트베 카메암

סוֹפְרֵיהֶם וְעַל גֵּרֵי הַצֶּדֶק וְעָלֵינוּ
누레알뷔 크데쩨핫 레게 알뷔 헴레프쏘

יֶהֱמוּ רַחֲמֶיךָ
카메하라 무헤예

יְהוָה אֱלֹהֵינוּ וְתֵן שָׂכָר טוֹב לְכָל
콜레 브토 르카샤 텐뷔 누헤로엘 이나도아

הַבּוֹטְחִים בְּשִׁמְךָ בֶּאֱמֶת וְשִׂים חֶלְקֵנוּ
누케헬 쉼뷔 멭에베 카쉼베 힘트보합

עִמָּהֶם לְעוֹלָם וְלֹא נֵבוֹשׁ כִּי בְךָ בָּטָחְנוּ:
누흐타바 카베 키 쉬보네 로뷀 람올레 헴마임

בָּרוּךְ אַתָּה יְהוָה מִשְׁעָן וּמִבְטָח
타브미우 안쉬미 이나도아 타앝 룩바

לַצַּדִּיקִים:
킴디짣랓

의로운 자들 위에 그리고 언약 성도들 위에
그리고 당신의 백성 이스라엘 집 장로들 위에 그리고 살아남은 학자들 위에
그리고 의로운 이방 거류민들 위에 그리고 우리 위에 당신의 자비로운 깊은 사랑이 흐르게 하소서.

아도나이 엘로헤누 진리 안에서 당신의 이름을 충성되이 믿는 모든 자들에게 선한 상을 주십시오. 그리고 우리의 분깃을 영원히 그들과 함께 임명하소서. 우리를 수치스럽게 하지 마소서. 왜냐하면 우리의 믿음이 당신 안에 있기 때문입니다.

바룩 앝타 아도나이
의인들이 의뢰하고 믿을 수 있는 분이시여.

◆ 예루살라임의 재건   בנין ירושלים

וְלִירוּשָׁלַיִם עִירְךָ בְּרַחֲמִים תָּשׁוּב
브슈타   밈하라베   카르이   임라샬루리붸

וְתִשְׁכּוֹן בְּתוֹכָהּ כַּאֲשֶׁר דִּבַּרְתָּ וּבְנֵה
네브우 타르바딥 르쉐아카 -카토베 콘쉬티붸

אוֹתָהּ בְּקָרוֹב בְּיָמֵינוּ בִּנְיַן עוֹלָם
람올   얀빈   누메야베   브로카베   -타오

וְכִסֵּא דָוִד מְהֵרָה לְתוֹכָהּ תָּכִין:
킨타   -카테레   라헤메   뷔드다   쎄킷붸

בָּרוּךְ אַתָּה יהוה בּוֹנֵה יְרוּשָׁלָיִם:
임라샬루예   네보   이나도아   타앝   룩바

당신의 도성 예루샬라임으로 깊은 자비의 사랑으로 돌아오소서.

그녀 안에 거하소서. 당신이 말씀하셨던 것처럼 예루샬라임 가운데 거하십시오. 그리고 우리의 날들 속에 예루샬라임을 영원한 성으로 속히 건설하십시오.

그리고 지체하지 마시고 다뷛의 보좌를 그 가운데에 영원히 세우소서.

바룩 앝타 아도나이
예루샬라임을 세우는 분이시여.

◆ 다뷛의 왕국 / 메시아의 다시 오심   מלכות בית דוד

אֶת צֶמַח דָּוִד עַבְדְּךָ מְהֵרָה תַצְמִיחַ
흐아미쯔타   라헤메   카데브아   드뷔다   흐마쩨   엩

וְקַרְנוֹ תָּרוּם בִּישׁוּעָתֶךָ כִּי לִישׁוּעָתְךָ
카테아슈리   키   카테아슈비   룸타   노르카붸

קִוִּינוּ כָּל הַיּוֹם:
욤하   콜   누비킵

בָּרוּךְ אַתָּה יהוה מַצְמִיחַ קֶרֶן יְשׁוּעָה:
아슈예   렌케   흐아미쯔마   이나도아   타앝   룩바

당신의 종 다뷛에게 의로운 가지가 속히 돋아나게 하소서.

그리고 그의 뿔이 당신의 예슈아 안에서 높이 들려지게 하소서.
우리는 온종일 당신의 예슈아를 기다립니다.

바룩 앝타 아도나이, 예슈아의 뿔을 돋아나게 하는 분이시여.

◆ 기도를 받으소서   קבלת תפלה

שְׁמַע קוֹלֵנוּ יהוה אֱלֹהֵינוּ חוּס וְרַחֵם
헴라붸   쓰후   누헤로엘   이나도아   누레콜   마쉐

עָלֵינוּ וְקַבֵּל בְּרַחֲמִים וּבְרָצוֹן אֶת
엩   쫀라브우   밈하라베   벨캅붸   누레알

תְּפִלָּתֵנוּ כִּי אֵל שׁוֹמֵעַ תְּפִלּוֹת וְתַחֲנוּנִים
님누하타붸   롵필텦   아메쇼   엘   키   누테라필텦

우리의 소리를 들으소서.
여호와 우리의 엘로힘
우리를 아끼시고 우리를 긍휼히 여겨주소서.
기뻐하심과 긍휼로 우리의 기도를 받으소서. 당신께서는 기도와 간구

샤밧 가이드

אַתָּה׃
타아

우미레파네카 말케누 레캄 알 테쉬베누
וּמִלְּפָנֶיךָ מַלְכֵּנוּ רֵיקָם אַל תְּשִׁיבֵנוּ

※※※

키 아타 쇼메아 테필랕 암카 이스라엘
כִּי אַתָּה שׁוֹמֵעַ תְּפִלַּת עַמְּךָ יִשְׂרָאֵל

베라하밈׃
בְּרַחֲמִים׃

바룩 아타 아도나이 쇼메아 테필라
בָּרוּךְ אַתָּה יְהוָה שׁוֹמֵעַ תְּפִלָּה׃

를 들으시는 엘(אל)이십니다.

그리고 우리의 왕이시여,
당신의 얼굴 앞에서 우리가 빈손으로 돌아가지 않게 하옵소서.

※※※ [개인기도]

당신은 당신의 백성 이스라엘의 기도를 깊은 사랑의 자비로 듣는 분이십니다.

바룩 앝타 아도나이 기도를 듣는 분이시여.

※※※ [개인기도] - 금식하는 날 '쉐모네 에스레'를 하는 동안 개인기도 둘 중 하나, 혹은 둘다를 삽입할 수 있다.

-용서를 위한 기도

오 여호와여, 내가 죄를 지었습니다. 불법을 행했습니다. 그리고 내가 지구상에 존재한 날로부터 바로 오늘까지 당신 앞에서 고범죄를 지었습니다. 여호와여, 당신의 위대한 이름을 위하여 행하신 마쉬아흐 예슈아의 속죄로 인해 감사드립니다. 그리고 내가 젊은 시절부터 오늘까지, 당신 앞에서 죄를 지었든지, 불법을 저질렀든지, 고의로 죄를 지었든지. 나의 죄악, 잘못, 고의로 지은 죄에 대하여 마쉬아흐 예슈아의 피로 죄사함 받았음을 믿습니다. 나는 당신의 이름에 흠집을 내었습니다. 그러나 그 이름을 당신이 완전케 하소서.

-삶을 위한 기도

당신이십니다. 여호와 엘로힘이시여. 기르시고 지지하시고 지원하시는 분이십니다. 나의 몫과 빵을 공급하소서. 그리고 나와 내 모든 가족들을 위해서 얻게 하소서. 고통이 아닌 만족으로, 금지된 것들이 아닌 합법적인 것으로, 불명예가 아닌 명예로, 생명을 위해 그리고 평화를 위해, 축복과 성공의 흐름으로부터 그리고 하늘의 샘에서 흘러나오는 것으로부터. 그를 통해서 나는 당신의 뜻과 당신의 토라와 당신의 명령들을 이행할 수 있습니다. 나를 사람들의 도움이 필요한 자로 만들지 마시고, 당신이 선포하신 다음의 말씀이 내 안에서 이루어지게 하소서. '당신의 손을 여시사 모든 생물의 소원을 만족하게 하시나이다.' 그리고 이 말씀도 이루어지게 하소서. '네 짐을 여호와께 던져서 맡기라. 그분이 너를 도우실 것이다.'

[엘로힘께 감사]

◆ 예 배 עֲבוֹדָה

רְצֵה יְהוָה אֱלֹהֵינוּ בְּעַמְּךָ יִשְׂרָאֵל
쩨레   이나도아   누헤로엘   카메암베   엘라쓰이

וּבִתְפִלָּתָם וְהָשֵׁב אֶת הָעֲבוֹדָה לִדְבִיר
우비틸라팥탐   브쉐하쉐브   엩   하아보다   르비디르

בֵּיתֶךָ:
카테베

여호와 우리의 엘로힘, 당신의 백성 이스라엘과 그들의 기도를 기뻐 받으소서.
그리고 당신 집의 지성소 예배를 회복하소서.

וְאִשֵּׁי יִשְׂרָאֵל וּתְפִלָּתָם בְּאַהֲבָה
쉬이뷔   엘라쓰이   우틸라팥탐   바하아베

תְקַבֵּל בְּרָצוֹן וּתְהִי לְרָצוֹן תָּמִיד
테캅벨   베라쫀   우트히   레라쫀   타미드

עֲבוֹדַת יִשְׂרָאֵל עַמֶּךָ:
아보다트   이스라엘   암메카

이스라엘의 화제와 그들의 기도를 사랑과 기뻐하는 뜻 안에서 받으시옵소서.
당신의 백성 이스라엘의 섬김을 언제나 기쁘게 받으소서.

וְתֶחֱזֶינָה עֵינֵינוּ בְּשׁוּבְךָ לְצִיּוֹן בְּרַחֲמִים:
베테헤제나   에네누   베슈브카   레찌욘   베라하밈

우리의 눈이 - 당신이 깊은 자비의 사랑을 가지고 찌온으로 돌아오는 것을 보게 하소서.

בָּרוּךְ אַתָּה יְהוָה הַמַּחֲזִיר
바룩   앝타   아도나이   하마하지르

שְׁכִינָתוֹ לְצִיּוֹן:
쉐키나토   레찌욘

바룩 앝타 아도나이 하마하지르 쉐키나토 레찌욘 / 찌온에 당신의 임재를 회복하는 분이시여.

◆ 주님께 감사드림 הוֹדָאָה

מוֹדִים אֲנַחְנוּ לָךְ שָׁאַתָּה הוּא יְהוָה
모딤   아나흐누   라크   샤앝타   후   아도나이

אֱלֹהֵינוּ וֵאלֹהֵי אֲבוֹתֵינוּ לְעוֹלָם וָעֶד:
엘로헤누   베로헤   아보테누   레올람   바에드

צוּר חַיֵּינוּ מָגֵן יִשְׁעֵנוּ אַתָּה הוּא לְדוֹר וָדוֹר
쭈르   하예누   마겐   이쉬에누   앝타   후   레도르 바도르

우리가 당신께 감사를 드립니다. 당신은 그분, 여호와 우리의 엘로힘이십니다. 우리 생명의 반석, 우리 구원의 방패, 당신께서 그분이십니다.

대대로 당신께 감사하며 당신의 찬양을 전하겠습니다.

샤밧 가이드

וָדוֹר:
르도봐

נוֹדֶה לְךָ וּנְסַפֵּר תְּהִלָּתֶךָ עַל חַיֵּינוּ
누예하 알 카테라힐테 르페싸프네우 카레 데노

당신의 능력의 손에 맡겨진 우리의 생명으로 인해 당신을 찬양합니다.

הַמְּסוּרִים בְּיָדֶךָ וְעַל נִשְׁמוֹתֵינוּ
누테모쉬니 알붸 카데야베 림쑤므함

הַפְּקוּדוֹת לָךְ וְעַל נִסֶּיךָ שֶׁבְּכָל יוֹם
욤 콜베쉡 카쎄닛 알붸 크라 트도쿠프함

עִמָּנוּ וְעַל נִפְלְאוֹתֶיךָ וְטוֹבוֹתֶיךָ שֶׁבְּכָל
콜베쉡 카테보토붸 카테오레프니 알붸 누마임

עֵת עֶרֶב וָבֹקֶר וְצָהֳרָיִם:
임라호짜붸 르케보봐 브레에 엩

당신께서 돌보시는 우리의 네샤마(숨, 영)로 인해 당신을 찬양합니다.
매일 우리와 함께하시는 당신의 기적들로 인해 당신을 찬양합니다. 저녁, 아침, 오후 모든 순간들에 일어나는 당신의 이적들과 선하심들로 인해 당신을 찬양합니다.

הַטּוֹב כִּי לֹא כָלוּ רַחֲמֶיךָ וְהַמְרַחֵם כִּי
키 헴라함붸 카메하라 루칼 로 키 브토핱

לֹא תַמּוּ חֲסָדֶיךָ מֵעוֹלָם קִוִּינוּ לָךְ:
크라 누비킵 람올메 카데싸하 무탐 로

선하신 분이시여, 당신의 깊은 사랑의 자비는 다함이 없으십니다. 그리고 자비로운 분이시여, 당신의 헤쎄드(인애)는 끝이 없으십니다. 언제나 우리는 당신을 기다립니다.

※※※1

※※※1

וְעַל כֻּלָּם יִתְבָּרַךְ וְיִתְרוֹמַם שִׁמְךָ
카쉼 맘로읻붸 락바읻 람쿨 알붸

מַלְכֵּנוּ תָּמִיד לְעוֹלָם וָעֶד:
드에봐 람올레 드미타 누케말

이 모든 것 위에서 쉬지 않고 당신의 이름을 송축하고 높임이 영원할 것입니다. 우리의 왕이여!

※※※2

※※※2

וְכֹל הַחַיִּים יוֹדוּךָ סֶּלָה וִיהַלְלוּ אֶת שִׁמְךָ
카쉼 엩 루할뷔 라쎌라 카두요 임하하 콜붸

בֶּאֱמֶת הָאֵל יְשׁוּעָתֵנוּ וְעֶזְרָתֵנוּ סֶלָה
라쎌라 누테라즈에붸 누테아슈예 엘하 멭에베

בָּרוּךְ אַתָּה יְהוָה הַטּוֹב שִׁמְךָ וּלְךָ
카울 카쉼 브토핱 이나도아 타앝 룩바

נָאֶה לְהוֹדוֹת:
돋호레 에나 ※※※3

모든 살아있는 것들이 당신을 알게 될 것입니다. 쎌라. 그리고 진리 안에서 당신의 이름을 찬양할 것입니다. 그 엘(אֵל) 우리 예슈아여, 그리고 우리의 도움이시여. 쎌라.
바룩 앝타 아도나이, 당신의 이름은 '선한 분' 이십니다. 그리고 당신에게 감사 찬양은 합당합니다.

※※※3

※※※1

[하누카와 부림절에]

그리고 그 기적들로 인해, 그 구원하심으로 인해, 그 위대한 행적들로 인해, 그 구원들로 인해 그리고 그 날에 그 시간의 우리 아버지들을 위해, 당신이 행하신 그 전쟁들로 인해 당신을 찬양합니다.

[하누카에]

하스모니안 대제사장 요하난의 아들 마티트야후와 그의 아들들의 날들에 이스라엘로 하여금 당신의 토라를 잊게 만들고, 당신의 뜻이 있는 명령들을 어기게 하려고 악한 헬라 왕국이 이스라엘 백성들을 누르며 일어났습니다. 당신의 크고 깊은 사랑으로, 당신은 그들의 고통의 시간에 그들을 위해 일어서셨습니다. 당신은 그들을 변호하고, 옹호하시며, 그들의 원수에게 보응하셨습니다. 당신께서는 연약한 자들의 손에 강한 능력을 주셨습니다. 의로운 자들의 손에 악한 자들을 넘겨주셨습니다. 그리고 당신의 토라에 마음을 빼앗긴 자들의 손에 사악한 자들을 넘겨주셨습니다. 당신께서는 당신의 세상에서, 당신 스스로를 위해 위대하고 거룩한 이름을 만드셨습니다. 그리고 그 날에 당신의 백성 이스라엘을 위한 위대한 구원과 구속을 만드셨습니다. 그 후 당신의 자녀들이 당신의 집 거룩한 곳으로 들어가서, 당신의 궁정을 깨끗하게 하였습니다. 당신의 성소를 정결케 하고 당신의 거룩한 성소에 불을 밝혔습니다. 그리고 당신의 위대한 이름에 찬양과 감사를 드리기 위해, 그들은 8일의 하누카를 정하였습니다.

[부림절에]

모르드카이와 에스테르의 날에, 사악한 하만이 그들을 대적하여 일어났습니다. 그리고 십이월 곧 아달월 십 삼일 하루 동안 젊은이나 늙은이나 어린이나 여인을 막론하고 모든 예후다인을 멸하고 죽이고 소멸시키고 또 그들에게서 탈취물을 취하게 하셨습니다. 그러나 당신께서는 당신의 풍성한 긍휼 안에서 그의 비밀스런 의도를 수포로 돌리셨습니다. 그리고 그의 계획을 좌절시키셨습니다. 그리고 그의 음모를 그 자신의 머리 위로 돌아가게 하셨습니다. 그리고 그와 그의 아들들은 교수대 위에 매달렸습니다.

※※※ 2

[로쉬하샤나에서 욤키푸르까지]

그리고 당신의 언약의 자녀들 모두를 선한 생명으로 기록하소서.

※※※ 3

[제사장의 축복]
-아미다 기도를 반복할 때 하짠이 제사장의 축복기도를 한다. (상 중인 집을 제외하고)

샤밧 가이드

אֱלֹהֵינוּ וֵאלֹהֵי אֲבוֹתֵינוּ בָּרְכֵנוּ בַבְּרָכָה
카라브바 누케발 누테보아 헤로붸 누헤로엘

הַמְשֻׁלֶּשֶׁת בַּתּוֹרָה הַכְּתוּבָה עַל יְדֵי מֹשֶׁה
쉐모 데예 알 바투케핫 라토바 쉘레슐함

עַבְדֶּךָ הָאֲמוּרָה מִפִּי אַהֲרֹן וּבָנָיו כֹּהֲנִים
님하코 브이나바우 론하아 피밈 라무아하 카데브아

עַם קְדוֹשֶׁךָ כָּאָמוּר:
르무아카 카쉐도케 암

우리의 엘로힘, 그리고 우리 아버지들의 엘로힘,

우리를 – 당신의 종 모쉐에 의해 쓰여진, 아하론과 그의 자손들과 크핱(고핫) 자손 그리고 당신의 거룩한 백성에 의해 말해진 – 토라에 있는 3개의 축복문으로 축복하소서.

יְבָרֶכְךָ יְהוָה וְיִשְׁמְרֶךָ:
카레메쉬이붸 이나도아 카케레바예

[회중] כֵּן יְהִי רָצוֹן (켄 예히 라쫀) "당신의 뜻이 이루어질 것입니다."

יָאֵר יְהוָה פָּנָיו אֵלֶיךָ וִיחֻנֶּךָּ:
카넥훈뷔 카레엘 브이나파 이나도아 르에야

[회중] כֵּן יְהִי רָצוֹן (켄 예히 라쫀) "당신의 뜻이 이루어질 것입니다."

יִשָּׂא יְהוָה פָּנָיו אֵלֶיךָ וְיָשֵׂם לְךָ שָׁלוֹם:
롬샬 카레 쎔야붸 카레엘 브이나파 이나도아 싸잇

[회중] כֵּן יְהִי רָצוֹן (켄 예히 라쫀) "당신의 뜻이 이루어질 것입니다."

◆ **샬롬(평화)을 세움**   שָׁלוֹם

שִׂים שָׁלוֹם טוֹבָה וּבְרָכָה חֵן וָחֶסֶד
드쎄헤봐 헨 카라브우 바토 롬샬 심

וְרַחֲמִים עָלֵינוּ וְעַל כָּל יִשְׂרָאֵל עַמֶּךָ:
카메암 엘라쓰이 콜 알붸 누레알 밈하라붸

בָּרְכֵנוּ אָבִינוּ כֻּלָּנוּ כְּאֶחָד בְּאוֹר פָּנֶיךָ כִּי
키 카네파 르오베 드하에케 누라쿨 누비아 누케르바

בְאוֹר פָּנֶיךָ נָתַתָּ לָּנוּ יְהוָה אֱלֹהֵינוּ תּוֹרַת
랕토 누헤로엘 이나도아 누라 타탙나 카네파 르오베

חַיִּים וְאַהֲבַת חֶסֶד וּצְדָקָה וּבְרָכָה
카라브우 카다쯔우 드쎄헤 밭하아붸 임하

וְרַחֲמִים וְחַיִּים וְשָׁלוֹם:
롬샬붸 임하붸 밈하라붸

샬롬(평화), 토바(선하심), 그리고 브라카(축복), 헨(은혜) 그리고 헤쎄드(인애)와 라하밈(긍휼)을 우리 위에 세우소서. 당신의 백성 온 이스라엘 위에 세우소서. 우리 아버지여, 우리를 축복하소서. 당신의 얼굴 빛으로 우리 모두 에하드(하나)가 되게 하소서. 왜냐하면 여호와 우리 엘로힘, 당신께서 당신의 얼굴 빛 안에서 우리에게 토라를 주셨기 때문입니다. 그리고 헤쎄드(인애)의 사랑을 주셨습니다. 의와 축복과 긍휼과 생명과 **샬롬(평화)**을 주셨습니다.

샤밧 가이드

וְטוֹב בְּעֵינֶיךָ לְבָרֵךְ אֶת עַמְּךָ יִשְׂרָאֵל
엘라쓰이 카메암 엩 렉바레 카네에베 브토붸

בְּכָל עֵת וּבְכָל שָׁעָה בִּשְׁלוֹמֶךָ:
카메로쉬비 아샤 콜브우 엩 콜베

모든 순간과 모든 시간에 당신의 샬롬(평화)으로 당신의 이스라엘을 축복하는 것이 당신의 눈에 선합니다.

※※※1

בָּרוּךְ אַתָּה יְהוָה הַמְבָרֵךְ אֶת עַמּוֹ
모암 엩 렉바함 이나도아 타앝 룩바

יִשְׂרָאֵל בַּשָּׁלוֹם:
롬샬밧 엘라쓰이

※※※1

바룩 앝타 아도나이, 그의 백성 이스라엘을 샬롬(평화)으로 축복하는 분이시여.

※※※ 1

[로쉬 하샤나에서 욤 키푸르까지]

생명(하임), 브라카(축복), 샬롬(평화) 그리고 선한 삶(레하임 토빔)의 책을 통해 우리가 당신 앞에서 기억되고, 새겨지게 하소서. – 우리 그리고 모든 백성 이스라엘 가족의 선한 삶과 샬롬을 위하여. 바룩 아타 아도나이 오쎄 하샬롬. 그 샬롬을 있게 하시는 분이시여.

-하짠이 반복하는 슈모네 에스레이는 여기서 끝나고, 다음 구절을 낭송한다.

יִהְיוּ לְרָצוֹן | אִמְרֵי־פִי וְהֶגְיוֹן לִבִּי לְפָנֶיךָ יְהוָה צוּרִי וְגֹאֲלִי:
리아고웨 리쭈 이나도아 카네파레 비립 욘그헤웨 피 - 레임 | 쫀라레 유흐이

내 입의 말과 내 마음의 생각이 당신의 얼굴 앞에 받으실 만한 것이 되기를 원하나이다.
여호와 나의 반석, 그리고 나의 구속자이시여.

◆ 아미다 완성

אֱלֹהַי

나의 엘로힘, 내 혀를 악으로부터 지키소서. 그리고 내 입술을 거짓을 말하는 것으로부터 지키소서. 내 원수를 사랑하게 하소서. 나를 저주하는 자들에게 내 혼이 고요하게 하시고, 오히려 축복하게 하소서. 나를 미워하는 자들에게 선을 행하며, 악의를 품고 나를 대하고 나를 핍박하는 자들을 위해 기도하게 하소서. 모든 사람에게 내 혼이 티끌 같게 하소서. 내 마음이 당신의 토라를 향해 열리게 하소서. 그러면 내 혼이 당신의 명령들을 추구할 것입니다. 나를 해할 계획을 꾀하는 모든 악에 대해-속히 그들의 도모를 제거하시고 그들의 계략을 헛되게 하소서. 당신의 이름을 위하여 행하소서. 당신의 오른손을 위하여 행하소서. 당신의 거룩함을 위하여 행하소서. 당신의 토라를 위하여 행하소서. 당신께서 사랑하시는 자를 건지시기 위하여 당신의 오른손으로 구원하시고 내게 응답하소서.

샤밧 가이드

이들은 어린양께서 어디로 가시든지 따라가는 자들이며 사람들 가운데서 대속을 받아 엘로힘과 어린양께 첫 열매가 된 자들이라. 그들의 입에서 거짓을 찾을 수 없나니 이는 그들이 엘로힘의 왕좌 앞에서 잘못이 없기 때문이라. (계14:4~5)

그의 입에는 진리의 법이 있었고 그의 입술에는 불법이 없었으며 그가 화평과 공평으로 나와 함께 걸었고 많은 사람을 돌이켜 불법에서 떠나게 하였느니라. 제사장의 입술은 지식을 지켜야 하겠고 사람들은 그의 입에서 토라를 구하여야 하리니 이는 제사장이 만군의 주의 사자이기 때문이니라. (말2:6~7)

יִהְיוּ לְרָצוֹן | אִמְרֵי־פִי וְהֶגְיוֹן לִבִּי לְפָנֶיךָ יְהוָה צוּרִי וְגֹאֲלִי:

리아고붸 리쭈 이나도아 카네파레 비립 욘그헤붸 피 - 레임 | 쫀라레 유흐이

내 입의 말과 내 마음의 생각이 당신의 얼굴 앞에 받으실 만한 것이 되기를 원하나이다.
여호와 나의 반석, 그리고 나의 구속자이시여.

עֹשֶׂה שָׁלוֹם בִּמְרוֹמָיו הוּא יַעֲשֶׂה שָׁלוֹם עָלֵינוּ וְעַל כָּל

콜 알붸 누레알 롬샬 쎄아야 후 브이마로빔 롬샬 쎄오

יִשְׂרָאֵל וְאִמְרוּ אָמֵן:

멘아 루임붸 엘라쓰이

그분의 높은 곳에 샬롬이 있도다. 그분이 우리 위에 샬롬을 이루시는도다.
그리고 모든 이스라엘 위에 아멘으로 화답하라. [아멘]

יְהִי רָצוֹן מִלְּפָנֶיךָ יְהוָה אֱלֹהֵינוּ וֵאלֹהֵי

헤로엘베 누헤로엘 이나도아 카네파레밀 쫀라 히예

אֲבוֹתֵינוּ שֶׁיִּבָּנֶה בֵּית הַמִּקְדָּשׁ בִּמְהֵרָה

라헤빔 쉬다크미함 트베 네바입쉐 누테보아

בְיָמֵינוּ וְתֵן חֶלְקֵנוּ בְּתוֹרָתֶךָ:

카테라토베 누케헬 텐붸 누메야베

וְשָׁם נַעֲבָדְךָ בְּיִרְאָה כִּימֵי עוֹלָם וּכְשָׁנִים

남샤크우 람올 메키 아르이베 카드바아나 샴붸

קַדְמוֹנִיּוֹת:

욘니모드카

당신의 뜻이 이루어질 것입니다.
여호와 우리의 엘로힘
그리고 우리 아버지들의 엘로힘,
우리의 날들에 속히 거룩한 성전을 세우소서.

영원의 날들 그리고 케뎀의 시대에서 계획된 것 같이 토라 안에서 우리의 기업을 허락하소서.

 샤밧 가이드

וְעָרְבָה לַיהוה מִנְחַת יְהוּדָה וִירוּשָׁלָיִם
임라샬루비 다후예 핱민 이나도아라 바르아붸
כִּימֵי עוֹלָם וּכְשָׁנִים קַדְמוֹנִיּוֹת:
욭니모드카 님샤크우 람올 메키

그리고 경외함 속에서의 우리의 섬김을 임명하소서. 그때에 예후다와 예루샬라임의 민카(헌물)가 옛날과 이전 시대에서와 같이 여호와께 기쁨이 될 것입니다.

쉐모네 에스레이의 개인적인 기도는 여기서 끝난다.

8. 카디쉬

<카디쉬 낭송-엘로힘의 이름을 거룩하게 함>
아래에서, 괄호 속의 말은 카디쉬를 낭송하는 사람이 아닌 회중이 낭송한다.

יִתְגַּדַּל וְיִתְקַדַּשׁ שְׁמֵהּ רַבָּא:
이트갈달 붸이트칻다쉬 쉬메- 랍바

위대하신 그분의 이름이여, 높임을 받으시고 거룩히 여김을 받으소서.

※회중 - אָמֵן: |
아멘

|회중-아멘|

בְּעָלְמָא דִּי בְרָא כִרְעוּתֵהּ:
베알마 디 베라 키르우테-

그의 기쁘신 뜻을 따라 창조된 세상에서

וְיַמְלִיךְ מַלְכוּתֵהּ בְּחַיֵּיכוֹן וּבְיוֹמֵיכוֹן
붸얌맄 말쿠테- 베하예콘 우베요메콘

그리고 당신의 생명 안에서 그리고 당신의 날들 안에서, 모든 이스라엘 집의 생명의 시간들 안에서 그분이 가까운 시간 안에, 그의 왕권으로 통치하시기를. 아멘으로 화답하라.

וּבְחַיֵּי דְכָל בֵּית יִשְׂרָאֵל בַּעֲגָלָא וּבִזְמַן
우베하예 데콜 베트 이스라엘 바아갈라 우비즈만

קָרִיב: וְאִמְרוּ אָמֵן:
카리브 붸임루 아멘

※회중   회중※

אָמֵן: יְהֵא שְׁמֵהּ רַבָּא מְבָרַךְ לְעָלַם
아멘 예헤 쉬멤- 랍바 메바락 레올람

| 아멘.
위대한 그분의 이름을
영원, 영원, 영원토록
송축할지어다. |

וּלְעָלְמֵי עָלְמַיָּא: |
울알메 알마야

יְהֵא שְׁמֵהּ רַבָּא מְבָרַךְ לְעָלַם וּלְעָלְמֵי
예헤 쉬멤- 라바 메바락 레올람 울알메

위대한 그분의 이름을 영원, 영원, 영원토록 송축할지어다.

עָלְמַיָּא:
알마야

יִתְבָּרַךְ וְיִשְׁתַּבַּח וְיִתְפָּאַר וְיִתְרוֹמַם
이트바락 붸이쉬탑바 붸이트파아르 붸이트로맘

송축 으시며, 찬송 받으시고, 영광받으시며, 높임 받으시고,

샤밧 가이드

וְיִתְנַשֵּׂא וְיִתְהַדָּר וְיִתְעַלֶּה וְיִתְהַלָּל שְׁמֵהּ
쉐낫잍붸 르다핟잍붸 레알잍붸 라할잍붸 메쉬-

칭송받으시고, 위엄 있으시며,
예배 받으시며, 찬양 받으소서. 거룩하신 그분의 이름! 베릭 후.
(그분을 송축합니다.)

דְּקֻדְשָׁא בְּרִיךְ הוּא
샤쿤데 브릭 후

※회중

※회중

בְּרִיךְ הוּא
브릭 후

|베릭 후 (그분을 송축합니다.)|

※1 לְעֵלָּא מִן כָּל בִּרְכָתָא וְשִׁירָתָא
레엘라 민 콜 브르카타 쉬라타

세상에 이미 알려진 것보다도 더 큰 축복과 노래와 찬양과 깊은 사랑을 당신께 올려드립니다.

תֻּשְׁבְּחָתָא וְנֶחֱמָתָא דַּאֲמִירָן בְּעָלְמָא:
투쉬베하타 베네헤마타 다아미란 베알마

וְאִמְרוּ אָמֵן:
붸임루 아멘

아멘으로 화답하라.

| אָמֵן: ※회중-|
아멘

|※회중-아멘|

로쉬 하샤나에서 욤 키푸르까지 대체 ※1

לְעֵלָּא וּלְעֵלָּא מִכָּל
레알라 울엘라 믹콜

뒤로 세 걸음 간다. 왼쪽으로 절하면서 '오쎄….' 앞으로 절하면서 '베알콜….'
잠시 머물러 섰다가 앞으로 세 걸음 온다.

עֹשֶׂה שָׁלוֹם בִּמְרוֹמָיו
오쎄 샬롬 비마로밉

그분의 높은 곳에 샬롬이 있도다.

הוּא בְרַחֲמָיו יַעֲשֶׂה שָׁלוֹם עָלֵינוּ
후 베라하민 야아쎄 샬롬 알레누

그분이 우리를 위해 샬롬을 이루시는도다.

וְעַל כָּל יִשְׂרָאֵל: וְאִמְרוּ אָמֵן:
붸알 콜 이쓰라엘 붸임루 아멘

그리고 모든 이스라엘 위에!
아멘으로 화답하라.

| אָמֵן: ※회중-|
아멘

|※회중-아멘|

9. 토라를 아크에서 꺼냄

-토라가 비마 위에 올려질 때까지 모두 서서, 회중이 낭송한다.

אֵין־כָּמוֹךָ בָאֱלֹהִים אֲדֹנָי וְאֵין כְּמַעֲשֶׂיךָ
카쎄아마케 엔붸 이나도아 림엘바 카모카 - 엔

מַלְכוּתְךָ מַלְכוּת כָּל־עֹלָמִים
밈라올 - 콜 쿹말 카테쿠말

וּמֶמְשַׁלְתְּךָ בְּכָל־דּוֹר וָדוֹר
르도봐 르도 - 콜베 카테샬멤우

יְהוָה מֶלֶךְ יְהוָה מָלָךְ
락말 이나도아 렠멜 이나도아

יְהוָה יִמְלֹךְ לְעֹלָם וָעֶד
드에봐 람올레 록임 이나도아

יְהוָה עֹז לְעַמּוֹ יִתֵּן
텐잍 모암레 즈오 이나도아

יְהוָה יְבָרֵךְ אֶת־עַמּוֹ בַשָּׁלוֹם
롬샬밧 모암 - 엩 렠바예 이나도아

오 여호와여, 신들 가운데 당신과 같은 이가 없습니다. 당신께서 행하신 일들과 같은 일들도 없습니다. (시86:8) 당신의 나라는 영원한 나라요, 당신의 통치는 모든 세대와 세대 속에 있습니다. (시145:13)

여호와는 왕이시다. 여호와께서 통치하셨도다. 여호와께서 영원히 모든 시간 속에서 통치하실 것이다. (시10:16, 93:1, 출15:18)

여호와께서 그의 백성에게 힘을 주실 것이다. 여호와께서 그의 백성을 샬롬 안에서 복을 주실 것이다. (시29:11)

- 아크를 열고, 토라를 꺼내기 전에 회중이 낭송한다.

וַיְהִי בִּנְסֹעַ הָאָרֹן וַיֹּאמֶר מֹשֶׁה
쉐모 르메요봐 론아하 아쏘네비 히예봐

קוּמָה ׀
쿠마

יְהוָה וְיָפֻצוּ אֹיְבֶיךָ וְיָנֻסוּ מְשַׂנְאֶיךָ מִפָּנֶיךָ
카네파밈 카에싼메 쑤누야붸 카베요오 쭈푸야붸 이나도아

כִּי מִצִּיּוֹן תֵּצֵא תוֹרָה וּדְבַר־יְהוָה מִירוּשָׁלִָם׃
람샬루미 이나도아 르바데우 라토 쩨테 욘찌미 키

בָּרוּךְ שֶׁנָּתַן תּוֹרָה לְעַמּוֹ יִשְׂרָאֵל בִּקְדֻשָּׁתוֹ׃
토샤둣케비 엘라쓰이 모암레 라토 탄나쉔 룩바

궤가 앞으로 나아갈 때에는 모쉐가 이르되, 여호와여, 일어나셔서 당신의 원수들을 흩으시고 당신을 미워하는 자들로 하여금 당신 앞에서 도망하게 하소서 하였고,

이는 법이 찌온에서 나갈 것이요, 여호와의 말씀이 예루살라임으로부터 나갈 것임이니라.

그의 거룩한 백성 이스라엘에게 토라를 주신 분을 송축하라.

-리더는 토라를 오른 손에 들고 회중을 향하여 낭송하고 회중이 따라한다.

שְׁמַע יִשְׂרָאֵל יְהוָה אֱלֹהֵינוּ יְהוָה אֶחָד:

드하에 이나도아 누헤로엘 이나도아 엘라쓰이 마쉐

'오 이스라엘아, 들으라. 여호와는 우리 엘로힘, 여호와는 에하드이시라.'

-계속해서 회중을 향하여 낭송하고 회중이 따라한다.

אֶחָד〈הוּא〉אֱלֹהֵינוּ גָּדוֹל אֲדוֹנֵינוּ

누네도아   돌가   누헤로엘 (후) 드하에

'에하드, 우리 엘로힘, 우리의 주님은 위대하시다.'

קָדוֹשׁ〈※〉וְנוֹרָא〈שְׁמוֹ:

모쉐 (라노붸※) 쉬도카

'거룩 (그리고 경외) 그의 이름이여!'

< ※ - 호샤나 라바에 >

-리더는 다시 예루샬라임을 향해 서서 절하고 토라를 올리며 낭송한다.

גַּדְּלוּ לַיהוָה אִתִּי וּנְרוֹמְמָה שְׁמוֹ יַחְדָּו:

브다흐야 모쉐 마롬네우 티잍 이나도아라 루들갇

'오 나와 함께 여호와의 위대하심을 선포하고 모두 연합하여 그의 이름을 높이세'

-리더가 오른쪽으로 돌아서 토라를 들고 토라 읽는 곳으로 가는 동안, 회중이 낭송한다.

לְךָ

당신의 것입니다. 위대함(하그돌라), 강력함(하게부라), 영화로움(하티프에레트), 영원한 승리(하네짜흐), 영광의 광채(하호드), 오 여호와여, 하늘과 땅에 있는 모든 것이 당신의 것입니다. 여호와여, 왕국(하맘라카)이 당신의 것입니다. 당신은 모든 리더들에게 당신 스스로를 높이실 것입니다. 우리 엘로힘 여호와를 높이고 그의 발등상에 경배하라. 그는 거룩하시다. 우리 엘로힘 여호와를 높이고 그의 거룩한 산을 향하여 경배하라. 참으로 우리 엘로힘 여호와는 거룩하시도다.

◆ 샤밧 가이드

וְאַתֶּם הַדְּבֵקִים בַּיהוָה אֱלֹהֵיכֶם חַיִּים כֻּלְּכֶם הַיּוֹם:
욤하 켐레쿨 임하 켐헤로엘 이나도아바 킴베데핰 템앝웨

'여호와 너희 엘로힘께 붙어 있는 너희는 오늘날 다 살아 있느니라.'

[토라 읽기 블레싱]

◆ 토라 읽기

토라를 읽는 자 – בָּרְכוּ אֶת יְהוָה הַמְבֹרָךְ /바레쿠 엩 아도나이 함보랔

회중 – בָּרוּךְ יְהוָה הַמְבֹרָךְ לְעוֹלָם וָעֶד /바룩 아도나이 함보랔 레올람 바에드

-토라를 읽는 자가 낭독하고 토라를 읽는다.

◆ 토라를 읽기 전 블레싱

바룩 앝타 아도나이 엘로헤누 멜렉 하올람, 모든 열방 중에서 우리를 택하사 토라를 우리에게 맡겨주신 분이시여. 바룩 앝타 아도나이 토라를 주신 분이시여. **(회중-아멘)**

◆ 토라를 읽은 후 블레싱

바룩 앝타 아도나이 엘로헤누 멜렉 하올람, 우리에게 진리의 토라를 주신 분이시여. 그리고 우리 삶 한 가운데에 영원한 삶을 세우신 분이시여. 바룩 아타 아도나이 토라를 주신 분이시여.

[선지서 블레싱]

◆ 선지서를 읽기 전 블레싱

바룩 앝타 아도나이 엘로헤누 멜렉 하올람, 우주를 통치하시는 분, 선한 선지자들을 택하사 그들이 진리로 선포한 말씀들을 기뻐하시는 분이시여. 바룩 앝타 아도나이, 토라와 모쉐를 선택하신 분, 그분의 종, 이스라엘과 그분의 백성, 그리고 진리와 정의의 선지자들을 선택하신 분이시여

◆ 선지서를 읽은 후 블레싱

바룩 앝타 아도나이 엘로헤누 멜렉 하올람, 모든 영원한 것들의 반석이시여, 모든 세대에서 의로우십니다. 신실하신 엘(אל), 말씀하시고 역사하시는 분, 선포하시고 완성하시는 분, 당신의 말씀은 모두 진리입니다. 당신은 신실하십니다. 여호와 우리의 엘로힘, 당신의 말씀은 신실합니다. 단 한 말씀도 이루어지지 않은 채 당신께로 돌아오지 않을 것입니다. 오 엘(אל), 신실하시고 동정심이 많으신 왕이시여.
바룩 아타 아도나이, 그 분의 모든 말씀에 신실하게 하신 엘(אל)이시여.

[새언약 블레싱]

◆ 새언약 읽기 전 블레싱

바룩 앝타 아도나이 엘로헤누 멜렉 하올람, 우리에게 마쉬아흐 예슈아와 새 언약의 명령들을 주신 분이시여. 바룩 앝타 아도나이 새 언약을 주신 분이시여.

◆ 새언약 읽은 후 블레싱

바룩 앝타 아도나이 엘로헤누 멜렉 하올람, 우리에게 진리의 말씀과 우리 가운데 영원한 생명을 심으신 분이시여, 바룩 아타 아도나이 새 언약을 주신 분이시여.

10. 아쉬레　אשרי

אַשְׁרֵי יוֹשְׁבֵי בֵיתֶךָ עוֹד יְהַלְלוּךָ סֶּלָה:
레쉬아　베쉬요　카테베　드오　예할렐루카　쎌라

당신의 집에 사는 자들은 행복합니다. 언제나 그들이 당신을 찬양합니다. 쎌라.

אַשְׁרֵי הָעָם שֶׁכָּכָה לּוֹ אַשְׁרֵי הָעָם שֶׁיְהוָה אֱלֹהָיו:
레쉬아　암하　셰카카　로　아쉬레　암하　셰아도나이　엘로하브이

그분과 같이 되는 백성은 행복합니다. 여호와께서 자기들의 엘로힘인 백성들은 행복합니다.

영이 가난한 자들은 행복하다, 하늘의 왕국이 그들의 것이기 때문이다.
애통하는 자들은 행복하다, 그들이 위로를 받을 것이기 때문이다.
온유한 자들은 행복하다, 그들이 땅을 상속받을 것이기 때문이다.
의에 주리고 목마른 자들은 행복하다, 그들이 배부를 것이기 때문이다.
긍휼을 베푸는 자들은 행복하다, 그들이 긍휼을 얻을 것이기 때문이다.
마음이 순수한 자들은 행복하다, 그들이 엘로힘을 볼 것이기 때문이다.
화평케 하는 자들은 행복하다, 그들이 엘로힘의 자녀라 일컬음을 받을 것이기 때문이다.
의로 인하여 핍박받는 자들은 행복하다, 하늘의 왕국이 그들의 것이기 때문이다.
사람들이 나 때문에 너희를 모욕과 박해하며, 너희를 거슬러 거짓으로 온갖 사악한 말을 하면, 너희는 행복하다, 기뻐하고 크게 즐거워하라, 이는 하늘에서 너희 보상이 크기 때문이다. 그들이 너희 전에 있던 대언자들도 이같이 핍박하였다.

אַשְׁרֵי הָעָם שֶׁכָּכָה לּוֹ אַשְׁרֵי הָעָם שֶׁיְהוָה אֱלֹהָיו:
브이하로엘　이나도아쉐　암하　레쉬아　로　카카쉘　암하　레쉬아

이러한 백성은 행복합니다. 여호와께서 그들의 엘로힘인 백성은 행복합니다.

<시편 145>

א 내가 당신을 높입니다. 왕이신 나의 엘로힘이시여. 내가 당신의 이름을 영원토록 송축합니다.

ב 매일 내가 당신을 송축하니 당신의 이름을 영원토록 찬양합니다.

ג 여호와는 광대하셔서 크게 찬양 받으시니 그의 크심을 측량할 수 없습니다.

ד 대대로 당신의 행하심을 칭송하고 당신의 권능을 그들이 전할 것입니다.

ה 존귀하고 영광스러운 당신의 위엄과 당신의 놀라운 말씀들을 내가 묵상할 것입니다.

ו 당신의 두려운 권능을 그들이 말하며 당신의 크심을 내가 전할 것입니다.

ז 당신의 크신 선하심의 기억을 그들이 쏟아내고 당신의 의를 그들이 기뻐 외칠 것입니다.

ח 여호와는 은혜로우시고 자비로우시며 오래 참으시고 헤쎄드(인애)가 크십니다.

ט 여호와는 모두에게 선하시며 그의 자비하심이 그가 만드신 모든 것들 위에 있습니다.

י 당신께서 만드신 모든 것들이 당신께 감사드립니다. 여호와여, 당신의 경건한 자들이 당신을 송축합니다.

כ 당신의 왕국의 영광을 그들이 말하며 당신의 권능을 그들이 전하리니

ל 사람들에게 그의 권능과 그의 왕국의 존귀와 영광을 알리기 위함입니다.

מ 당신의 왕국은 영원한 왕국이며 당신의 통치권은 모든 세대에 있습니다.

ס 여호와께서는 넘어지는 모든 자를 붙드시며 엎드리는 모든 자를 일으키십니다.

ע 모든 눈이 당신을 바라니 당신은 때에 따라 그들에게 그들의 음식을 주시고

פ 당신의 손을 여셔서 모든 생명의 원함을 만족시켜 주십니다.

צ 여호와께서는 그의 모든 길에 의로우시며 그가 만드신 모든 것에 인애로우십니다.

ק 여호와께서는 곧 그를 부르는 모든 자에게 가까이 계십니다.

ר 그를 경외하는 자들의 기뻐하는 것을 그가 행하시며 도움을 청하는 그들의 소리를 들으시고 그들을 구원하실 것입니다.

ש 여호와께서는 그를 사랑하는 모든 자를 지키시나 모든 악인들은 진멸하십니다.

ת 하짠-여호와의 찬양을 내 입이 전하고 모든 육체는 그의 거룩한 이름을 영원토록 송축할 것입니다. 우리는 지금부터 영원토록 여호와를 송축하리로다. 여호와를 찬양하라.

< 시편 29편 >

הָבוּ לַיהוָה 다윗의 시

오 강력한 자들아, 너희는 영광과 능력을 여호와께 드리고 여호와께 드릴지어다.
여호와의 이름에 합당한 영광을 그분께 드리며 거룩함의 그 아름다움으로 여호와께 경배할지어다.
여호와의 음성이 물들 위에 있도다.
영광의 엘אל께서 천둥을 치시나니 여호와는 많은 물들 위에 계시도다.
여호와의 음성은 권능이 있고 여호와의 음성은 위엄이 가득하도다.
여호와의 음성이 백향목들을 꺾으시나니 참으로 여호와께서 레바논의 백향목을 꺾으시는도다.
여호와의 음성이 불꽃들을 가르는도다.
여호와의 음성이 광야를 흔드나니 여호와께서 카데쉬 광야를 흔드시는도다.

<하짠> 여호와의 음성이 암사슴들로 하여금 새끼를 낳게 하고 삼림을 드러나게 하나니 그분의 성전에서 사람마다 그분의 영광을 말하는도다. 여호와께서 큰 물 위에 앉아 계시나니 참으로 여호와께서 영원토록 왕으로 앉아 계시는도다. 여호와께서 자신의 백성에게 힘을 주시리니 여호와께서 자신의 백성에게 화평으로 복을 주시리로다.

11. 무사프 (샤밧 & 호데쉬)

-슈모네 에스레를 낭송하는 동안에는 발을 모으고 선 채로 한다. 이것을 낭송하는 동안에는 침묵해야 하며, 어떤 방해가 있거나 다른 사람과 대화를 해서도 안된다. 다른 사람에게는 들릴 필요가 없지만, 자기만 알아들을 정도의 소리로 기도한다.

아도나이 스파타이 티프타흐 우피 야기드 테힐라테카
/ 오 아도나이(나의 주님)시여! 당신이 나의 입술을 열어 주소서 내 입이 당신의 찬양을 전하리이다.

아도나이 스파타이 티프타흐 우피 야기드 테힐라테카, 앝타 가돌 앝타 베아길라 비슈아테카
/ 오 아도나이시여! 당신이 나의 입술을 열어 주소서. 내입이 당신의 찬양을 전하리이다.
  당신은 위대하십니다.

아도나이 스파타이 티프타흐 우피 야기드 쉠 예슈아 임마누엘 임마누엘 하쉠 예슈아 하마쉬아흐
/ 그리고 당신의 구원 안에서 기뻐할 것입니다. 오 아도나이시여! 당신이 나의 입술을 열어 주소서.
  내 입이 당신의 예슈아를 전하리이다. 우리와 함께 하시는 엘(אל). 그 이름 예슈아 함마쉬아흐

  예슈아 함마쉬아흐의 이름으로 구하오니 우리의 모든 기도를 들으소서.

◆ 아브라함, 이쯔학, 야아콥의 엘로힘(אלהים)을 찬양 – 아보트 **אבות**

바룩 앝타 아도나이 엘로헤누, 우리 주 예슈아 마쉬아흐의 엘로힘, 우리 아버지들의 엘로힘, 아브라함의 엘로힘 이쯔학의 엘로힘 야아콥의 엘로힘, 위대하시고 강력하시고 두려운 경외의 엘(אל), 선한 헤쎄드(인애)를 주시는 분, 모든 것을 창조하시는 분, 그리고 아버지들의 헤쎄드(인애)를 기억하시는 분, 그리고 그들의 자녀들의 자녀들을 위해 구속자(고엘)를 가져오시는 분, 주 예슈아여 속히 오소서.

그분의 이름을 위해!
사랑 안에서!

샤밧 가이드

로쉬 하샤나에서 욤 키푸르까지 ※

זָכְרֵנוּ לְחַיִּים מֶלֶךְ חָפֵץ בַּחַיִּים וְכָתְבֵנוּ
누베트카붸 임하바 쯔페하 렉멜 임하레 누레케자

בְּסֵפֶר הַחַיִּים לְמַעַנְךָ אֱלֹהִים חַיִּים:
임하 힘로엘 카안마레 임하하 르페쎄베

생명을 위해 우리를 기억하소서. 생명을 갈망하시는 왕이시여. 그리고 생명 책에 우리를 기록하소서-당신을 위하여, 오 살아계신 엘로힘이시여.

מֶלֶךְ עוֹזֵר וּמוֹשִׁיעַ וּמָגֵן בָּרוּךְ אַתָּה
타앝 룩바 겐마우 아쉬모우 르제오 렉멜

יהוה מָגֵן אַבְרָהָם:
함라브아 겐마 이나도아

우리의 왕이시며 돕는 이시며 구원자이시며 아브라함의 방패되신 주님. 바룩 앝타 아도나이 마겐(방패) 아브라함.

◆ 죽은 자를 부활시키시는 분을 찬양   גְּבוּרוֹת

אַתָּה גִּבּוֹר לְעוֹלָם אֲדֹנָי
이나도아 람올레 르보깁 타앝

מְחַיֵּה מֵתִים אַתָּה רַב לְהוֹשִׁיעַ:
아쉬호레 브라 타앝 팀메 예이하메
※※※1

당신께서는 영원한 강력한 용사이십니다. 아도나이(나의 주님)!
죽은 자들을 살리시는 분이시여! 라브 레호쉬아-구원의 대장이십니다.

מְכַלְכֵּל חַיִּים בְּחֶסֶד מְחַיֵּה מֵתִים
팀메 예이하메 드쎄헤베 임하 켈칼메

בְּרַחֲמִים רַבִּים סוֹמֵךְ נוֹפְלִים וְרוֹפֵא
페로붸 림페노 멕쏘 빔랍 밈하라베

חוֹלִים וּמַתִּיר אֲסוּרִים וּמְקַיֵּם אֱמוּנָתוֹ
토나무에 옘이카메우 림쑤아 르티마우 림호

לִישֵׁנֵי עָפָר:
르파아 네쉐리

헤쎄드(인애) 안에서 살아 있는 자들을 보전하소서 위대하고 깊은 사랑으로 죽은 자들을 살리소서.
엎드린 자들에게 안수하시고 지지하시고 지원하소서.
상함을 치유하소서. 갇힌 자들 매인 자들을 자유케 하소서.
티끌에서 잠자는 자들을 위한 그분의 진리는 변하지 않습니다.

מִי כָמוֹךָ בַּעַל גְּבוּרוֹת וּמִי דוֹמֶה לָּךְ
락 메도 미우 롵브게 알바 카모카 미

מֶלֶךְ מֵמִית וּמְחַיֵּה וּמַצְמִים יְשׁוּעָה:
아슈예 흐아미쯔마우 예하메우 밑메 렉멜

누가 당신과 같겠습니까. 강력한 일들의 주관자이시여! 누구를 당신과 비교하겠습니까. 삶과 죽음을 주장하는 왕이시여. 예슈아를 솟아나게 하소서.

샤밧 가이드

로쉬 하샤나에서 욤 키푸르까지 ※

מִי כָמוֹךָ אַב הָרַחֲמִים
밈하라하　　브아　카모카　미

זוֹכֵר יְצוּרָיו לְחַיִּים בְּרַחֲמִים:
밈하라베　임하레　브이라쭈예　르케조

누가 당신과 같겠습니까. 긍휼이 많으신 아버지여,
긍휼함 속에서 그분께서 만드신 것에 생명을 주시기 위해 기억하시는 분이시여.

וְנֶאֱמָן אַתָּה לְהַחֲיוֹת מֵתִים :
팀메　트요이하하레　타알　만에네붸

בָּרוּךְ אַתָּה יהוה מְחַיֵּה הַמֵּתִים :
팀메함　예이하메　이나도아　타알　룩바

죽은 자의 부활에 당신께서는 신실하십니다.
바룩 앝타 아도나이 메하이예 함 메팀/
죽은 자를 부활시키시는 주님.

쉐미니 아쩨레트와 페싹 사이에 ※※1

מַשִּׁיב הָרוּחַ וּמוֹרִיד הַגֶּשֶׁם
쉠겟학　드리모우　흐아루하　브쉬맛

바람을 불게 하시고 비를 내리게 하시는 분이시여.

페싹에서 수콧까지 ※※1

מוֹרִיד הַטָּל
탈핱　드리모

이슬을 내리게 하시는 분이시여.

◆ 엘로힘의 이름의 거룩함　קְדֻשַּׁת הַשֵּׁם

אַתָּה קָדוֹשׁ וְשִׁמְךָ קָדוֹשׁ
쉬도카　카쉠붸　쉬도카　타알

וּקְדוֹשִׁים בְּכָל יוֹם יְהַלְלוּךָ סֶּלָה
라쎌　카루렐할예　욤　콜베　쉼도케우

בָּרוּךְ אַתָּה יהוה הָאֵל הַקָּדוֹשׁ
쉬도카하　엘하　이나도아　타알　룩바

당신은 거룩하십니다.
그리고 당신의 이름은 거룩합니다.
거룩한 자들이 모든 날 동안에 당신을 찬양합니다. 쎌라
바룩 앝타 아도나이 거룩한 엘(אֵל)이시여.

◆ 케두샤　קְדֻשָּׁה

"케두샤를 낭송할 때는 두 발을 모으고 서야 하고, 어떤 방해도 없어야 한다.
다음 단어를 말할 때는 발끝으로 선다.　קָדוֹשׁ בָּרוּךְ יִמְלֹךְ

נְקַדֵּשׁ אֶת שִׁמְךָ בָּעוֹלָם כְּשֵׁם שֶׁמַּקְדִּישִׁים 쉠디크마쉠 쉠케 밤올바 카쉼 엩 쉬데칸네	회중> 우리는 이 세상에서 당신의 이름을 거룩히 여깁니다. 그것은 그 이름이 하늘 높은 곳에서 거룩히 여김을 받는 것과 같습니다.
אוֹתוֹ בִּשְׁמֵי מָרוֹם כַּכָּתוּב עַל יַד נְבִיאֶךָ 카에비네 드야 알 브루카카 롬마 메쉬비 토오	
וְקָרָא זֶה אֶל זֶה וְאָמַר: 르마아붸 제 엘 제 라카붸	하짠> 당신의 예언자에 의해 쓰여진 것처럼, 하나가 다른 하나에게 크게 외쳐 이르되:
קָדוֹשׁ! קָדוֹשׁ קָדוֹשׁ יְהוָה צְבָאוֹת 옽바쩨 이나도아 쉬도카 쉬도카 쉬도카	회중> 거룩하다 거룩하다 거룩하다 만군의 여호와여. 그분의 영광이 온 땅에 충만하도다.
מְלֹא כָל־הָאָרֶץ כְּבוֹדוֹ: 도보케 쯔레아하-콜 로믈	
לְעֻמָּתָם בָּרוּךְ יֹאמֵרוּ: 루메요 룩바 탐마움레	하짠> 그들을 바라보는 자들이 말하는 도다. '바룩'
בָּרוּךְ כְּבוֹד־יְהוָה מִמְּקוֹמוֹ: 모코므밈 이나도아-드보케 룩바	회중> 그분의 선 곳으로부터 여호와의 영광이 임하여 송축 받으시는도다.
וּבְדִבְרֵי קָדְשְׁךָ כָּתוּב לֵאמֹר: 르모레 브투카 카쉐드코 레브디베우	하짠> 당신의 거룩한 말씀에 쓰여져 있기를
יִמְלֹךְ יְהוָה ׀ לְעוֹלָם אֱלֹהַיִךְ צִיּוֹן 욘찌 크이하로엘 람올레 이나도아 롴임	회중> 여호와께서 영원히 통치하시리니 찌온아 네 엘로힘께서 모든 세대에 이르기까지 통치하시리로다. 너희는 여호와를 찬양하라.
לְדֹר וָדֹר הַלְלוּ־יָהּ: -야-루렐할 르도와 르도레	
לְדוֹר וָדוֹר נַגִּיד גָּדְלֶךָ וּלְנֵצַח נְצָחִים 힘짜네 흐짜네울 카레드가 드기낙 르도와 르도레	하짠> 우리는 이 세대로부터 오는 세대까지 당신의 위대하심을 전할 것입니다. 우리는 당신의 거룩함을 선포할 것입니다. 우리는 영원히 당신을 거룩히 여길 것입니다. 우리 엘로힘이시여, 우리의 입에서 당신을 향한 찬양이 영원히 떠나지 않을 것입니다. 오 엘(אל)당신은 위대하고 거룩한 왕이십니다.
קְדֻשָּׁתְךָ נַקְדִּישׁ וְשִׁבְחֲךָ אֱלֹהֵינוּ מִפִּינוּ 누피밈 누헤로엘 카하브쉬붸 쉬디케나 카테샤둣케	
לֹא יָמוּשׁ לְעוֹלָם וָעֶד כִּי אֵל מֶלֶךְ גָּדוֹל 돌가 렠멜 엘 키 드에봐 람올레 쉬무야 로	
וְקָדוֹשׁ אָתָּה: 타앝 쉬도카붸	
בָּרוּךְ אַתָּה יְהוָה הָאֵל הַקָּדוֹשׁ: 쉬도카학 엘하 이나도아 타앝 룩바	바룩 앝타 아도나이 거룩한 왕이시여.

샤밧 가이드

◈ 거룩한 날 קדושת היום

אַתָּה אֶחָד 당신은 에하드이십니다. 그리고 당신의 이름은 에하드이십니다. 그리고 누가 당신의 백성 이스라엘과 같겠습니까. 이 땅에서 에하드인 나라, 당신은 당신의 백성들에게 위대한 영화로움과 예슈아의 면류관과 샤밧과 거룩을 주셨습니다. 아브라함은 기뻐하셨습니다. 이쯔학과 야아콥과 그의 자녀들은 그 안에서 안식하였습니다. 사랑의 안식, 진리와 믿음의 안식, 평화의 안식, 당신의 뜻 안에서의 완전한 안식, 당신의 자녀들의 안식은 오직 당신으로부터 오는 것을 깨닫고 알게 되기를 기도합니다. 그들의 안식을 통하여 그들은 당신의 이름을 거룩하게 할 것입니다.

אֱלֹהֵינוּ 엘로헤누(우리의 엘로힘) 그리고 엘로헤 아보테누(우리 아버지들의 엘로힘) 우리가 안식 가운데서 살아가는 것이 당신의 기뻐하는 뜻이길 원합니다. 당신의 명령들로 우리를 거룩하게 하시고 당신의 토라 안에서 우리의 몫을 허락하소서 ; 당신의 선하신것들로 부터 우리에게 만족이 있도록, 우리의 마음을 순결하게 하소서. 오 아도나이 엘로헤누(여호와 우리 엘로힘) 사랑안에서, 그리고 당신의 뜻 안에서, 당신의 거룩한 샤밧을 우리의 기업이 되게 하소서. 그리고 당신의 이름을 거룩하게 하는 이스라엘이 그녀 안에서 정착하여 안식하게 하소서.
바룩 앝타 아도나이 메카데쉬 핫샤밧 – 그 샤밧을 거룩하게 하시는 분이시여.

◈ 예　배 עבודה

רְצֵה יְהוָה אֱלֹהֵינוּ בְּעַמְּךָ יִשְׂרָאֵל
엘라쓰이　카메암베　누헤로엘　이나도아　쩨레

וּבִתְפִלָּתָם וְהָשֵׁב אֶת הָעֲבוֹדָה לִדְבִיר
르비드리　다보아하　엩　브쉐하붸　탐라필트비우

בֵּיתֶךָ:
카테베

여호와 우리의 엘로힘, 당신의 백성 이스라엘과 그들의 기도를 기뻐 받으소서.
그리고 당신 집의 지성소 예배를 회복하소서.

וְאִשֵּׁי יִשְׂרָאֵל וּתְפִלָּתָם בְּאַהֲבָה
바하아베　탐라필트우　엘라쓰이　쉬이붸

תְקַבֵּל בְּרָצוֹן וּתְהִי לְרָצוֹן תָּמִיד
드미타　쫀라레　히트우　쫀라베　벨캅테

עֲבוֹדַת יִשְׂרָאֵל עַמֶּךָ:
카메암　엘라쓰이　트다보아

이스라엘의 화제와 그들의 기도를 사랑과 기뻐하는 뜻 안에서 받으시옵소서.
당신의 백성 이스라엘의 섬김을 언제나 기쁘게 받으소서.

וְתֶחֱזֶינָה עֵינֵינוּ בְּשׁוּבְךָ לְצִיּוֹן בְּרַחֲמִים:
밈하라베　온찌레　카브슈베　누네에　나제헤테붸

우리의 눈이 – 당신이 깊은 자비의 사랑을 가지고 찌온

샤밧 가이드

בָּרוּךְ אַתָּה יהוה הַמַּחֲזִיר
바룩 아타 아도나이 함마하지르
שְׁכִינָתוֹ לְצִיּוֹן:
쉐키나토 레찌욘

으로 돌아오는 것을 보게 하소서. 바룩 아타 아도나이 함마하지르 쉐키나토 레찌욘 / 시온에 당신의 임재를 회복하는 분이시여.

◆ 주님께 감사드림 **הודאה**

מוֹדִים אֲנַחְנוּ לָךְ שָׁאַתָּה הוּא יהוה
모딤 아나흐누 라크 샤아타 후 아도나이
אֱלֹהֵינוּ וֵאלֹהֵי אֲבוֹתֵינוּ לְעוֹלָם וָעֶד:
엘로헤누 베엘로헤 아보테누 레올람 바에드
צוּר חַיֵּינוּ מָגֵן יִשְׁעֵנוּ אַתָּה הוּא לְדוֹר
쭈르 하예누 마겐 이쉬에누 아타 후 레도르
וָדוֹר:
바도르

우리가 당신께 감사를 드립니다.
당신은 그분, 여호와 우리의 엘로힘이십니다.
우리 생명의 반석, 우리 구원의 방패, 당신께서 그분이십니다.
대대로 당신께 감사하며 당신의 찬양을 전하겠습니다.

נוֹדֶה לְךָ וּנְסַפֵּר תְּהִלָּתֶךָ עַל חַיֵּינוּ
노데 레카 우네싸페르 테힐라테카 알 하예누
הַמְּסוּרִים בְּיָדֶךָ וְעַל נִשְׁמוֹתֵינוּ
함메쑤림 베야데카 베알 니쉬모테누
הַפְּקוּדוֹת לָךְ וְעַל נִסֶּיךָ שֶׁבְּכָל יוֹם
하프쿠도트 라크 베알 닛쎄카 쉐베콜 욤
עִמָּנוּ וְעַל נִפְלְאוֹתֶיךָ וְטוֹבוֹתֶיךָ שֶׁבְּכָל
임마누 베알 니프레오테카 베토보테카 쉐베콜
עֵת עֶרֶב וָבֹקֶר וְצָהֳרָיִם:
에트 에레브 바보케르 베짜호라임

당신의 능력의 손에 맡겨진 우리의 생명으로 인해 당신을 찬양합니다.

당신께서 돌보시는 우리의 네샤마(숨, 영)로 인해 당신을 찬양합니다.
매일 우리와 함께하시는 당신의 기적들로 인해 당신을 찬양합니다. 저녁, 아침, 오후 모든 순간들에 일어나는 당신의 이적들과 선하심들로 인해 당신을 찬양합니다.

הַטּוֹב כִּי לֹא כָלוּ רַחֲמֶיךָ וְהַמְרַחֵם כִּי
핱토브 키 로 칼루 라하메카 베함라헴 키
לֹא תַמּוּ חֲסָדֶיךָ מֵעוֹלָם קִוִּינוּ לָךְ:
로 탐무 하싸데카 메올람 키비누 라크

선하신 분이시여, 당신의 깊은 사랑의 자비는 다함이 없으십니다. 그리고 자비로운 분이시여, 당신의 헤쎄드(인애)는 끝이 없으십니다.
언제나 우리는 당신을 기다립니다.

※※※1 ※※※1

וְעַל כֻּלָּם יִתְבָּרַךְ וְיִתְרוֹמַם שִׁמְךָ
베알 쿨람 이트바라크 베이트로맘 쉼카

이 모든 것 위에서 쉬지 않고 당신의 이름을 송축하고 높임이 영원할 것입니다.

샤밧 가이드

מַלְכֵּנוּ תָּמִיד לְעוֹלָם וָעֶד:
말케누 타미드 레올람 바에드

우리의 왕이여!

※※※2

וְכָל הַחַיִּים יוֹדוּךָ סֶּלָה וִיהַלְלוּ אֶת שִׁמְךָ
콜훼 하하임 요두카 쎌라 뷔할렐루 엩 쉼카

※※※2

모든 살아있는 것들이 당신을 알게 될 것입니다. 쎌라. 그리고 진리 안에서 당신의 이름을 찬양할 것입니다. 그 엘(אֵל) 우리 예슈아여, 그리고 우리의 도움이시여, 쎌라.

בֶּאֱמֶת הָאֵל יְשׁוּעָתֵנוּ וְעֶזְרָתֵנוּ סֶלָה
베에멭 하엘 예슈아테누 붸에즈라테누 쎌라

바룩 앝타 아도나이, 당신의 이름은 '선한 분' 이십니다. 그리고 당신에게 감사 찬양은 합당합니다.

בָּרוּךְ אַתָּה יהוה הַטּוֹב שִׁמְךָ וּלְךָ
바룩 앝타 아도나이 하톹브 쉼카 우레카

נָאֶה לְהוֹדוֹת:
나에 레호돝

※※※3

※※※3

※※※1

[하누카와 부림절에]

그리고 그 기적들로 인해, 그 구원하심으로 인해, 그 위대한 행적들로 인해, 그 구원들로 인해 그리고 그 날에 그 시간의 우리 아버지들을 위해 당신이 행하신 그 전쟁들로 인해 당신을 찬양합니다.

[하누카에]

하스모니안 대제사장 요하난의 아들 마티트야후와 그의 아들들의 날들에 이스라엘로 하여금 당신의 토라를 잊게 만들고, 당신의 뜻이 있는 명령들을 어기게 하려고 악한 헬라 왕국이 이스라엘 백성들을 누르며 일어났습니다. 당신의 크고 깊은 사랑으로, 당신은 그들의 고통의 시간에 그들을 위해 일어서셨습니다. 당신은 그들을 변호하고, 옹호하시며, 그들의 원수에게 보응하셨습니다. 당신께서는 연약한 자들의 손에 강한 능력을 주셨습니다. 의로운 자들의 손에 악한 자들을 넘겨주셨습니다. 그리고 당신의 토라에 마음을 빼앗긴 자들의 손에 사악한 자들을 넘겨주셨습니다. 당신께서는 당신의 세상에서, 당신 스스로를 위해 위대하고 거룩한 이름을 만드셨습니다. 그리고 그 날에 당신의 백성 이스라엘을 위한 위대한 구원과 구속을 만드셨습니다. 그 후 당신의 자녀들이 당신의 집 거룩한 곳으로 들어가서, 당신의 궁정을 깨끗하게 하였습니다. 당신의 성소를 정결케 하고 당신의 거룩한 성소에 불을 밝혔습니다. 그리고 당신의 위대한 이름에 찬양과 감사를 드리기 위해, 그들은 8일의 하누카를 정하였습니다.

[부림절에]

모르드카이와 에스테르의 날에, 사악한 하만이 그들을 대적하여 일어났습니다. 그리고 십이월 곧 아달월 십 삼일 하루 동안 젊은이나 늙은이나 어린이나 여인을 막론하고 모든 예후다인을 멸하고 죽이고 소멸시키고 또 그들에게서 탈취물을 취하게 하셨습니다. 그러나 당신께서는 당신의 풍성한 긍휼 안에서 그의 비밀스런 의도를 수포로 돌리셨습니다. 그리고 그의 계획을 좌절시키셨습니다. 그리고 그의 음모를 그 자신의 머리 위로 돌아가게 하셨습니다. 그리고 그와 그의 아들들이 교수대 위에 매달리게 하셨습니다.

샤밧 가이드

※※※ 2
[로쉬하샤나에서 욤키푸르까지]

그리고 당신의 언약의 자녀들 모두를 선한 생명으로 기록하소서.

※※※ 3
[제사장의 축복]
-아미다 기도를 반복할 때 하짠이 제사장의 축복기도를 한다. (상 중인 집을 제외하고)

אֱלֹהֵינוּ וֵאלֹהֵי אֲבוֹתֵינוּ בָּרְכֵנוּ בַבְּרָכָה
카라브바   누케발   누테보아   헤로뵈   누헤로엘

우리의 엘로힘, 그리고 우리 아버지들의 엘로힘,

הַמְשֻׁלֶּשֶׁת בַּתּוֹרָה הַכְּתוּבָה עַל יְדֵי מֹשֶׁה
쉐모 데예 알   바투케학   라토바   쉴레슐함

우리를 – 당신의 종 모쉐에 의해 쓰여진, 아하론과 그의 자손들과 크핟(고핫) 자손, 그리고 당신의 거룩한 백성에 의해 말해진 – 토라에 있는 3개의 축복문으로 축복하소서.

עֲבֶדְךָ הָאֲמוּרָה מִפִּי אַהֲרֹן וּבָנָיו כֹּהֲנִים
님하코   브이나바우 론하아 피밒 라무아하 카데브아

עַם קְדוֹשֶׁךָ כָּאָמוּר:
르무아카 카쉐도케 암

יְבָרֶכְךָ יְהוָה וְיִשְׁמְרֶךָ:
카레메쉬이붸 이나도아 카케레바예

[회중] כֵּן יְהִי רָצוֹן (켄 예히 라쫀) "당신의 뜻이 이루어질 것입니다."

יָאֵר יְהוָה פָּנָיו אֵלֶיךָ וִיחֻנֶּךָּ:
카넼훈뷔 카레엘 브이나파 이나도아 르에야

[회중] כֵּן יְהִי רָצוֹן (켄 예히 라쫀) "당신의 뜻이 이루어질 것입니다."

יִשָּׂא יְהוָה פָּנָיו אֵלֶיךָ וְיָשֵׂם לְךָ שָׁלוֹם:
롬샬 카레 쎔야붸 카레엘 브이나파 이나도아 싸잇

[회중] כֵּן יְהִי רָצוֹן (켄 예히 라쫀) "당신의 뜻이 이루어질 것입니다."

◆ 샬롬(평화)을 세움   שלום

שִׂים שָׁלוֹם טוֹבָה וּבְרָכָה חֵן וָחֶסֶד
드쎄헤봐 헨 카라브우 바토 롬샬 심

샬롬(평화), 토바(선하심), 그리고 브라카(축복), 헨(은혜) 그리고 헤쎄드(인애)와 라하밈(긍휼)을 우리 위에 세우소서. 당신의 백성 온 이스라엘 위에 세우소서. 우리 아버지여, 우리를 축복하소서. 당신의 얼굴 빛으로

וְרַחֲמִים עָלֵינוּ וְעַל כָּל יִשְׂרָאֵל עַמֶּךָ:
카메암 엘라쓰이 콜 알붸 누레알 밈하라붸

בָּרְכֵנוּ אָבִינוּ כֻּלָּנוּ כְּאֶחָד בְּאוֹר פָּנֶיךָ כִּי
키 카네파 르오베 드하에케 누라쿨 누비아 누케르바

샤밧 가이드

בְּאוֹר פָּנֶיךָ נָתַתָּ לָּנוּ יְהוָה אֱלֹהֵינוּ תּוֹרַת
랕토 누헤로엘 이나도아 누라 타탙나 카네파 르오베

חַיִּים וְאַהֲבַת חֶסֶד וּצְדָקָה וּבְרָכָה
카라브우 카다쯔우 드쎄헤 밭하아붸 임하

וְרַחֲמִים וְחַיִּים וְשָׁלוֹם:
롬샬붸 임하붸 밈하라붸

וְטוֹב בְּעֵינֶיךָ לְבָרֵךְ אֶת עַמְּךָ יִשְׂרָאֵל
엘라쓰이 카메암 엩 렠바레 카네에베 브토붸

בְּכָל עֵת וּבְכָל שָׁעָה בִּשְׁלוֹמֶךָ:
카메로쉬비 아샤 콜브우 엩 콜베
※※※1

בָּרוּךְ אַתָּה יְהוָה הַמְבָרֵךְ אֶת עַמּוֹ
모암 엩 렠바함 이나도아 타앝 룩바

יִשְׂרָאֵל בַּשָּׁלוֹם:
롬샬밧 엘라쓰이

우리 모두 에하드(하나)가 되게 하소서. 왜냐하면 여호와 우리 엘로힘, 당신께서 당신의 얼굴 빛 안에서 우리에게 토라를 주셨기 때문입니다. 그리고 헤쎄드(인애)의 사랑을 주셨습니다. 의와 축복과 긍휼과 생명과 샬롬(평화)을 주셨습니다. 모든 순간과 모든 시간에 당신의 샬롬(평화)으로 당신의 이스라엘을 축복하는 것이 당신의 눈에 선합니다.
※※※1

바룩 앝타 아도나이, 그의 백성 이스라엘을 샬롬(평화)으로 축복하는 분이시여.

※※※ 1
[로쉬 하샤나에서 욤 키푸르까지]

생명(하임), 브라카(축복), 샬롬(평화) 그리고 선한 삶(레하임 토빔)의 책을 통해 우리가 당신 앞에서 기억되고, 새겨지게 하소서. – 우리 그리고 모든 백성 이스라엘 가족의 선한 삶과 샬롬을 위하여. 바룩 아타 아도나이 오쎄 하샬롬. 그 샬롬을 있게 하시는 분이시여.

-하짠이 반복하는 슈모네 에스레이는 여기서 끝나고, 다음 구절을 낭송한다.

יִהְיוּ לְרָצוֹן ׀ אִמְרֵי־פִי וְהֶגְיוֹן לִבִּי לְפָנֶיךָ יְהוָה צוּרִי וְגֹאֲלִי:
리아고붸 리쭈 이나도아 카네파레 비립 욘그헤붸 피-레임 ׀ 쫀라레 유흐이

내 입의 말과 내 마음의 생각이 당신의 얼굴 앞에 받으실 만한 것이 되기를 원하나이다.
여호와 나의 반석, 그리고 나의 구속자이시여.

샤밧 가이드

◆ 아미다 완성

אֱלֹהַי

나의 엘로힘, 내 혀를 악으로부터 지키소서. 그리고 내 입술을 거짓을 말하는 것으로부터 지키소서. 내 원수를 사랑하게 하소서. 나를 저주하는 자들에게 내 혼이 고요하게 하시고, 오히려 축복하게 하소서. 나를 미워하는 자들에게 선을 행하며, 악의를 품고 나를 대하고 나를 핍박하는 자들을 위해 기도하게 하소서. 모든 사람에게 내 혼이 티끌 같게 하소서. 내 마음이 당신의 토라를 향해 열리게 하소서. 그러면 내 혼이 당신의 명령들을 추구할 것입니다. 나를 해할 계획을 꾀하는 모든 악에 대해-속히 그들의 도모를 제거하시고 그들의 계략을 헛되게 하소서. 당신의 이름을 위하여 행하소서. 당신의 오른손을 위하여 행하소서. 당신의 거룩함을 위하여 행하소서. 당신의 토라를 위하여 행하소서. 당신께서 사랑하시는 자를 건지시기 위하여 당신의 오른손으로 구원하시고 내게 응답하소서.

이들은 어린양께서 어디로 가시든지 따라가는 자들이며 사람들 가운데서 대속을 받아 엘로힘과 어린양께 첫 열매가 된 자들이라. 그들의 입에서 거짓을 찾을 수 없나니 이는 그들이 엘로힘의 왕좌 앞에서 잘못이 없기 때문이라. (계14:4~5)

그의 입에는 진리의 법이 있었고 그의 입술에는 불법이 없었으며 그가 화평과 공평으로 나와 함께 걸었고 많은 사람을 돌이켜 불법에서 떠나게 하였느니라. 제사장의 입술은 지식을 지켜야 하겠고 사람들은 그의 입에서 토라를 구하여야 하리니 이는 제사장이 만군의 주의 사자이기 때문이니라. (말2:6~7)

יִהְיוּ לְרָצוֹן ׀ אִמְרֵי־פִי וְהֶגְיוֹן לִבִּי לְפָנֶיךָ יְהוָה צוּרִי וְגֹאֲלִי׃

리아고붸 리쭈 이나도아 카네파레 비리 욘그헤붸 피 - 레임 ׀ 쫀라레 유흐이

내 입의 말과 내 마음의 생각이 당신의 얼굴 앞에 받으실 만한 것이 되기를 원하나이다.
여호와 나의 반석, 그리고 나의 구속자이시여.

עֹשֶׂה שָׁלוֹם בִּמְרוֹמָיו הוּא יַעֲשֶׂה שָׁלוֹם עָלֵינוּ וְעַל כָּל

콜 알붸 누레알 롬샬 쎄아야 후 브마로빔 롬샬 쎄오

יִשְׂרָאֵל וְאִמְרוּ אָמֵן

멘아 루임붸 엘라쓰이

그분의 높은 곳에 샬롬이 있도다. 그분이 우리 위에 샬롬을 이루시는도다.
그리고 모든 이스라엘 위에 아멘으로 화답하라. [아멘]

히브리어	한국어

יְהִי רָצוֹן מִלְּפָנֶיךָ יהוה אֱלֹהֵינוּ וֵאלֹהֵי
헤로엘베 누헤로엘 이나도아 카네파레밀 쫀라 히예

당신의 뜻이 이루어질 것입니다.
여호와 우리의 엘로힘.
그리고 우리 아버지들의 엘로힘,

אֲבוֹתֵינוּ שֶׁיִּבָּנֶה בֵית הַמִּקְדָּשׁ בִּמְהֵרָה
라헤빔 쉬다크미함 트베 네바입쉐 누테보아

우리의 날들에 속히 거룩한 성전을 세우소서.

בְיָמֵינוּ וְתֵן חֶלְקֵנוּ בְּתוֹרָתֶךָ:
카테라토베 누케헬 텐붸 누메야베

וְשָׁם נַעֲבָדְךָ בְּיִרְאָה כִּימֵי עוֹלָם וּכְשָׁנִים
님샤크우 람올 메키 아르이베 카드바아나 샴붸

영원의 날들 그리고 케뎀의 시대에서 계획된 것 같이 토라 안에서 우리의 기업을 허락하소서.

קַדְמוֹנִיּוֹת:
욷니모드카

וְעָרְבָה לַיהוה מִנְחַת יְהוּדָה וִירוּשָׁלָיִם
임라샬루뷔 다후예 핱민 이나도아라 바르아붸

그리고 경외함 속에서의 우리의 섬김을 임명하소서. 그때에 유다와 예루샬라임의 민카(헌물)가 옛날과 이전 시대에서와 같이 여호와께 기쁨이 될 것입니다.

כִּימֵי עוֹלָם וּכְשָׁנִים קַדְמוֹנִיּוֹת:
욷니모드카 님샤크우 람올 메키

12. 카디쉬

<카디쉬 낭송-엘로힘의 이름을 거룩하게 함>
아래에서, 괄호 속의 말은 카디쉬를 낭송하는 사람이 아닌 회중이 낭송한다.

יִתְגַּדַּל וְיִתְקַדַּשׁ שְׁמֵהּ רַבָּא:
일갇잍 붸잍칻다쉬 쉐메- 랍바

위대하신 그분의 이름이여, 높임을 받으시고 거룩히 여김을 받으소서.

※회중 - אָמֵן: |
아멘

|회중-아멘|

בְּעָלְמָא דִּי בְרָא כִרְעוּתֵהּ:
베알마라 디 라베 키르우테-

그의 기쁘신 뜻을 따라 창조된 세상에서

וְיַמְלִיךְ מַלְכוּתֵהּ בְּחַיֵּיכוֹן וּבְיוֹמֵיכוֹן
붸얌맄 말쿠테- 베하예콘 우베요메콘

그리고 당신의 생명 안에서 그리고 당신의 날들 안에서, 모든 이스라엘 집의 생명의 시간들 안에서 그분이 가까운 시간 안에, 그의 왕권으로 통치하시기를. 아멘으로 화답하라.

וּבְחַיֵּי דְכָל בֵּית יִשְׂרָאֵל בַּעֲגָלָא וּבִזְמַן
우베하예 데콜 베트 이쓰라엘 바아갈라 우비즈만

קָרִיב: וְאִמְרוּ אָמֵן:
카리브 베임루 아멘

회중※

※회중

אָמֵן: | יְהֵא שְׁמֵהּ רַבָּא מְבָרַךְ לְעָלַם
아멘 예헤 쉐메- 랍바 메바랔 레올람

| 아멘.
위대한 그분의 이름을 영원, 영원, 영원토록 송축할지어다. |

וּלְעָלְמֵי עָלְמַיָּא: |
울알메이 알마야

יְהֵא שְׁמֵהּ רַבָּא מְבָרַךְ לְעָלַם וּלְעָלְמֵי
예헤 쉐메- 랍바 메바랔 레올람 울알메이

위대한 그분의 이름을 영원, 영원, 영원토록 송축할지어다.

עָלְמַיָּא:
알마야

יִתְבָּרַךְ וְיִשְׁתַּבַּח וְיִתְפָּאַר וְיִתְרוֹמַם
잍바랔 붸잍쉬탑바흐 붸잍파아르 붸잍로맘

송축 받으시며, 찬송 받으시고, 영광 받으시며, 높임 받으시고, 칭송 받으시고, 위엄 있으시며, 예배 받으시며, 찬양 받으소서. 거룩하신 그분의 이름! 베맄 후. (그분을 송축합니다.)

וְיִתְנַשֵּׂא וְיִתְהַדָּר וְיִתְעַלֶּה וְיִתְהַלָּל שְׁמֵהּ
붸잍나쎄- 붸잍핟다르 붸잍알레 붸잍할랄 쉐메-

דְּקֻדְשָׁא בְּרִיךְ הוּא:
데쿠드샤 브맄 후

샤밧 가이드

|※회중| 회중※

|베릭 후 (그분을 송축합니다.)|
בְּרִיךְ הוּא
베릭 후

세상에 이미 알려진 것보다도
더 큰 축복과
노래와 찬양과
깊은 사랑을 당신께
올려드립니다.
לְעֵלָּא מִן כָּל בִּרְכָתָא וְשִׁירָתָא ※1
레엘라 민 콜 베르카타 붸쉬라타

תֻּשְׁבְּחָתָא וְנֶחֱמָתָא דַּאֲמִירָן בְּעָלְמָא:
투쉬베하타 붸네헤마타 다아미란 베알마

아멘으로 화답하라.
וְאִמְרוּ אָמֵן:
붸임루 아멘

|※회중-아멘|
|※회중- אָמֵן:|
아멘

※1 로쉬 하샤나에서 욤 키푸르까지 대체

לְעֵלָּא וּלְעֵלָּא מִכָּל
레알라 울레알라 믹콜

뒤로 세 걸음 간다. 왼쪽으로 절하면서 '오쎄....' 앞으로 절하면서 '베알콜....'
잠시 머물러 섰다가 앞으로 세 걸음 온다.

그분의 높은 곳에 샬롬이
있도다.
עֹשֶׂה שָׁלוֹם בִּמְרוֹמָיו
오쎄 샬롬 비마로밈

그분이 우리를 위해 샬롬을
이루시는도다.
הוּא בְרַחֲמָיו יַעֲשֶׂה שָׁלוֹם עָלֵינוּ
후 베라하마인 야아쎄 샬롬 알레누

그리고 모든 이스라엘 위에!
아멘으로 화답하라.
וְעַל כָּל יִשְׂרָאֵל: וְאִמְרוּ אָמֵן:
붸알 콜 이쓰라엘 붸임루 아멘

|※회중-아멘|
|※회중- אָמֵן:|
아멘

13. 알레누

히브리어	한국어
עָלֵינוּ לְשַׁבֵּחַ לַאֲדוֹן הַכֹּל 알레누 레샤베아흐 라아돈 하콜	모든 것의 주인이신 분께 찬양함이 우리의 의무입니다.
לָתֵת גְּדֻלָּה לְיוֹצֵר בְּרֵאשִׁית 라텔 게둘라 레요쩨르 베레쉬트	창조의 시작을 드러나게 하신 분에게 위대하심을 드리는 것이 우리의 의무입니다.
שֶׁלֹּא עָשָׂנוּ כְּגוֹיֵי הָאֲרָצוֹת 쉘로 아싸누 케고예 하아라쫕	왜냐하면 그 분은 우리를 세상의 이방나라들처럼 만들지 않으셨습니다.
וְלֹא שָׂמָנוּ כְּמִשְׁפְּחוֹת הָאֲדָמָה: 벨로 싸마누 케미쉬프홑 하아다마	그리고 땅의 족속들처럼 똑같이 우리를 임명하지 않으셨습니다.
שֶׁלֹּא שָׂם חֶלְקֵנוּ כָּהֶם 쉘로 샴 헬케누 카헴	그분은 우리의 기업을 다른 이들과 같이 임명하지 않으셨습니다.
וְגוֹרָלֵנוּ כְּכָל הֲמוֹנָם: 베고랄레누 케콜 하모남	그리고 그 분은 우리의 운명을 다른 이들과 같이 임명하지 않으셨습니다.
וַאֲנַחְנוּ כּוֹרְעִים וּמִשְׁתַּחֲוִים וּמוֹדִים 바아나흐누 코르임 우미쉬타하빔 우모딤	우리는 왕 앞에서, 왕들 중의 왕께 무릎 꿇고 절하며 감사를 드립니다.
לִפְנֵי מֶלֶךְ מַלְכֵי הַמְּלָכִים 리프네 멜렉 말케 함믈라킴	[여기서는 무릎을 굽혀 절한다] 하 카도쉬 바룩 후.
הַקָּדוֹשׁ בָּרוּךְ הוּא: 하카도쉬 바룩 후	/ 거룩하신 분 그 분을 송축합니다.
שֶׁהוּא נוֹטֶה שָׁמַיִם וְיֹסֵד אָרֶץ 쉐후 노테 샤마임 베요쎄드 아레쯔	그분은 하늘들을 펴시고 땅의 기초를 놓으셨습니다.
וּמוֹשַׁב יְקָרוֹ בַּשָּׁמַיִם מִמַּעַל 우모샤브 예카로 밧샤마임 미마알	그 분의 존귀한 처소는 하늘들 위에 있습니다.
וּשְׁכִינַת עֻזּוֹ בְּגָבְהֵי מְרוֹמִים: 우쉬키낱 우조 베가브헤 메로밈	그리고 그 분의 권능의 임재는 높고 높은 곳에 있습니다.
הוּא אֱלֹהֵינוּ אֵין עוֹד: 후 엘로헤누 엔 오드	그 분은 우리의 엘로힘, 그 분 밖에 다른 분이 없습니다.
אֱמֶת מַלְכֵּנוּ אֶפֶס זוּלָתוֹ 에멭 말케누 에페쓰 줄라토	진실로 우리의 왕이십니다. 그 분 외에 아무것도 없습니다.
כַּכָּתוּב בְּתוֹרָתוֹ: 카카투브 베토라토	그의 토라에 씌여진 것처럼

샤밧 가이드

וְיָדַעְתָּ הַיּוֹם וַהֲשֵׁבֹתָ אֶל לְבָבֶךָ
카베바레 엘 타보쉐하봐 욤하 타으다야붸

너는 오늘날 알라 그리고 너의 마음으로 돌이키라.

כִּי יְהוָה הוּא הָאֱלֹהִים
힘로엘하 후 이나도아 키

여호와 그분이 엘로힘이시도다.

בַּשָּׁמַיִם מִמַּעַל וְעַל הָאָרֶץ מִתָּחַת
할타밑 쯔레아하 알붸 알마임 임마샤밧

위로는 하늘에서 그리고 아래로는 땅에서도 다른이가 없도다.

אֵין עוֹד:
드오 엔

עַל־כֵּן

그래서 우리는 당신께 소망을 둡니다. 여호와 우리의 엘로힘, 우리는 당신이 찬란한 영광의 능력으로 오시는 것을 곧 보게 될 것입니다. 그 능력은 땅에서 가증한 우상을 제거하기 위한 것이며 거짓 신들을 완전히 멸하기 위한 것입니다. 그리고 또한 전능자의 통치를 통하여 세상을 완전하게 하기 위한 것입니다. 모든 육체의 후손들이 당신의 이름을 부를 것입니다. 지구상의 모든 불의한 것이 당신께로 돌이킬 것입니다. 세계에 거하는 모든 자들이 깨닫고 알게 될 것입니다. 왜냐하면 모든 무릎이 당신께 굴복하겠고 모든 방언이 당신에게 맹세할 것이기 때문입니다. 여호와 우리의 엘로힘 당신의 존전 앞에서. 그들은 무릎을 굽히고 엎드려 경배할 것입니다. 그리고 영광스러운 당신의 이름에 경의를 표할 것입니다. 그리고 그들 모두는 당신의 왕권 아래에 들어갈 것이며, 당신은 속히 그리고 영원히 그들을 다스리실 것입니다. 당신의 토라에 쓰여진 것처럼 왕국이 당신의 것이고 영광 안에서 영원히 통치하실 것입니다.

יְהוָה יִמְלֹךְ לְעֹלָם וָעֶד
드아봐 람올레 록임 이나도아

여호와께서 영원무궁토록 통치하시리라.

-하짠 : 여호와께서 온 땅 위에 왕이 되시리니 그 날에 에하드이신 여호와가 계실 것이며 그분의 이름은 에하드이시리라. (슥14:9)

일곱째 천사가 나팔을 불매 하늘에 큰 음성이 있어 이르되, 이 세상 왕국들이 우리 여호와의 왕국, 즉 그분의 함마쉬아흐 왕국이 되었으니 그분께서 영원 무궁토록 통치하시리로다. (계11:15)

샤밧 가이드

<시편 92>

טוֹב לְהֹדוֹת   샤밧을 위한 시 또는 노래

오 지극히 높으신 이여, 여호와께 감사를 드리고 당신의 이름을 찬양함이 좋사오며
아침에는 당신의 헤쎄드(인애)를 알리고 밤마다 당신의 신실하심을 알림이 좋사오니
장엄한 소리와 더불어 십현금과 비파와 하프에 맞추리이다.
이는 여호와여, 당신께서 행하신 일을 통해 당신께서 나를 기쁘게 하셨음이오니 당신의 손이
행하신 일들로 말미암아 내가 개가를 높이 부르리이다.
오 여호와여, 당신께서 행하신 일들이 어찌 그리 크신지요. 당신의 생각들은 매우
깊으시니이다.
짐승 같은 자는 알지 못하며 어리석은 자도 이것을 깨닫지 못하나이다.
사악한 자들이 풀같이 돋아나고 불법을 행하는 자들이 다 흥왕할지라도 그들은 영원히
멸망하리이다.
그러나, 당신이여, 여호와는 영원토록 지극히 높으시오니
이는 보소서, 오 여호와여 보소서, 당신의 원수들이 곧 당신의 원수들이 패망하고 불법을
행하는 자들이 다 흩어질 것임이니이다.
그러나 당신께서 내 뿔을 들소의 뿔같이 높이시리니 내가 신선한 기름으로 기름부음을
받으리이다.
또한 내 소원이 내 원수들 위에서 이루어짐을 내 눈이 보며 나를 치려고 일어나는 사악한
자들 위에서 내 소원이 이루어짐을 내 귀가 들으리이다.

*하짠-의로운 자는 종려나무같이 흥왕하며 레바논의 백향목같이 자라리로다. 여호와의 집에
심긴 자들은 우리 엘로힘의 뜰 안에서 흥왕하리로다. 그들은 늙어서도 여전히 열매를 맺으며
기름지고 무성하리니 이것은 여호와께서 곧바르심을 보이고자 함이로다. 그분은 나의
반석이시니 그분께는 불의가 전혀 없도다.

◆ 십 계 명

וַיְדַבֵּר אֱלֹהִים אֵת כָּל־הַדְּבָרִים
림바데핱   콜   엩   힘로엘 르베답예봐

הָאֵלֶּה לֵאמֹר׃
르모레   레엘하

אָנֹכִי יְהוָה אֱלֹהֶיךָ אֲשֶׁר הוֹצֵאתִיךָ
카티쩨호   르쉐아   카헤로엘   이나도아 키노아

מֵאֶרֶץ מִצְרַיִם מִבֵּית עֲבָדִים׃
딤바아   트베밉   임라쯔미   쯔레에메

엘로힘께서 이 모든 말씀으
로 말씀하여 이르시되

나는 너를 미쯔라임(이집트)
땅 곧 속박의 집에서 인도하
여 낸 여호와 네 엘로힘이
라.

샤밧 가이드

לֹא יִהְיֶה־לְךָ אֱלֹהִים אֲחֵרִים עַל־פָּנָי
로 예흐이 카레 림헤아 아헤림 알 파나야

너는 내 앞에서 다른 신들을 취하지 말라.

לֹא תַעֲשֶׂה־לְךָ פֶסֶל וְכָל־תְּמוּנָה אֲשֶׁר
로 타아쎄 카레 페쎌 뵈콜 테무나 아쉐르

너는 너를 위하여 어떤 새긴 형상도 만들지 말고
또 위로
하늘에 있는 것이나
아래로

בַּשָּׁמַיִם מִמַּעַל וַאֲשֶׁר בָּאָרֶץ מִתָּחַת
바샤마임 밈마알 바아쉐르 바아레쯔 밑타핫

וַאֲשֶׁר בַּמַּיִם מִתַּחַת לָאָרֶץ
바아쉐르 밤마임 밑타핫 라아레쯔

물속에 있는 것의 어떤 모습이든지 만들지 말며

לֹא־תִשְׁתַּחֲוֶה לָהֶם וְלֹא תָעָבְדֵם
로 티쉬타훼 헴라 뵐로 타아브뎀

그것들에게 절하지 말고 그것들을 섬기지 말라.

כִּי אָנֹכִי יְהוָה אֱלֹהֶיךָ אֵל קַנָּא פֹּקֵד עֲוֹן
키 아노키 아도나이 엘로헤카 엘 칸나 포케드 아본

이는 나 곧 여호와 네 엘로힘이 질투하는 엘(אל)이기 때문이니 나는 나를 미워하는 자들에게는 아버지의 불법을 자손들에게 벌하여 삼사대까지 이르게 하거니와

אָבֹת עַל־בָּנִים עַל־שִׁלֵּשִׁים וְעַל־
아봇 알 바님 알 쉴레쉼 뵈알

רִבֵּעִים לְשֹׂנְאָי:
리베임 뵐쏘네아이

וְעֹשֶׂה חֶסֶד לַאֲלָפִים לְאֹהֲבַי וּלְשֹׁמְרֵי
뵈오쎄 헤쎄드 라알라핌 뢰오하바이 뢰숌뢰

나를 사랑하고 내 명령들을 지키는 수천의 사람들에게는 헤쎄드(인애)를 베푸느니라.

מִצְוֹתָי:
미쯔보타이

לֹא תִשָּׂא אֶת־שֵׁם־יְהוָה אֱלֹהֶיךָ לַשָּׁוְא כִּי
로 팃싸 엩 쉠 아도나이 엘로헤카 라샤브 키

너는 네 여호와 엘로힘의 이름을 헛되이 취하지 말라.

לֹא יְנַקֶּה יְהוָה אֵת אֲשֶׁר־יִשָּׂא אֶת־
로 예낙케 아도나이 엩 아쉐르 잇싸 엩

이는 여호와가 자신의 이름을 헛되이 취하는 자를 죄 없다 하지 아니할 것임이라.

שְׁמוֹ לַשָּׁוְא:
쉐모 라샤브

זָכוֹר אֶת־יוֹם הַשַּׁבָּת לְקַדְּשׁוֹ
자코르 엩 욤 핫샤밧 뢰카데쇼

샤밧(안식일)을 기억하여 거룩히 지키라.

שֵׁשֶׁת יָמִים תַּעֲבֹד וְעָשִׂיתָ כָּל־מְלַאכְתֶּךָ:
쉐쉣 야밈 타아보드 뵈아씨타 콜 멜라크테카

이는 엿새 동안은 네가 수고하고 네 모든 일을 할 것이나 일곱째 날은

וְיוֹם הַשְּׁבִיעִי שַׁבָּת לַיהוָה אֱלֹהֶיךָ
뵈욤 핫쉐비이 샤밧 라아도나이 엘로헤카

여호와 네 엘로힘의 샤밧(안식일)인 즉
그 날에는

לֹא־תַעֲשֶׂה כָל־מְלָאכָה אַתָּה וּבִנְךָ
로 타아쎄 콜 멜라카 앝타 우빈카

너나 네 아들이나 네 딸이나 네 남종이나 네 여종이나 네 가축이나

וּבִתֶּךָ עַבְדְּךָ וַאֲמָתְךָ וּבְהֶמְתֶּךָ וְגֵרְךָ אֲשֶׁר
우빝테카 아브데카 바아마테카 우뵈헴테카 뵈게레카 아쉐르

네 문안에 거하는 나그네나

샤밧 가이드

בִּשְׁעָרֶיךָ
비쉬아레카

아무 일도 하지 말라.

כִּי שֵׁשֶׁת־יָמִים עָשָׂה יְהוָה אֶת־הַשָּׁמַיִם
키 쉐쉐트 야밈 아사 아도나이 엩 하샤마임

이는 엿새 동안에 여호와가 하늘과 땅과 바다와 그 안에 있는 모든 것을 만들고 일곱째 날에 안식하셨음이니라.

וְאֶת־הָאָרֶץ אֶת־הַיָּם וְאֶת־כָּל־אֲשֶׁר־
붸엩 하아레츠 엩 하얌 붸엩 콜 아쉐르

그러므로 나 여호와가 샤밧(안식일)을 복되게 하여 그 날을 거룩하게 하였느니라.

בָּם וַיָּנַח בַּיּוֹם הַשְּׁבִיעִי עַל־כֵּן בֵּרַךְ
밤 봐야나흐 바욤 하쉬비이 알 켄 베락

יְהוָה אֶת־יוֹם הַשַּׁבָּת וַיְקַדְּשֵׁהוּ:
아도나이 엩 욤 하샤밧 봐예카데쉐후

כַּבֵּד אֶת־אָבִיךָ וְאֶת־אִמֶּךָ לְמַעַן יַאֲרִכוּן
카베드 엩 아비카 붸엩 임메카 르마안 야아리쿤

네 부모를 공경하라.
그리하면
여호와 네 엘로힘이 네게 주시는 땅에서
네 날들이 길리라.

יָמֶיךָ עַל הָאֲדָמָה אֲשֶׁר־יְהוָה אֱלֹהֶיךָ
야메카 알 하아다마 아쉐르 아도나이 엘로헤카

נֹתֵן לָךְ:
노텐 락

לֹא תִּרְצָח:
로 티르짜흐

너는 살인하지 말라.

לֹא תִּנְאָף:
로 티네아프

너는 간음하지 말라.

לֹא תִּגְנֹב:
로 티그노브

너는 도둑질하지 말라.

לֹא־תַעֲנֶה בְרֵעֲךָ עֵד שָׁקֶר:
로 타아네 베레아카 에드 샤케르

너는 네 이웃을 대적하여 거짓 증거하지 말라.

לֹא תַחְמֹד בֵּית רֵעֶךָ לֹא־תַחְמֹד אֵשֶׁת
로 타흐모드 베트 레에카 로 타흐모드 에쉐트

너는 네 이웃의 집을 탐내지 말라.
네 이웃의 아내나 그의 남종이나 그의 여종이나 그의 소나 그의 나귀나 네 이웃의 소유 중 아무것도 탐내지 말라.

רֵעֶךָ וְעַבְדּוֹ וַאֲמָתוֹ וְשׁוֹרוֹ וַחֲמֹרוֹ וְכֹל
레에카 붸아브도 봐아마토 붸쇼로 봐하모로 붸콜

אֲשֶׁר לְרֵעֶךָ:
아쉐르 레레에카

샤밧 - 민하 [오후 기도]

<샤하리트 참조>

- ◆ 아쉬레   אשרי
- ◆ 하프 카디쉬
- ◆ 토라를 아크에서 꺼냄
- ◆ 하프 카디쉬
- ◆ 슈모네 에스레 - 아미다
- ◆ 카디쉬
- ◆ 알레누
  - ◈ 십 계 명

- ◆ 보르키 나프쉬

-다음의 시편들은 매 샤밧 - 수콧과 샤부옷 사이(페싹 전 샤밧)에 민하 후에 낭송된다.

<시편 104>

בָּרְכִי נַפְשִׁי   오 내 혼아 여호와를 송축하라

오 여호와 내 엘로힘이여, 그분은 심히 위대하시며 영광과 위엄으로 옷 입으셨나이다.
그분께서 옷으로 덮는 것같이 빛으로 자신을 덮으시며 하늘들을 휘장같이 펼치시고
물들 속에 자신의 방들의 들보를 얹으시며 구름들로 자신의 병거를 삼으시고 바람 날개들

위에서 거니시며 자신의 천사들을 영들로 삼으시고 자신의 사역자들을 불꽃으로 삼으시며 땅의 기초들을 놓으사 영원히 움직이지 아니하게 하셨나이다.
그분께서 옷으로 덮는 것같이 땅을 깊음으로 덮으시매 물들이 산들 위에 섰으나
당신의 꾸짖으심에 그것들이 도망하고 당신의 천둥소리에 서둘러 물러가며
산들을 따라 오르고 골짜기들을 따라 내려가 당신께서 그것들을 위하여 기초를 놓으신 곳에 이르렀나이다.
당신께서 경계를 정하사 물들로 하여금 넘어가지 못하게 하시며 다시 돌아와 땅을 덮지 못하게 하셨나이다.
그분께서 골짜기들에 샘들을 보내시고 산들 사이로 흐르게 하사
모든 들짐승에게 마시게 하시니 들나귀들이 갈증을 풀며
하늘의 날짐승들도 그들 곁에 거처를 마련하고 나뭇가지 사이에서 지저귀는도다.
그분께서 자신의 방들에서부터 산들에 물을 부어 주시니 땅이 그분께서 행하시는 일의 열매로 만족하는도다.
그분께서 가축이 먹을 풀과 사람이 쓸 채소를 자라게 하시며 땅에서 음식이 나게 하시되 사람의 마음을 즐겁게 하는 포도즙과 사람의 얼굴을 빛나게 하는 기름과 사람의 심장을 강하게 하는 빵이 나게 하셨도다.
여호와의 나무들에는 수액이 가득하니 곧 그분께서 심으신 레바논의 백향목이로다.
새들이 가지에 둥지를 틀며 황새로 말하자면 전나무가 그 집이로다.
높은 산들은 산양들의 피난처요, 바위들은 산토끼들의 피난처로다.
그분께서 달로 계절들을 정하셨은 즉 해는 자기의 지는 것을 아는도다.
당신께서 어둠을 만드사 밤이 되게 하시오니 숲의 모든 짐승이 밤에 기어나오나이다.
젊은 사자들이 자기들의 먹이를 쫓아 울부짖으며 엘로힘께 자기들의 먹을 것을 구하다가
해가 뜨면 함께 모여 자기들의 굴속에 누우며 사람은 자기 일터로 나가 저녁까지 수고하는도다.
오 여호와여, 당신께서 행하신 일들이 어찌 그리 많은지요.
당신께서 지혜로 그것들을 다 만드셨사오니 당신의 부요하심이 땅에 가득하나이다.
이 크고 넓은 바다도 그러하오니 그 속에는 느릿느릿 다니는 짐승 곧 작고 큰 짐승이 무수하나이다.
거기에는 배들이 다니며 당신께서 만드사 거기서 놀게 하신 리워야단이 있나이다.
이것들이 다 당신을 기다리오며 적당한 때에 당신께서 자기들의 먹을 것 주시기를 기다리나이다.
당신께서 그것들에게 주신 즉 그것들이 모이고 당신께서 당신의 손을 여신 즉 그것들이 좋은 것으로 채워지며 당신께서 당신의 얼굴을 숨긴 즉 그것들이 떨고 당신께서 그것들의 호흡을 거두어가신 즉 그것들이 죽어 자기들의 먼지로 돌아가나이다.
당신께서 당신의 영을 보내시며 그것들이 창조되었사온 즉 당신께서 지면을 새롭게 하시나이다.
여호와의 영광이 영원히 지속되리니 여호와께서 친히 행하시는 일들을 기뻐하시리로다.
내가 그분을 묵상함이 달콤하리니 내가 여호와를 즐거워하리로다.
죄인들이 땅에서 소멸되어 사악한 자들이 다시는 있지 못하리로다.
오 내혼아, 너는 여호와를 송축하라 너희는 야흐(ה! 여호와)를 찬양하라.

<시편 120>

שִׁיר הַמַּעֲלוֹת 위로 올라가는 노래

내가 고통 중에 여호와께 부르짖었더니 그분께서 내 말을 들으셨도다.
오 여호와여, 내 혼을 거짓말하는 입술과 속이는 혀로부터 건지소서.
너 거짓된 혀여, 무엇을 네게 줄까. 무엇을 네게 행할까.
강한 자의 날카로운 화살과 로템나무의 숯불이로다.
내가 메섹에 머물며 케다르의 장막에 거하는 것이 내게 화로다.
내 혼이 화평을 미워하는 자와 함께 오래 거하였도다.
나는 화평을 원하나 내가 말할 때에 그들은 싸우려 하는도다.

<시편 121>

שִׁיר הַמַּעֲלוֹת 위로 올라가는 노래

내가 산들을 향하여 눈을 들리니 나의 도움이 거기서 오는도다.
나의 도움이 하늘과 땅을 만드신 여호와께로부터 오는도다.
그분께서 네 발이 흔들리지 아니하게 하시며 너를 지키시는 이가 졸지 아니하시리로다.
보라, 이스라엘을 지키시는 이는 졸지도 아니하시고 주무시지도 아니하시리로다.
여호와는 너를 지키시는 이시로다.
여호와께서 네 오른쪽에서 네 그늘이 되시나니
낮의 해가 너를 해치지 못하며 밤의 달이 너를 해치지 못하리로다.
여호와께서 너를 보존하사 모든 악을 면하게 하시며 또 네 혼을 보존하시리로다.
여호와께서 너의 들어오고 나가는 것을 지금부터 영원토록 보존하시리로다.

<시편 122>

שִׁיר הַמַּעֲלוֹת 다윗이 지은 시, 위로 올라가는 노래

사람들이 내게 말하기를, 여호와의 집으로 들어가자 할 때에 내가 즐거워하였도다.
오 예루샬라임아, 우리 발이 네 성문 안에 서리로다.
예루샬라임은 전체가 탄탄한 도시로 건설되었도다.
지파들 곧 여호와의 이름에 감사하려고 이스라엘의 증거궤를 향하여 거기로 올라가니
이는 그분께서 심판의 왕좌들 곧 다윗 집의 왕좌들을 거기에 두셨음이라.
네 성벽 안에는 화평이 있고 네 궁궐 안에는 형통이 있을지어다.
여호와 우리 엘로힘의 집으로 인하여 내가 네 복(טוֹב)을 구하리로다.

<시편 123>

שִׁיר הַמַּעֲלוֹת 위로 올라가는 노래

오 하늘들에 거하시는 분이시여, 내가 눈을 들어 당신께 향하나이다.
보소서, 주인의 손을 바라보는 종들의 눈같이 여주인의 손을 바라보는 여종의 눈같이 우리 눈이 여호와 우리 엘로힘을 바라되 우리에게 긍휼을 베푸시기까지 기다리나이다.
오 여호와여, 우리에게 긍휼을 베푸소서. 우리에게 긍휼을 베푸소서.
이는 우리가 너무 많이 멸시를 받기 때문이니이다.
안락한 자들의 조소와 교만한 자들의 멸시가 우리 혼에 심히 넘치나이다.

<시편 124>

שִׁיר הַמַּעֲלוֹת 다윗이 지은 시, 위로 올라가는 노래

이스라엘은 이제 말하기를 여호와께서 우리 편에 계시지 아니하셨더라면 우리가 어찌 하였으랴.
사람들이 일어나 우리를 치려 하였을 때에 여호와께서 우리 편에 계시지 아니하셨더라면
그때에 그들의 진노가 우리를 향해 불같이 타올라 그들이 우리를 산 채로 삼켰을 것이며
그때에 물들이 우리를 뒤엎고 시내가 우리의 혼을 덮혔을 것이며
그때에 그 도도한 물들이 우리의 혼을 덮혔으리라 할지어다.
우리를 먹이로 그들의 이에 내어 주지 아니하신 여호와를 송축하리로다.
우리의 혼이 사냥꾼의 올무에서 벗어난 새같이 피하였나니 올무가 끊어지므로 우리가 피하였도다.
우리의 도움은 하늘과 땅을 만드신 여호와의 이름에 있도다.

<시편 125>

שִׁיר הַמַּעֲלוֹת 위로 올라가는 노래

여호와를 신뢰하는 자들은 시온 산이 움직이지 아니하고 영원히 있음같이 되리로다.
산들이 사방에서 예루샬라임을 두름과 같이 여호와께서 자신의 백성을 지금부터 영원토록 두르시리로다.
이는 사악한 자의 막대기가 의로운 자들의 구획에 머무르지 못할 것임이니
이것은 의로운 자들로 하여금 불법에 손을 대지 못하게 하려 함이로다.
오 여호와여, 선한 자들과 마음이 올바른 자들에게 선을 베푸소서.
자기의 굽은 길로 치우치는 자들에 관하여는 여호와께서 그들을 이끄사 불법을 행하는 자들과 함께 있도록 하시리로다.
그러나 이스라엘 위에는 화평이 있으리로다.

<시편 126>

שִׁיר הַמַּעֲלוֹת 위로 올라가는 노래
여호와께서 찌온의 포로 된 것을 돌려보내실 때에 우리가 꿈꾸는 자 같았도다.
그때에 우리 입에는 웃음이 가득하고 우리 혀에는 노래가 가득하였도다.
그때에 이방나라들 가운데 거하는 자들이 이르기를 여호와께서 그들을 위하여 큰 일들을
행하셨다 하였도다.
여호와께서 우리를 위하여 큰 일들을 행하셨으니 이로 인하여 우리가 즐겁도다.
오 여호와여, 남쪽에 있는 시내들을 되돌리시듯 우리의 포로된 것을 되돌리소서.
눈물을 흘리며 씨를 뿌리는 자들은 기쁨으로 거두리로다.
귀중한 씨를 가지고 울며 나가는 자는 반드시 기뻐하며 자기의 곡식 단들을 가지고
돌아오리로다.

<시편 127>

שִׁיר הַמַּעֲלוֹת 쉴로모를 위한 시, 위로 올라가는 노래
여호와께서 집을 세우지 아니하시면 세우는 자들의 수고가 헛되며 여호와께서 도시를 지키지
아니하시면 파수꾼의 깨어 있음이 헛되도다.
너희가 일찍 일어나고 늦도록 앉아 있으며 고생의 빵을 먹음이 헛되도다.
그러므로 그분께서 자신이 사랑하는 자에게 잠을 주시는도다.
보라, 자식들은 여호와의 유산이요, 태의 열매는 그분의 보상이로다.
젊은 시절의 자식들은 용사의 손에 있는 화살 같으니
자기 화살통에 이것이 가득한 자는 행복하도다.
그들이 부끄러움을 당하지 아니하며 성문에서 원수들을 마주 대하여 말하리로다.

<시편 128>

שִׁיר הַמַּעֲלוֹת 위로 올라가는 노래
여호와를 두려워하며 그분의 길들 안에서 걷는 자마다 복이 있나니
이는 네 손이 수고한 것을 네가 먹을 것임이라.
네가 행복하고 형통하리로다.
네 아내는 네 집 곁에서 열매를 많이 맺는 포도나무 같으며 네 자녀들은 네 상 둘레의
올리브 묘목 같으리로다.
보라, 여호와를 두려워하는 자는 이와 같이 복을 받으리로다.
여호와께서 찌온에서 네게 복을 주실지어다.
너는 평생에 예루샬라임의 복을 보며 참으로 네 자식의 자식을 볼지어다.
이스라엘 위에 화평이 있을지로다.

<시편 129>

שִׁיר הַמַּעֲלוֹת 위로 올라가는 노래
이스라엘은 이제 이같이 말할지어다.
내가 어릴 때부터 사람들이 여러 번 나를 괴롭혔도다.
내가 어릴 때부터 그들이 여러 번 나를 괴롭혔으나 나를 이기지 못하였도다.
밭가는 자들이 내 등을 갈아 자기의 고랑들을 길게 내었도다.
여호와는 의로우사 사악한 자들의 줄을 끊으셨도다.
찌욘을 미워하는 자들은 다 당황하여 뒤로 물러갈지어다.
그들은 지붕의 풀과 같을지어다.
이것은 자라기도 전에 시들며 풀베는 자의 손과 단을 묶는 자의 품에도 차지 아니하나니
지나가는 자들도, '여호와의 복이 너희에게 있을지어다. 우리가 여호와의 이름으로 너희에게 축복하노라' 하지 아니하느니라.

<시편 130>

שִׁיר הַמַּעֲלוֹת 위로 올라가는 노래
오 여호와여, 내가 깊음들 속에서 당신께 부르짖었나이다.
아도나이(אֲדֹנָי 나의 주님)여, 나의 음성을 들으시고 나의 간구하는 소리에 당신의 귀를 기울이소서.
오 아도나이(אֲדֹנָי 나의 주님)여, 야흐(יָהּ 여호와)께서 불법들을 지켜보실진대 누가 능히 서리이까.
그러나 용서가 당신께 있사오니 이것은 당신을 두려워하게 하려 하심이니이다.
내가 여호와를 기다리고 내 혼이 기다리며 나는 그분의 말씀에 소망을 두는도다.
내 혼이 아도나이(אֲדֹנָי 나의 주님)를 기다림이 파수꾼이 아침을 기다림보다 더하나니 내가 말하거니와 파수꾼이 아침을 기다림보다 더하도다.
이스라엘은 여호와께 소망을 둘 지어다.
이는 여호와께 헤쎄드(인애)가 있으며 그분께 풍성한 구속이 있기 때문이로다.
그분께서 이스라엘을 그의 모든 불법에서 구속하시리로다.

<시편 131>

שִׁיר הַמַּעֲלוֹת 다뷛이 지은 시, 위로 올라가는 노래
여호와여, 내 마음이 거만하지 아니하고 내 눈이 오만하지 아니하오며 내가 큰 일들과 감당하기에 너무 높은 일들을 행하지 아니하나이다.
참으로 내가 바르게 처신하고 내 자신을 평온하게 하기를 어머니의 젖을 뗀 아이와 같이
이스라엘은 지금부터 영원토록 여호와께 소망을 둘지어다.

<시편 132>

שִׁיר הַמַּעֲלוֹת 위로 올라가는 노래

여호와여, 다뷛과 그의 모든 고통을 기억하소서.
그가 여호와께 맹세하고 야아콥의 능하신 엘로힘께 서원하기를,
참으로 내가 내 집의 장막에 들어가지 아니하며 내 침상에 오르지 아니하고 내 눈이 잠자지 못하게 하며 내 눈꺼풀이 졸지 못하게 하기를
여호와를 위한 처소 곧 야아콥의 능하신 엘로힘을 위한 거처를 발견하기까지 하리라 하였나이다.
보라, 그 거처가 에프라타에 있다 함을 우리가 듣고 나무 밭에서 그것을 발견하였도다.
우리가 그분의 장막들로 들어가 그분의 발받침 앞에서 경배하리라.
오 여호와여, 일어나사 당신의 능력의 궤와 함께 당신의 안식처로 들어가소서.
그분의 제사장들은 의를 옷 입고 그분의 성도들은 기뻐 외칠지어다.
당신의 종 다뷛을 위하여 당신의 기름부음 받은 자의 얼굴을 외면하지 마옵소서.
여호와께서 다뷛에게 진실히 맹세하셨으니 그것을 돌이키지 아니하실지라.
이르시되, 내가 네 몸의 열매를 네 왕좌에 두리라.
네 자손들이 내 언약을 지키며 내가 그들에게 가르칠 내 증거를 지킬진대 그들의 자손들도 영원토록 네 왕좌에 앉으리라, 하였도다.
이는 여호와께서 찌욘을 택하셨음이라.
그분께서 그곳을 자신의 거처로 삼기를 원하여 이르시기를 이곳은 나의 영원한 안식처라.
내가 여기에 거하리니 이는 내가 이곳을 원하였음이로다.
내가 이곳의 양식에게 넘치도록 복(בְּרָכָה)을 주고 빵(לֶחֶם)으로 이곳의 가난한 자들을 만족하게 하리로다.
또 내가 이곳의 제사장들에게 구원으로 옷 입히리니 이곳의 성도들은 기뻐서 크게 외치리로다.
내가 거기서 다뷛의 뿔이 싹을 내게 하리라.
내가 나의 기름부음 받은 자를 위하여 등불을 예비하였도다.
내가 그의 원수들에게는 수치로 옷 입힐 것이로되 그의 왕관은 그 위에서 번창하게 하리라 하셨도다.

<시편 133>

שִׁיר הַמַּעֲלוֹת 다뷛이 지은 시, 위로 올라가는 노래

보라, 형제가 연합하여 동거함이 어찌 그리 좋으며 어찌 그리 기쁜가.
그것은 마치 머리에 있는 귀중한 기름이 수염 곧 아하론의 수염 위로 흘러서 그의 옷자락까지 내려가는 것 같고, 헤르몬의 이슬과 찌욘의 산들에 내린 이슬과도 같도다.
이는 여호와께서 거기에 복을 명령하셨음이니 곧 영원한 생명이로다.

<시편 134>

שִׁיר הַמַּעֲלוֹת 위로 올라가는 노래
보라, 밤에 여호와의 집에 서 있는 여호와의 모든 종들아, 너희는 여호와를 송축하라.
성소에서 너희 손을 들고 여호와를 송축하라.
하늘과 땅을 만드신 여호와께서 찌온에서 네게 복을 주실지어다.

샤밧 마무리

-평일 마아리브의 슈모네 에스레까지 마치고, 다음의 기도를 한다.

ויהי נעם 아도나이(나의 주님) 우리의 엘로힘의 아름다움을 우리 위에 임하게 하시오며 우리 손이 행한 일을 당신께서 우리 위에 굳게 세우소서. 참으로 우리 손이 행한 일을 당신께서 굳게 세우소서.

<시편 91>

ישב 지극히 높으신 이의 은밀한 곳에 거하는 자는 전능자의 그늘 밑에 거하리로다.
내가 여호와께 대하여 말하기를,
그분은 나의 피난처시요, 나의 요새시요, 나의 엘로힘이시니 내가 신뢰하리로다 하리니
그분께서 너를 새 사냥꾼의 올무에서와 해로운 역병에서 확실히 건지시리로다.
그분께서 자신의 깃털로 너를 덮으시리니 네가 그분의 날개 밑에서 그분을 신뢰하리로다.
그분의 진리는 너의 큰 방패와 작은 방패가 되시나니
네가 밤에 임하는 두려움과 낮에 날아드는 화살과 어둠 속에서 퍼지는 역병과 한낮에 황폐하게 하는 멸망을 무서워하지 아니하리로다.
천 명이 네 곁에서, 만 명이 네 오른쪽에서 쓰러질 것이나 그것이 네게 가까이 오지 못하리로다.
오직 너는 네 눈으로 바라보리니 사악한 자들이 보응받는 것을 네게 보리로다.
나의 피난처 되시는 여호와 곧 지극히 높으신 이를 네가 네 거처로 삼았으므로 어떤 재앙도 네게 닥치지 못하며 어떤 역병도 네 거처에 가까이 오지 못하리니
이는 그분께서 자신의 천사들에게 너에 대한 책무를 주사 네 모든 길에서 너를 지키게 하실 것임이라.
그들이 자기 손으로 너를 받들어 네 발이 돌에 부딪히지 아니하게 하리로다.
네가 사자와 독사를 밟으며 젊은 사자와 용을 네 발 밑에 짓밟으리로다.
그가 내게 사랑을 품었으니 그러므로 내가 그를 건지리라.
그가 내 이름을 알았은즉 내가 그를 높이 세우리라.
그가 나를 부르리니 내가 그에게 응답하리라.
고난당할 때에 내가 그와 함께하여 그를 건지고 영화롭게 하리라.
내가 그를 장수하게 하여 그를 만족시키며 나의 구원(예슈아)을 그에게 보이리라.

<샤하리트 참조>

◆ 카 디 쉬

◆ 알 레 누

◆ 십 계 명

 샤밧 가이드

하브달라 (샤밧과 절기 후)

הִנֵּה 보라, 엘(אֵל)은 나의 구원(예슈아)이시로다.
내가 그분을 신뢰하고 두려워하지 아니하리니 이는 야흐(יָהּ 여호와)께서 나의 능력이시며 나의 노래이시기 때문이다. 그분께서 또한 나의 구원(예슈아)이 되셨도다.
그러므로 너희가 기뻐하며 구원(예슈아)의 우물들에서 물을 길으리로다.
구원(예슈아)은 여호와께 속한 것이오니 당신의 복이 당신의 백성 위에 있나이다. 쎌라.
만군의 여호와께서 우리와 함께하시니 야아콥의 엘로힘은 우리의 피난처시로다. 쎌라.
오 만군의 여호와여, 여호와를 신뢰하는 자는 복이 있나이다.
여호와여, 구원하소서, 왕께서는 우리가 부를 때에 우리 말을 들으소서.
예후다인들에게는 광명과 기쁨과 즐거움과 존귀함이 있었더라. - 우리를 위하여 그렇게 하소서.
내가 구원(예슈아)의 잔을 들고 여호와의 이름을 부를 것입니다.

-다음 블레싱을 하고 포도주를 마신다. (남은 포도주는 불을 끄기 위해 접시에 붓는다.)

ברוך אתה יי אלהינו מלך העולם בורא פרי הגפן

펜가학 리페 레보 람올하 렉멜 누헤로엘 이나도아 타앝 룩바

당신을 송축합니다. 우리의 엘로힘 우주의 왕, 포도나무의 열매를 창조하신 분이시여.
　　　　　　　　　　　　　　　　　　　　　　　　　　　　[다함께 - 아멘]

-다음 블레싱을 하고 향기를 맡는다.

ברוך אתה יי אלהינו מלך העולם בורא מני ושמים

밈샤붸 네미 레보 람올하 렉멜 누헤로엘 이나도아 타앝 룩바

당신을 송축합니다. 우리의 엘로힘 우주의 왕, 여러 향을 창조하신 분이시여.
　　　　　　　　　　　　　　　　　　　　　　　　　　　　[다함께 - 아멘]

-다음 블레싱 후에 초를 들어 빛을 비춘다.

בָּרוּךְ אַתָּה יְיָ אֱלֹהֵינוּ מֶלֶךְ הָעוֹלָם בּוֹרֵא מְאוֹרֵי הָאֵשׁ

쉬에하   레오메   레보   람올하   렉멜   누헤로엘   이나도아   타앝   룩바

당신을 송축합니다. 우리의 엘로힘 우주의 왕, 불의 빛을 창조하신 분이시여.

[다함께 - 아멘]

בָּרוּךְ 당신을 송축합니다. 여호와 우리의 엘로힘 우주의 왕.
거룩하고 속된 것,
빛과 어둠,
이스라엘과 민족들,
일곱번째 날과 6일 동안의 노동을 구별하는 분이시여. 당신을 송축합니다.
아도나이(יהוה) 거룩하고 속된 것을 구별하는 분이시여!

[다함께 - 아멘]

◈ 축복의 절들 פסוקי ברכה

וְיִתֶּן 그러므로 엘로힘께서 하늘의 이슬과 땅의 기름짐과 풍성한 곡식과 포도즙을 네게 주시기를 원하노라. 만백성이 너를 섬기고 민족들이 네게 절하니 네가 형제들의 주가 되고 네 어머니의 아들들이 네게 절하며 너를 저주하는 자는 저주를 받고 너를 축복하는 자는 복을 받기를 원하노라. (창27:28~29) **אֵל שַׁדַּי** (엘 샤다이)께서 네게 복을 주셔서 너를 다산하게 하고 번성하게 하사 너로 하여금 수많은 백성을 이루게 하시고 아브라함에게 주신 땅 곧 네가 나그네로 거하는 땅을 상속받게 하시기를 원하노라. (창28:3~4) 네 아버지의 엘(אל)로 말미암나니 그분께서 너를 도우실 것이요, 전능자로 말미암나니 그분께서 네게 복을 주시되 위로 하늘의 복과 아래로 깊음의 복과 젖가슴의 복과 태의 복을 주시리로다. 네 아버지의 축복이 내 조상들의 축복보다 나아서 영존하는 산들의 가장 먼 경계에까지 이르리로다. 이 축복이 요셉의 머리 위에 임하며 자기 형제들로부터 구별된 자의 머리에 있는 왕관 위에 임하리로다. (창49:25~26) 그분께서 너를 사랑하시고 복을 주사 너를 번성하게 하시며 또 네게 주리라고 네 조상들에게 맹세하신 땅에서 네 태의 열매에게 복을 주시고 네 땅의 열매와 곡식과 포도즙과 기름에 복을 주시며 네 암소의 번식과 양떼에도 복을 주시리니 네가 모든 백성들보다 더 많이 복을 받아 너희 가운데 남자와 여자와 너희 가축의 수컷과 암컷에 수태하지 못하는 것이 없을 것이며 또 여호와께서 모든 병을 네게서 제거하사 너희가 알고 있는 미쯔라임(이집트)의 그 악한 질병을 네게 두지 아니하시고 너를 미워하는 모든 자에게 두시리라. (신7:13~15)

הַמַּלְאָךְ 곧 나를 모든 악에서 구속하신 천사께서 이 아이들에게 복을 주시고 이들로 하여금 내 이름과 내 조상 아브라함과 이쯔학의 이름으로 일컬음을 받게 하시오며 또 이들로 하여금 땅의 한가운데서 자라나 번성하게 하시기를 원하나이다 하니라. (창48:16) 여호와 너희 엘로힘께서 너희를 번성하게 하셨으므로 보라, 너희가 이 날 하늘의 별들같이 많으니 너희 조상들의 여호와 엘로힘께서 너희를 지금보다 천 배나 더 많게 하시며 너희에게 약속하신 것같이 너희에게 복 주시기를 원하노라. (신1:10~11)

בָּרוּךְ 네가 도시에서도 복을 받고 들에서도 복을 받을 것이며(신28:3) 네가 들어와도 복을 받고 나가도 복을 받을 것이라. (신28:6) 네 바구니와 쌓아 둔 것이 복을 받을 것이며(신28:4) 네 몸의 열매와 네 땅의 열매와 네 가축의 새끼와 암소의 번식과 양떼가 복을 받을 것이며(신28:5) 여호와께서 명령하사 네 창고와 네 손으로 하는 모든 일에 복을 내리시고 여호와 네 엘로힘께서 네게 주시는 땅에서 복을 주실 것이며 여호와께서 너를 위하여 자신의 좋은 보고 즉 하늘을 여사 네 땅에 때를 따라 비를 내리시고 네 손의 모든 일에 복을 주시리니 네가 많은 민족들에게 꾸어 줄지라도 너는 꾸지 아니할 것이요, (신28:8,12) 이는 여호와 네 엘로힘께서 네게 약속하신 대로 네게 복을 주시기 때문이니 네가 많은 민족들에게 꾸어 줄지라도 너는 꾸지 아니하겠고 네가 많은 민족들을 통치할지라도 그들이 너를 통치하지는 못하리라. (신15:6) 오 이스라엘이여, 너는 행복한 자로다. 오 여호와께서 구원하신 백성이여, 너 같은 자 누구리오. 그분은 너를 돕는 방패시여 네 위엄의 칼이시로다. 네 원수들이 네게 거짓말하는 자로 드러나리니 네가 그들의 높은 곳을 밟으리로다. (신33:29)

◈ 구 속 גְּאוּלָה

מָחִיתִי 내가 네 범죄들을 빽빽한 구름같이, 네 죄들을 구름같이 지워 버렸으니 너는 내게로 돌아오라. 이는 내가 너를 구속하였음이니라. 오 하늘들아, 너희는 노래할지어다. 이는 여호와께서 이 일을 행하셨음이로다. 땅의 더 낮은 부분들아, 너희는 외칠지어다. 오 산들아, 숲과 그 안에 있는 모든 나무들아, 너희는 소리내어 노래할지어다. 이는 여호와께서 야아콥을 구속하시고 이스라엘 안에서 자신을 영화롭게 하셨음이로다. (사44:22~23) 우리의 구속자로 말하건대 그분의 이름은 만군의 여호와요, 이스라엘의 거룩하신 이시니라. (사47:4)

◈ 구 원 יְשׁוּעָה

יִשְׂרָאֵל 이스라엘은 여호와 안에서 영존하는 구원으로 구원을 받으리니 너희는 세세무궁토록 부끄러움을 당하거나 당황하지 아니하리로다. (사45:17) 너희는 풍족하여 먹고

만족하며 너희를 놀랍게 대접한 여호와 너희 엘로힘의 이름을 찬양하라. 내 백성이 결코 부끄러움을 당하지 아니하리로다. 그런즉 내가 이스라엘의 한가운데 있어 여호와 너희 엘로힘이 되고 다른 이가 없는 줄을 너희가 알리라. 내 백성이 결코 부끄러움을 당하지 아니하리라. (욜2:26~27) 이는 너희가 기쁨으로 나아가며 화평으로 인도될 것이요, 산들과 작은 산들이 너희 앞에서 소리내어 노래하고 들의 모든 나무가 손뼉을 칠 것이며(사55:12) 보라, 엘(אֵל)은 나의 구원(יְשׁוּעָה 예슈아)이시로다. 내가 그분을 신뢰하고 두려워하지 아니하리니 이는 야흐(יָהּ 여호와)께서 나의 능력이시며 나의 노래이시기 때문이라. 그분께서 또한 나의 구원(יְשׁוּעָה 예슈아)이 되셨도다. 그러므로 너희가 기뻐하며 구원(יְשׁוּעָה 예슈아)의 우물들에서 물을 길으리로다. 또 그 날에 너희가 말하기를 여호와를 찬양하라. 그분의 이름을 부르라. 그분께서 행하신 일을 백성 가운데 밝히 알리라. 그분의 이름이 높임을 받았다 말하라. 여호와께 노래할지니 이는 그분께서 뛰어난 일들을 행하셨음이라. 이것이 온 땅에 알려졌느니라. 찌온의 거주민아, 너는 소리 높여 외칠지니 이는 네 한가운데 계신 이스라엘의 거룩하신 이께서 위대하시기 때문이니라 할 것이니라. (사12:2~6) 그 날에는 사람들이 말하기를 보라, 이분은 우리의 엘로힘이시로다. 우리가 그분을 기다렸나니 그분께서 우리를 구원하시리로다. 이분은 여호와시로다. 우리가 그분을 기다렸나니 우리는 그분의 구원(יְשׁוּעָה 예슈아)을 기뻐하며 즐거워하리라 하리니(사25:9)

◈ 엘로힘의 지식 דֵּעַת הי

בֵּית 오 야아콥의 집이여, 너희는 오라. 우리가 여호와의 빛 안에서 걷자. (사2:5) 지혜와 지식이 네 시대에 확고해지며 구원(יְשׁוּעָה 예슈아)의 힘이 되고 여호와를 두려워함이 그의 보배가 되리라. (사33:6) 그 모든 길에서 지혜롭게 행동하니라. 여호와께서 그와 함께 계시니라. (삼상18:14)

◈ 구 출 פִדְיוֹם

פָּדָה 그 분께서 나를 치는 전투로부터 내 혼을 화평(שָׁלוֹם 샬롬) 중에 건지셨으니 이는 나와 함께한 자가 많음이라. (시55:18) 백성이 샤울에게 이르되, 이스라엘에서 이 큰 구원(יְשׁוּעָה 예슈아)을 이룬 요나탄이 죽겠나이까, 결단코 그렇지 아니하니이다. 여호와께서 살아 계심을 두고 맹세하옵나니 그의 머리털 하나도 땅에 떨어지지 아니하리니 이는 그가 이 날 엘로힘과 함께 일하셨음이니라 하여 백성이 요나탄을 구출하므로 그가 죽지 아니하니라. (삼상14:45) 여호와께서 속량하신 자들이 돌아오되 노래하며 찌온에 이르러 자기 머리 위에 영존하는 기쁨을 두고 기쁨과 즐거움을 얻으리니 슬픔과 탄식이 사라지리로다. (사35:10)

◆ 고통에서 새 삶으로의 변화 הפוך צרה

הְפַכְתָּ 당신께서 나를 위하여 나의 애곡을 바꾸사 춤이 되게 하시며 나의 굵은 베옷을 벗기시고 즐거움으로 띠를 두르셨나니(시30:11) 그럼에도 불구하고 여호와 네 엘로힘께서 너를 사랑하셨으므로 빌람(발람)에게 귀를 기울이지 아니하시고 여호와 네 엘로힘께서 저주를 돌이키사 네게 복이 되게 하셨나니(신23:5) 그러므로 그들이 와서 찌온의 높은 곳에서 노래하고 밀과 포도즙과 기름과 양떼와 소떼의 어린 것으로 인하여 여호와의 선하심 속으로 함께 흘러가리라. 또한 그들의 혼은 물 댄 동산 같으리니 그들이 다시는 슬퍼하지 아니하리로다 할지어다. (렘31:12)

◆ 샬 롬 שלום

בּוֹרֵא 내가 입술의 열매를 창조하노라. 여호와가 말하노니, 평강(שלום 샬롬)이 있을지어다. 멀리 있는 자와 가까이 있는 자에게 평강(שלום 샬롬)이 있을지어다. 내가 그를 고쳐 주리라 하시기 때문이니라. (사57:19) 그때에 그 영이 대장들의 우두머리 아마싸이(아마새)에게 임하므로 그가 이르되 다뷛이여 우리가 당신에게 속하며 이샤이(이새)의 아들이여 우리가 당신의 편이니 원하건대 평강(שלום 샬롬)이 함께하소서. 당신에게도 평강(שלום 샬롬)이 있고 당신을 돕는 자들에게도 평강(שלום 샬롬)이 있을지니 이는 당신의 엘로힘께서 당신을 도우시기 때문이니이다 하매 다뷛이 그들을 맞이하여 무리의 대장들로 삼았더라. (대상12:18) 그 형통하게 사는 자에게 이같이 말하기를 네게 평강(שלום 샬롬)이 있으라. 네 집에도 평강(שלום 샬롬)이 있으라. 네게 있는 모든 것에도 평강(שלום 샬롬)이 있으라 하라. (삼상25:6) 여호와께서 자신의 백성에게 힘을 주시리니 여호와께서 자신의 백성에게 화평(שלום 샬롬)으로 복을 주시리로다. (시29:11)

<시편 128>

שִׁיר הַמַּעֲלוֹת 위로 올라가는 노래

여호와를 두려워하며 그분의 길들 안에서 걷는 자마다 복이 있나니
이는 네 손이 수고한 것을 네가 먹을 것임이라.
네가 행복하고 형통하리로다.
네 아내는 네 집 곁에서 열매를 많이 맺는 포도나무 같으며 네 자녀들은 네 상 둘레의
올리브 묘목 같으리로다.
보라, 여호와를 두려워하는 자는 이와 같이 복을 받으리로다.
여호와께서 찌온에서 네게 복을 주실지어다.
너는 평생에 예루샬라임의 복을 보며 참으로 네 자식의 자식을 볼지어다.
이스라엘 위에 화평(שלום 샬롬)이 있을지로다.

하브달라 찬양

샤밧 가이드

216

샤 밧
회중예배 가이드

◆ 대전메시아닉교회
◆ 부천제자공동체

메시아닉 샤밧 회중예배 I   <대전 메시아닉교회>

§ 쇼파르

-회중이 모두 함께 낭독

또 너희의 희락의 날과 저희가 정한 절기와 초하루에는 번제물을 드리고 화목제물을 드리며 나팔을 불라 그로 말미암아 너희의 엘로힘이 너희를 기억하시리라 나는 너희의 엘로힘 여호와니라 < 민수기 10장 10절 >

♬ 마토브

מה טובו אוהליך יעקב משכנותיך ישראל

엘라쓰이   카테노케쉬미   콥아야   카레할오   브토   마

ואני ברוב חסדך אבוא ביתך

카테베   보아   카데쓰하   브로베   니아봐

אשתחווה אל- היכל- קודשך ביראת

카테아르이베   카쉐드코   -칼헤   -엘   베하타쉬에

오 야아콥이여, 네 장막들이 어찌 그리 아름다운가!
이스라엘이여, 네 처소들이 어찌 그리 아름다운가!
나로 말하건대 오직 나는 주님의 풍성한 은혜를 누리고
주님의 집에 들어가 주님을 경외함 속에서 주님의 거룩한 전을 향하여 경배하리이다.

◆쇼파르 불기

- 회중이 모두 함께 낭독

월삭과 월망과 우리의 절일에 나팔을 불지어다.
이는 이스라엘의 율례요 야아콥의 엘로힘의 규례로다.
< 시편 81:3~4 >

샤밧 회중예배 가이드

- **쇼파르**
  | 테키아 – 강하게 한 번 불기 (길게 한 번 부는 것인데 명확하게 잘 들리는 음색)
  | 셰바림 – 세번의 짧은 소리 (끊어지는 음색)
  | 테루아 – 연속된 짧은 세개의 음을 세번 반복 (경고의 소리, 기쁨의 외침)
  | 테키아 그돌라 – 가능한 한 오래 동안 부는 단일음 (큰 테키아라는 의미)

§ 쉐마 שְׁמַע

♪ **쉐마 찬양**

שְׁמַע יִשְׂרָאֵל יְהוָה אֱלֹהֵינוּ יְהוָה אֶחָד
마쉐 엘라쓰이 이나도아 누헤로엘 이나도아 드하에

이스라엘아 들으라, 우리 엘로힘 여호와는 '에하드'이신 여호와시니라.

[יֵשׁוּעַ הַמָּשִׁיחַ אֲדוֹנִי אֱלֹהֵינוּ אֲדוֹנִי אֶחָד]
아슈예 함마쉬아흐 이나도아 누헤로엘 이나도아 드하에

주는 '에하드'이신 예슈아 함마쉬아흐이시니,

※ בָּרוּךְ שֵׁם כְּבוֹד מַלְכוּתוֹ לְעוֹלָם וָעֶד
루바 쉠 드보케 말쿠토 레올람 봐에드

그 영화로우신 이름을 송축하라, 그의 왕국은 영원하리라!

◆ **쉐마 선포**

שְׁמַע יִשְׂרָאֵל יהוה אֱלֹהֵינוּ יהוה אֶחָד
마쉐 엘라쓰이 이나도아 누헤로엘 이나도아 드하에

오 이스라엘아, 들으라, 여호와는 우리 엘로힘, 여호와는 에하드이시라.

וְאָהַבְתָּ אֵת יְהוָה אֱלֹהֶיךָ בְּכָל־לְבָבְךָ
붸아하브타 엘 이나도아 엘로헤카 베콜- 레바베카

너는 네 마음을 다하고 혼을 다하고 힘을 다하여 여호와 네 엘로힘을 사랑하라.

וּבְכָל־נַפְשְׁךָ וּבְכָל־מְאֹדֶךָ:
우베콜- 나프쉐카 우베콜- 메오데카

וְהָיוּ הַדְּבָרִים הָאֵלֶּה אֲשֶׁר אָנֹכִי מְצַוְּךָ _{메짜웨카 아노키 아쉐르 하엘레 하데바림 웨하유}	이 날 내가 네게 명령하는 이 말씀들을 너는 마음 속에 두고
הַיּוֹם עַל־לְבָבֶךָ: _{하-욤 알-레바베카}	
וְשִׁנַּנְתָּם לְבָנֶיךָ וְדִבַּרְתָּ בָּם בְּשִׁבְתְּךָ _{베쉬브테카 밤 웨디바르타 레바네이카 베쉬난탐}	너는 그것들을 네 자녀들에게 반복하고, 집에 앉았을 때에든지, 길을 걸어갈 때에든지, 누웠을 때에든지, 일어날 때에든지 말하여야 한다.
בְּבֵיתֶךָ וּבְלֶכְתְּךָ בַדֶּרֶךְ וּבְשָׁכְבְּךָ וּבְקוּמֶךָ: _{우브쿠메카 우브쇼크베카 받데레크 우브레크테카 베베이테카}	
וּקְשַׁרְתָּם לְאוֹת עַל־יָדֶךָ וְהָיוּ לְטֹטָפֹת _{크샤르탐 올레 알- 야데카 웨하유 레토타폿}	너는 또 그것들을 네 손에 매어 표적이 되게 하고 네 눈 사이에 표시들로 두어야 한다.
בֵּין עֵינֶיךָ: _{벤 에네카}	
וּכְתַבְתָּם עַל־מְזוּזוֹת בֵּיתֶךָ וּבִשְׁעָרֶיךָ: _{우크타브탐 알- 메주좃 베이테카 우비쉬아레카}	또 네 집의 문설주들과 네 대문들에 기록해야 한다

§ 토라에 대한 감사기도

ברוך אתה יהוה אלהינו מלך העולם
_{바룩 아타 아도나이 엘로헤누 멜렉 하올람}

אשר קדשנו במצותיו בצונו לעסק בדברי תורה
_{아쉐르 키드샤누 베미쯔보타이브 베짜오누 라아쏘크 베디브레 토라}

ברוך אתה יהוה המלמד תורה לעמו ישראל
_{바룩 아타 아도나이 하므람메드 토라 레암모 이스라엘}

여호와 우리 엘로힘 우주의 왕이시여,
주님의 계명들로 우리를 거룩하게 하시고
우리에게 토라의 말씀에 전념하도록 명하신 주님을 송축합니다.
주님의 백성 이스라엘에게 토라를 가르치시는
주님을 송축합니다.

§ 십 계 명

וַיְדַבֵּר אֱלֹהִים אֵת כָּל־ הַדְּבָרִים
림바데한 콜 엩 힘로엘 르베답예와

הָאֵלֶּה לֵאמֹר:
르모레 레엘하

엘로힘께서 이 모든 말씀으로 말씀하여 이르시되

אָנֹכִי יְהוָה אֱלֹהֶיךָ אֲשֶׁר הוֹצֵאתִיךָ
카티쩨호 르쉐아 카헤로엘 이나도아 키노아

מֵאֶרֶץ מִצְרַיִם מִבֵּית עֲבָדִים:
딤바아 트베밉 임라쯔미 쯔레에메

나는 너를 미쯔라임(이집트) 땅 곧 속박의 집에서 인도하여 낸 여호와 네 엘로힘이라.

לֹא יִהְיֶה־ לְךָ אֱלֹהִים אֲחֵרִים עַל־ פָּנָי
야나파 알 림헤아 힘로엘 카레 예흐이 로

너는 내 앞에서 다른 신들을 취하지 말라.

לֹא תַעֲשֶׂה־ לְךָ פֶסֶל וְכָל־ תְּמוּנָה אֲשֶׁר
르쉐아 나무테 콜붸 쎌페 카레 쎄아타 로

בַּשָּׁמַיִם מִמַּעַל וַאֲשֶׁר בָּאָרֶץ מִתָּחַת
할타밑 쯔레아바 르쉐아봐 알마밈 임마샤밧

וַאֲשֶׁר בַּמַּיִם מִתַּחַת לָאָרֶץ:
쯔레아라 할타밑 임마밤 르쉐아봐

너는 너를 위하여 어떤 새긴 형상도 만들지 말고 또 위로 하늘에 있는 것이나 아래로 물속에 있는 것의 어떤 모습이든지 만들지 말며

לֹא תִשְׁתַּחֲוֶה לָהֶם וְלֹא תָעָבְדֵם
뎀브아타 로웰 헴라 베흐타쉬티 로

그것들에게 절하지 말고 그것들을 섬기지 말라.

כִּי אָנֹכִי יְהוָה אֱלֹהֶיךָ אֵל קַנָּא פֹּקֵד עֲוֹן
본아 드케포 나칸 엘 카헤로엘 이나도아 키노아 키

אָבֹת עַל־ בָּנִים עַל־ שִׁלֵּשִׁים וְעַל־
알붸 쉼레쉴 알 님바 알 트보아

רִבֵּעִים לְשֹׂנְאָי:
이아쏜레 임베리

이는 나 곧 여호와 네 엘로힘이 질투하는 엘(אל)이기 때문이니 나는 나를 미워하는 자들에게는 아버지의 불법을 자손들에게 벌하여 삼사대까지 이르게 하거니와

וְעֹשֶׂה חֶסֶד לַאֲלָפִים לְאֹהֲבַי וּלְשֹׁמְרֵי
레므쇼울 이바하오레 핌라알라 드쎄헤 쎄오붸

מִצְוֹתָי:
이타보쯔미

나를 사랑하고 내 명령들을 지키는 수천의 사람들에게는 헤쎄드(인애)를 베푸느니라.

לֹא תִשָּׂא אֶת־ שֵׁם־ יְהוָה אֱלֹהֶיךָ לַשָּׁוְא כִּי
키 브샤랏 카헤로엘 이나도아 쉠 엩 싸팃 로

לֹא יְנַקֶּה יְהוָה אֵת אֲשֶׁר־ יִשָּׂא אֶת־
엩 싸잇 르쉐아 엩 이나도아 케낙예 로

שְׁמוֹ לַשָּׁוְא:
브샤랏 모쉐

너는 네 여호와 엘로힘의 이름을 헛되이 취하지 말라.
이는 여호와가 자신의 이름을 헛되이 취하는 자를 죄 없다 하지 아니할 것임이라.

샤밧 회중예배 가이드

זָכוֹר֙ אֶת־יוֹם הַשַּׁבָּ֖ת לְקַדְּשֽׁוֹ
쇼데칼레 밭샵핫 욤 엩 르코쟈

שֵׁ֤שֶׁת יָמִים֙ תַּֽעֲבֹד֒ וְעָשִׂ֖יתָ כָּל־מְלַאכְתֶּֽךָ׃
카테크라멜 콜 타씨아붸 드보아타 밈야 쉘쉐

וְיוֹם֙ הַשְּׁבִיעִ֔י שַׁבָּ֖ת ׀ לַיהוָ֣ה אֱלֹהֶ֑יךָ
카헤로엘 이나도아라 밭샵 비쉐핫 욤붸

לֹֽא־תַעֲשֶׂ֣ה כָל־מְלָאכָ֡ה אַתָּ֣ה ׀ וּבִנְךָֽ־
카빈우 타앝 카라멜 콜 쎄아타 로

וּבִתֶּ֡ךָ עַבְדְּךָ֩ וַאֲמָתְךָ֨ וּבְהֶמְתֶּ֜ךָ וְגֵרְךָ֙ אֲשֶׁ֣ר
르쉐아 카레게붸 카테헴브우 카트마아바 카데브아 카테빝우

בִּשְׁעָרֶ֔יךָ
카레아쉬비

כִּ֣י שֵֽׁשֶׁת־יָמִים֩ עָשָׂ֨ה יְהוָ֜ה אֶת־הַשָּׁמַ֣יִם
임마샤핫 엩 이나도아 싸아 밈야 쉘쉐 키

וְאֶת־הָאָ֗רֶץ אֶת־הַיָּם֙ וְאֶת־כָּל־אֲשֶׁר־
르쉐아 콜 엩붸 얌하 엩 쯔레아하 엩붸

בָּ֔ם וַיָּ֖נַח בַּיּ֣וֹם הַשְּׁבִיעִ֑י עַל־כֵּ֗ן בֵּרַ֧ךְ
락베 켄 알 이비쉐핫 욤바 흐나야봐 밤

יְהוָ֛ה אֶת־יוֹם הַשַּׁבָּ֖ת וַֽיְקַדְּשֵֽׁהוּ׃
후쉐데칼예봐 밭샵핫 욤 엩 이나도아

כַּבֵּ֥ד אֶת־אָבִ֖יךָ וְאֶת־אִמֶּ֑ךָ לְמַ֙עַן֙ יַאֲרִכ֣וּן
쿠리아야 안마레 카메임 엩붸 카비아 엩 드베캅

יָמֶ֔יךָ עַ֚ל הָאֲדָמָ֔ה אֲשֶׁר־יְהוָ֥ה אֱלֹהֶ֖יךָ
카헤로엘 이나도아 르쉐아 마다아하 알 카메야

נֹתֵ֥ן לָֽךְ׃
락 텐노

לֹ֥א תִּרְצָֽח׃
흐짜르티 로

לֹ֥א תִּנְאָֽף׃
프아틴 로

לֹ֥א תִּגְנֹֽב׃
브노그티 로

לֹֽא־תַעֲנֶ֥ה בְרֵעֲךָ֖ עֵ֥ד שָֽׁקֶר׃
르케샤 드에 카아레베 네아타 로

לֹ֥א תַחְמֹ֖ד בֵּ֣ית רֵעֶ֑ךָ לֹֽא־תַחְמֹ֞ד אֵ֣שֶׁת
쉩에 드모흐타 로 카에레 트베 드모흐타 로

샤밧(안식일)을 기억하여 거룩히 지키라.
이는 엿새 동안은 네가 수고하고 네 모든 일을 할 것이나 일곱째 날은
여호와 네 엘로힘의 샤밧(안식일)인 즉
그 날에는
너나 네 아들이나
네 딸이나, 네 남종이나
네 여종이나, 네 가축이나
네 문안에 거하는 나그네나 아무 일도 하지 말라.

이는 엿새 동안에 여호와가 하늘과 땅과 바다와
그 안에 있는 모든 것을 만들고
일곱째 날에 안식하셨음이니라.
그러므로 나 여호와가 샤밧(안식일)을 복되게 하여
그 날을
거룩하게 하였느니라.

네 부모를 공경하라.
그리하면
여호와 네 엘로힘이 네게 주시는 땅에서
네 날들이 길리라.

너는 살인하지 말라.

너는 간음하지 말라.

너는 도둑질하지 말라.

너는 네 이웃을 대적하여 거짓 증거하지 말라.

너는 네 이웃의 집을 탐내지 말라.

רֵעֶ֔ךָ וְעַבְדּ֤וֹ וַאֲמָתוֹ֙ וְשׁוֹר֣וֹ וַחֲמֹר֔וֹ וְכֹ֖ל
콜붸   로모하바   로쇼붸   토마아바   도브아붸   카에레
אֲשֶׁ֥ר לְרֵעֶֽךָ׃
카에레레   르쉐아

예슈아께서 가라사대
네 마음을 다하고 목숨을 다하고 힘을 다하여 네 엘로힘 여호와를 사랑하라 하셨으니, 이것이 크고 첫째되는 계명이요, 둘째는 그와 같으니, 네 이웃을 네 몸과 같이 사랑하라 하셨으니, 이 두 계명이 온 율법과 선지자의 강령이니라.

(마22:37~40)

§ אבינו 아비누

♬ 아비누 쉐바샤마임 (주기도문)

אבינו שבשמים יתקש שמך תבוא מלכותך
카트쿠말   보타   카쉼   쉬데카트이   임마샤바쉐   누비아

יעשה רצונך כבשמים כן בארץ
쯔레아바   켄   임마샤바케   카쫀레   쎄아예

את לחם חוקנו תן לנו היום
욤하 누라 텐 누케후 헴레 엩

וסלח לנו על חטאינו כמו שסולחים
힘쏠쉐   모케   누에타하   알   누라   흐라쓸우

גם אנחנו לחוטאים לנו
누라   임트호라   누흐나아   감

ואל תביאנו לידי נסיון כי אם חלצנו מן הרע
라하   민   누쩨할   임   키   욘싸니   데리   누에비테   알붸

כי לך הממלכך והגבורה והתפארת
렡에프티하붸   라부그하붸   카라맘하   카레   키

לעולמי עולמים אמן
멘아   민라올   메올레

하늘에 계신 아버지 이름을 거룩히 여기시며
뜻이 하늘에서 이룬 것 같이 땅~~에서도
일용할 양식을 주시옵시며
우리에게 죄 지은 자 용서 한 것 같이
우리 죄를 용서해 주시고
우리를 시험에 들게 마시고 다만 악에서 구하소서
나라와 권~세와 영~광이 아버지께 ~~
영원히 영원히 아~멘

§ 토라포션 낭독

◆ 토라를 읽기 전 기도

ויהי בנסע הארן ויאמר משה

쉐모 멜요봐 론아하 아쏘네비 히예봐

קומה יהוה ויפצו איביך

카베예오 추푸야붸 이나도아 마쿠

וינסו משנאיך מפניך

카네파미 카에싼메 쑤누야붸

" 여호와여 일어나사 주의 대적들을 흩으시고
주를 미워하는 자로 주의 앞에서 도망하게 하소서.
<민10:35>"

◆ 토라포션 낭독

- 토라, 니짜빔, 브릿트하닷샤 낭독

◆ 토라를 읽은 후 기도

ובנחה יאמר שובה יהוה רבבות אלפי ישראל

엘라쓰이 페레알 트보베리 이나도아 바쉬 르마요 호누베우

"여호와여 이스라엘 천만인에게로 돌아오소서. <민10:36>"

◆토라강의

§ 예물봉헌

§ 아돈올람　אדון עולם

♫아돈올람 (만유의 주)

1. אדון עולם אשר מלך בטרם כל יציר נברא
　　라브니　르찌예　콜　렘테베　락말　르쉐아　람올　돈아
　לעת נעשה בחפצו כל אזי מלך שמו נקרא
　　라크니　모쉐　렉멜　이자아　콜　쪼프헤베　사나　옡레

　1.만유의 주 통치하시니 모든 만물 창조하셨네
　　기쁨으로 만드셨네 그의 이름 왕이시라 불리셨네

2. ואחרי ככלות הכל לבדו ימלוך נורא
　　라노　록임　도바레　콜하　롵켈키　이레하아붸
　והוא היה והוא הווה והוא יהיה בתפארה
　　라아프티베　예흐이　후붸　베호　후붸　야하　후붸

　2.모든 만물 완성하신 후 그분 만이 통치하시라
　　전에 계신 지금도 계신 장차 오실(x2) 영광의 주

　　우주의 주권자 어떠한 것도 창조되기 전에 통치하셨던 분이시여.
　　모든 것이 그분의 뜻으로 만들어졌을 때
　　그 분의 이름은 왕으로 불려졌습니다.
　　그리고 모든 것을 완성하신 후에도
　　그분 홀로 영화롭게 통치하실 것입니다.
　　그분은 전에도 계셨고 지금도 계십니다.
　　그리고 영화로움 속에서 영원히 계실 것입니다.

샤밧 회중예배 가이드

§ 제사장의 축복기도 ברכת כהנים

יְבָרֶכְךָ יְהוָה וְיִשְׁמְרֶךָ׃
카레메쉬이붸   이나도아   카케레바예

여호와께서 네게 복을 주시고 너를 지키시기를 원하며

יָאֵר יְהוָה פָּנָיו אֵלֶיךָ וִיחֻנֶּךָּ׃
카넥훈뷔   카레엘 브이나파   이나도아   르에야

여호와께서 자신의 얼굴로 네게 빛을 비추사 네게 은혜 베푸시기를 원하고

יִשָּׂא יְהוָה פָּנָיו אֵלֶיךָ וְיָשֵׂם לְךָ שָׁלוֹם׃
롬샬   카레 쎔야붸   카레엘 브이나파   이나도아   싸잇

여호와께서 자신의 얼굴을 네게로 향하여 드사 평강 주시기를 원하노라.

메시아닉 샤밧 회중예배 II <부천 제자공동체교회>

< Kehilat Talmidim >

◈ Shofar Blowing (양각나팔 불기)

◈ שמע ישראל [The Shema]

♬ 쉐마 이스라엘

1. 쉐마- 이스라엘 아도나이- 엘로헤이누- 아도나이- 에하드

2. 예슈아- 함마쉬아흐- 아도나이- 엘로헤이누- 아도나이- 에하드-

   ※바룩- 쉠 케보드- 말쿠토- 레올람- 봐에드-

3. 들으라- 이스라엘- 여호와 우리 엘로힘 유일하신 주-

   ※송축할지라 그 이름 영원한 나라-

◆ 쉐마선포 שמע

이스라엘아 들으라 우리 엘로힘 여호와는 유일한 여호와이시니
너는 마음을 다하고 목숨을 다하고 힘을 다하여 네 엘로힘 여호와를 사랑하라.

오늘 내가 네게 명하는 이 말씀을 너는 마음에 새기고,
네 자녀에게 부지런히 가르치며,
집에 앉았을 때에든지 길을 갈 때에든지,
누워 있을 때에든지 일어날 때에든지 이 말씀을 강론할 것이며,

너는 또 그것을 네 손에 매어 기호를 삼으며,
네 미간에 붙여 표로 삼고,
또 네 집 문설주와 바깥 문에 기록할지니라.

(신 6:4-9)

샤밧 회중예배 가이드

◆ **미 카모카**　[מי כמוכה]

מִי-כָמֹכָה בָּאֵלִם יְהוָה מִי כָּמֹכָה
카모카　미　이나도아　림엘바　카모카　미

נֶאְדָּר בַּקֹּדֶשׁ; נוֹרָא תְהִלֹּת עֹשֵׂה פֶלֶא:
레펠　쎄오　롣힐테　라노　쉬데코박　르다네

"여호와여 신들 중에 주와 같은 자 누구니이까
주와 같이 거룩함으로 영광스러우며
찬송할 만한 위엄이 있으며
기이한 일을 행하는 자가 누구니이까"

◆ 자녀들에 대한 축복　ברכות הבנים

*하나님의 Covering 아래 덮으시고 보호하시기를! - 죄와 악, 세상의 미혹, 사탄으로부터.
*하나님이 너로 에브라임과 므낫세(사라와 리브가, 레아와 라헬) 같게 하시기를 원하노라!

*예바레케카 아도나이 붸이쉬메레카,
야엘 아도나이 파나이브 엘레카 뷔훈넥카,
잇싸 아도나이 파나이브 엘레카 붸야쎔 레카 샬롬!

◆ 교회소식 및 봉헌　קרבן, הודעה

◆ 토라포션

　◆ 토라서비스　קריאת התורה

אין כמוך
(에인 카모카)

אֵין כָּמוֹךָ בָאֱלֹהִים, יהוה, וְאֵין כְּמַעֲשֶׂיךָ . מַלְכוּתְךָ מַלְכוּת כָּל עֹלָמִים
밈라올 콜 트쿠말 카테쿠말 카쎄아마케 엔붸 이나도아 힘로엘바 카모카 엔

וּמֶמְשַׁלְתְּךָ בְּכָל דֹּר וָדֹר. יהוה מֶלֶךְ, יהוה מָלָךְ, יהוה יִמְלֹךְ לְעֹלָם וָעֶד
드에봐 람올레 록임 이나도아 락말 이나도아 렉멜 이나도아 르도봐 르도 콜베 카테샬멤우

יהוה עֹז לְעַמּוֹ יִתֵּן יהוה יְבָרֵךְ אֶת עַמּוֹ בַשָּׁלוֹם
롬샬밧 모암 엩 렉바예 이나도아 텐이 모암레 즈오 이나도아

אָב הָרַחֲמִים, הֵיטִיבָה בִרְצוֹנְךָ אֶת צִיּוֹן, תִּבְנֶה חוֹמוֹת יְרוּשָׁלָיִם
임라샬루예 트모호 네브티 욘찌 엩 카쫀르비 바티헤 밈하라하 브아

כִּי בְךָ לְבַד בָּטָחְנוּ, מֶלֶךְ אֵל רָם וְנִשָּׂא, אֲדוֹן עוֹלָמִים
밈라올 돈아 싸닛붸 람 엘 렉멜 누흐타바 드바레 크베 키

♪ 봐예히 빈소아 하아론

봐예히 빈소아 하아론 봐요메르 모쉐
쿠마 아도나이 베야푸쭈 오예베카
붸야누쑤 미싸네카 미파네—카
키 미찌욘 테쩨 토라 (x2)
우데바르 아도나이 미루샬라임-
바룩 쉔나탄 토라 (x2)
레암모 이쓰라엘 뷔케두샤토-

법궤가 떠날 때에 모쉐 말하기를
쿠마 아도나이 주의 대적 흩으시고
주의 원수 주 앞에서 물리치--소서
이는 토라가 시온에서 나고 (x2)
주의 말씀은 예루살렘에서-
송축할지라 토라 주신 분 (x2)
주 백성 이스라엘 거룩케 하셨네-

◆ 쉐마 שְׁמַע

※ 인도자-회중 번갈아

שְׁמַע יִשְׂרָאֵל, יהוה אֱלֹהֵינוּ, יהוה אֶחָד
드하에 이나도아   누헤로엘 이나도아   엘라쓰이   마쉐

אֶחָד אֱלֹהֵינוּ, גָּדוֹל אֲדוֹנֵינוּ, קָדוֹשׁ שְׁמוֹ
모쉐   쉬도카   누네도아   돌가   누헤로엘   드하에

"이스라엘아 들으라 여호와는 우리 엘로힘, 여호와는 하나이시라"
"우리 엘로힘은 하나이시고, 우리 주님은 위대하시며, 그의 이름이 거룩하시도다"

◆ 가들루 גַּדְּלוּ

(다같이 궤를 향해 허리를 굽혀 절하며)

※ 인도자

גַּדְּלוּ לַיהוה אִתִּי, וּנְרוֹמְמָה שְׁמוֹ יַחְדָּו
브다흐야   모쉐   마메로네우   티잍 이나도라   루들갇

"나와 함께 여호와를 광대하시다 하며
함께 그의 이름을 높이세"

◆ 레카 아도나이 לְךָ יהוה

레카 아도나이 하게둘라 붸하게부라 붸하티프에레트
붸하네짜흐 붸하호드 키 콜 바샤마임 우바아레쯔
레카 아도나이 하맘믈라카 붸하미트나쎄 레콜 레로쉬

"여호와여 위대하심과 권능과 영광과 승리와 위엄이 다 주께 속하였사오니 천지에 있는 것이 다 주의 것이로소이다 여호와여 주권도 주께 속하였사오니 주는 높으사 만물의 머리이심이니이다"

로메무 로메무 아도나이 엘로헤누
붸히쉬타하부 붸히쉬타하부 라하돔 라글라브 카도쉬 후

"너희는 여호와 우리 엘로힘을 높여 그의 발등상 앞에서 경배할지어다 그는 거룩하시도다"

로메무 로메무 아도나이 엘로헤누
붸히쉬타하부 붸히쉬타하부 레하르 코드쇼
키 카도쉬 키 카도쉬 키 카도쉬 아도나이 엘로헤누

"너희는 여호와 우리 엘로힘을 높이고 그 성산에서 예배할지어다 여호와 우리 엘로힘은 거룩하심이로다"

◆ 토라낭독 전 감사   ברכות התורה-לפני

※올래:토라를 읽는 자

בָּרְכוּ אֶת יְהוָה הַמְבֹרָךְ
락보함   이나도아   엘 쿠레바

※회중

בָּרוּךְ יְהוָה הַמְבֹרָךְ לְעוֹלָם וָעֶד
드에봐 람올레   락보함   이나도아   룩바

※올래토라를 읽는 자

בָּרוּךְ יְהוָה הַמְבֹרָךְ לְעוֹלָם וָעֶד
드에봐 람올레   락보함   이나도아   룩바

※모두 함께

בָּרוּךְ אַתָּה יְהוָה אֱלֹהֵינוּ מֶלֶךְ הָעוֹלָם,
람올하 렉멜 누헤로엘 이나도아 타앝 룩바

אֲשֶׁר בָּחַר בָּנוּ מִכָּל הָעַמִּים, וְנָתַן לָנוּ אֶת תּוֹרָתוֹ.
토라토 엩 누라 탄나붸 밈암하 콜믹 누바 르하바 르쉐아

בָּרוּךְ אַתָּה יְהוָה, נוֹתֵן הַתּוֹרָה
라토핱   텐노 이나도아 타앝 룩바

아멘!

◆ 토라에 대한 감사 ברכות התורה

　*올레: 복되신 여호와를 송축하라!

　*회중: 복되신 여호와를 영원히 송축합니다.

　*올레: 복되신 여호와를 영원히 송축합니다.

　*함께: 여호와 우리 엘로힘 우주의 왕이시여, 모든 백성 중에서 우리를 선택하시고 토라를 주신 당신을 송축합니다. 토라를 주시는 여호와, 당신을 송축합니다!

◆ 토라 낭독 קראת התורה

　- 토라 / 선지서 / 브리트 하닷샤 낭독

◆ 토라 낭독 후 감사

　※올레

בָּרוּךְ אַתָּה יהוה אֱלֹהֵינוּ מֶלֶךְ הָעוֹלָם,
　바룩 아타 아도나이 엘로헤누 멜렉 하올람

여호와 우리 엘로힘
우주의 왕이시여,

אֲשֶׁר נָתַן לָנוּ תּוֹרַת אֱמֶת,
　아쉐르 나탄 라누 토랕 에멭

우리에게 진리의 토라를
주시고,

וְחַיֵּי עוֹלָם נָטַע בְּתוֹכֵנוּ:
　웨하예 올람 나타 베토케누

우리 안에 영원한 생명을
불어넣으신 당신을
송축합니다.

בָּרוּךְ אַתָּה יהוה נוֹתֵן הַתּוֹרָה:
　바룩 아타 아도나이 노텐 핱토라

토라를 주시는 여호와,
당신을 송축합니다!

샤밧 회중예배 가이드

◆ 하그바 הגבה / 토라를 높임

이것이 곧 모쉐가 이스라엘 자손에게 선포한 토라니라(신 4:44).
여호와의 토라는 완전하여 영혼을 소성시키며 여호와의 증거는 확실하여 우둔한 자를 지혜롭게 하며 여호와의 교훈은 정직하여 마음을 기쁘게 하고 여호와의 계명은 순결하여 눈을 밝게 하시도다 (시 19:7-8).

◆ 에쯔 하임 히   עֵץ חַיִּים הִיא

עֵץ חַיִּים הִיא לַמַּחֲזִיקִים בָּהּ, וְתֹמְכֶיהָ מְאֻשָּׁר.
르샤우메   하케톰붸 - 바   킴지하마람   히   임하 쯔에

דְּרָכֶיהָ דַרְכֵי נֹעַם, וְכָל נְתִיבוֹתֶיהָ שָׁלוֹם.
롬샬   하테보티네 콜붸   암노 케르다 하케라데

הֲשִׁיבֵנוּ יְהוָה אֵלֶיךָ, וְנָשׁוּבָה: חַדֵּשׁ יָמֵינוּ כְּקֶדֶם.
뎀케케   누메야   쉬데하   바슈나붸   카레엘 이나도아   누베쉬하

"지혜는 그 얻은 자에게 생명나무라 지혜를 가진 자는 복되도다
그 길은 즐거운 길이요 그의 지름길은 다 평강이니라"
"여호와여 우리를 주께로 돌이키소서 그리하시면 우리가 돌아가겠사오니
우리의 날들을 새롭게 하사 케뎀같게 하옵소서"

◆ 토라강의   הרצאת התורה

◆ 제사장 축복기도   ברכת כהנים

찬 양

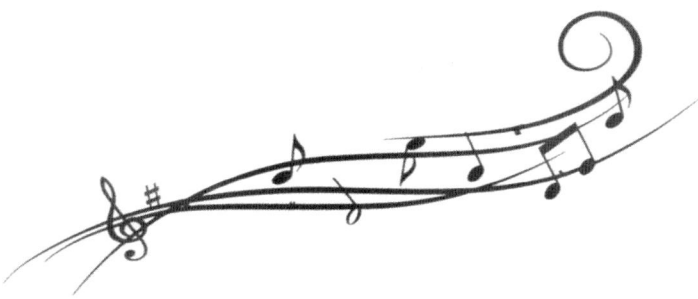

쉐마 이스라엘
(들으라 이스라엘)

שמע ישראל

신 6:4

쉐 마 이스 라 엘 아 도 나이 엘로 헤이 누 아 도 나이 에 하드
예 슈아 함 마 쉬아흐

바 룩 쉠 케 보드 말 쿹 토 레 올 람 바 에드

이스라엘아 들으라
우리 하나님 여호와는 오직 하나인 여호와시니
너는 마음을 다하고 성품을 다하고 힘을 다하여
네 하나님 여호와를 사랑하라
오늘날 내가 네게 명하는 이 말씀을 너는 마음에 새기고
네 자녀에게 부지런히 가르치며
집에 앉았을 때에든지 길에 행할 때에든지
누웠을 때에든지 일어날 때에든지
이 말씀을 강론할 것이며
너는 또 그것을 네 손목에 매어 기호로 삼으며
네 미간에 붙여 표를 삼고
또 네 집 문설주와 바깥 문에 기록할지니라

아돈 올람
(우주의 주권자)

기도문 prayer   אדון עולם   Uzi Chutman

아 돈 올 람 아 쉐르 말 락 베 테렘 콜
베 아 하 레이 키 켈롯 하 콜 레 바 도
만 유의 주 통 치 하 시 니 모든 만 물
모 든 만 물 완 성 하 신 후 그 분만 이

예 찌르 니 브라 레 엩 나 싸 베 헤프 쪼
임 롴 노 라 베 후 하 야 베 후 호
창 조 하 셨 네 기 쁨 으 로 만 드 셨
통 치 하 시 리 라 전 에 계 신 지 금 도

콜 아 자이 멜 렠 아 자이 멜 렠 쉐 모 니 크라
베 베 후 이흐 그 의 이 름 왕 이 시 라 불리 셨 네
네 계 신 장 차 오

예 베 후 이흐 예 베 티프 아 라
실 장 차 오 실 영 광 의 주

우주의 주권자, 어떠한 것도 창조되기 전에 통치 하셨던 분이시여.
모든 것이 그분의 뜻으로 만들어졌을 때, 그 분의 이름은 왕으로 불려졌습니다.
그리고 모든 것을 완성하신 후에도 그분 홀로 영화롭게 통치하실 것입니다.
그분은 전에도 계셨고, 지금도 계십니다.
그리고 영화로움 속에서 영원히 계실 것입니다

찬양

가돌 엘로하이
(How Great is our God)

Joshua Aaron

람 베니싸 하마쉬아흐
(높이 들리신 메시아)

David Loden   רם ונשא המשיח   David Loden

(악보)

가사:
람 베니 싸 하마 쉬 아흐 호드 베하 다르 레부 쇼 칸 베리비 하마쉬 아흐 쇼 켄 베 헤이 칼 로 알 라 라 미 즈베 아흐 키 쎄 온 쉬 후 쉘렘 케 포 데 콜 베 렐티 크라 콜 라 숀 켄 토 데

높 - 이 들린 하마 쉬 아흐 광 - 채의 옷 입었 네 내 마음속 하마쉬 아흐 성 전에 계 - 시 네 히쉬 타 하부 레파 제물 되신 어린 주 님 앞에 경배 나브 하요 쉐브리 미노 쉘하 아브 콜 모 양 우리죄구속 하셨 네 해 보좌 우편에 앉 으신 주 모 아 인 티르에 쉬바 토 리브히 라브 든 혀 고 백 하 리라 엎드 려 든 눈 그 의 오 심을 보 리 라

243

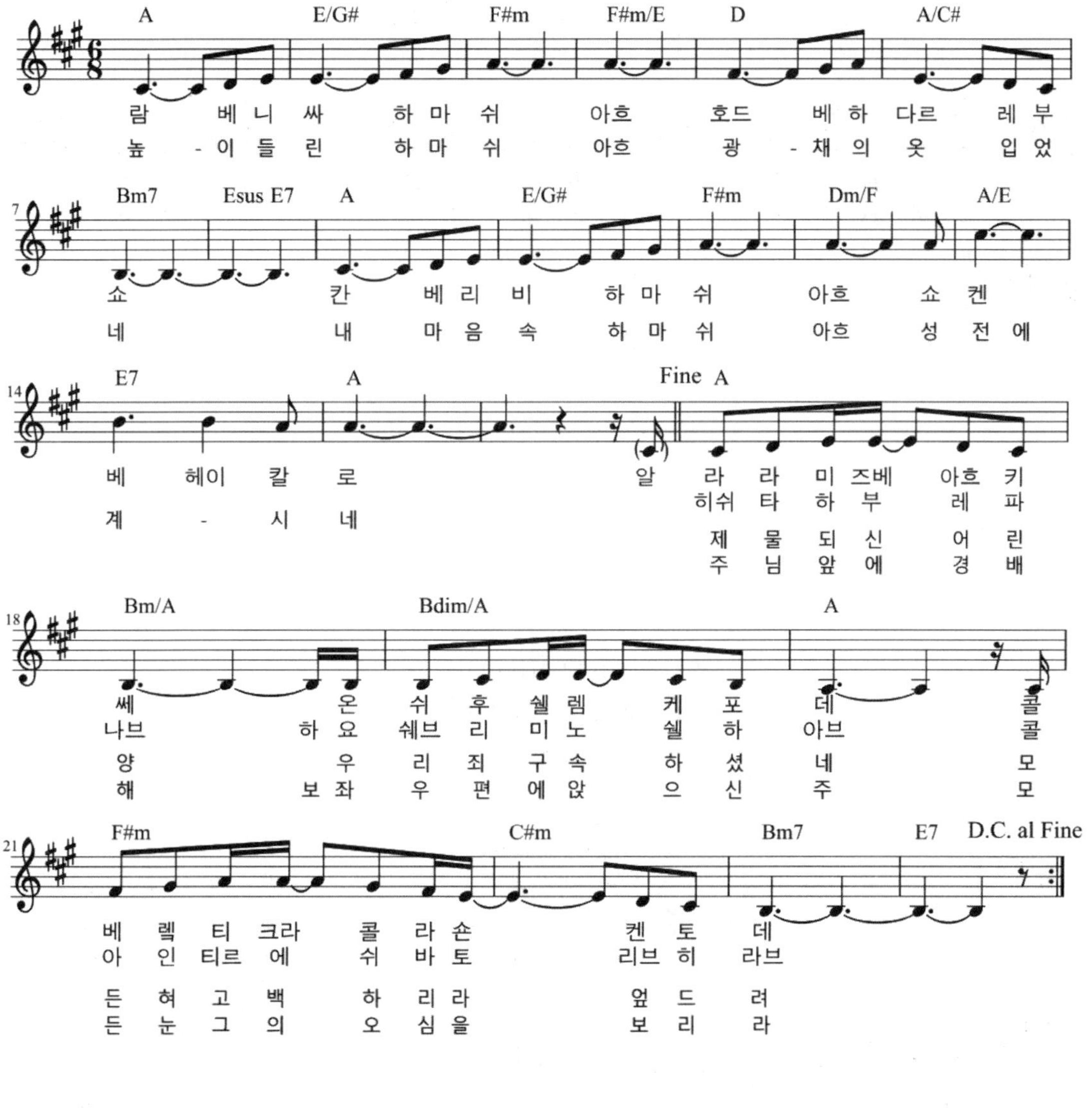

찬양

미 카모카
(누가 당신과 같겠습니까)

출 15:11

베네에마르
(그리고 말해졌다)

스가랴 14:9

아쉬라 라도나이
(나는 아도나이께 노래할 것입니다.)

출 15:1,2   **אשירה ליהוה**   이스라엘 민요

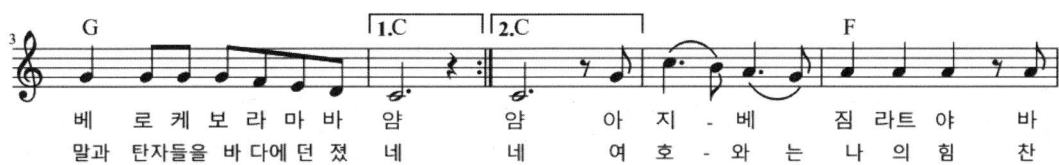

찬 양

에쉬포크 레파네이카
(당신 앞에 쏟아 붓습니다)

אשפוך לפניך

sheli myer

하티크바

התקווה

이스라엘 국가

찬 양

히네 마 토브
(보라, 어찌 그리 선한가!)

시 133:1 הינה מה טוב 이스라엘 전통 노래

히네 엘 예슈아티
(보라, 하나님은 나의 구원이시라)

הינה אל ישועתי

이사야 12:2,3　　　　　　　　　　　　　　　　　　　　　　Batya Segal

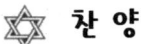

예슈아 엘 야카르
(예슈아 , 존귀하신 하나님)

Jamie Hilson | ישוע אל יקר | Jamie Hilson

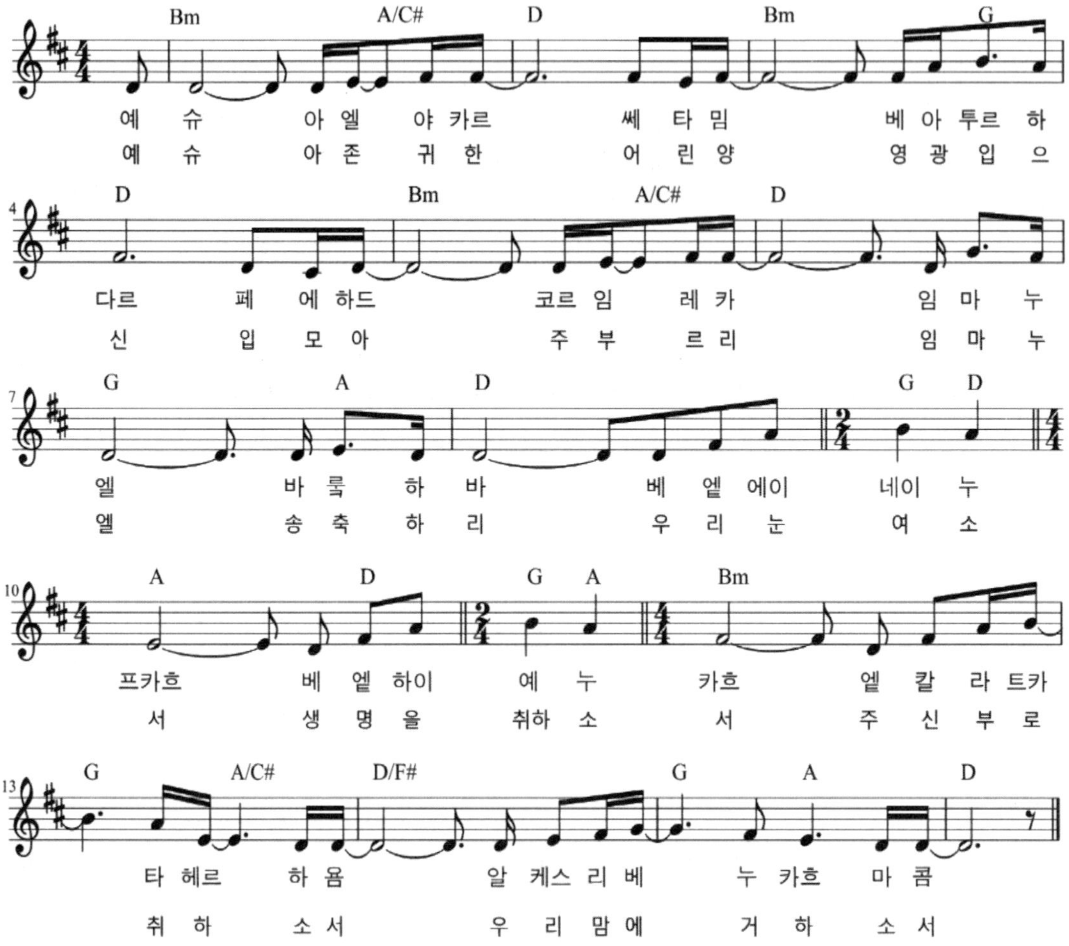
Bm A/C# D Bm G
예 슈 아 엘 야 카르 쎄 타 밈 베 아 투르 하
예 슈 아 존 귀 한 어 린 양 영 광 입 으
D Bm A/C# D
다르 페 에 하드 코르 임 레 카 임 마 누
신 입 모 아 주 부 르 리 임 마 누
G A D G D
엘 바 룩 하 바 베 엘 에이 네이 누
엘 송 축 하 리 우 리 눈 여 소
A D G A Bm
프카흐 베 엘 하이 예 누 카흐 엘 칼 라 트카
서 생 명 을 취하 소 서 주 신 부 로
G A/C# D/F# G A D
타 헤르 하 욤 알 케스 리 베 누 카흐 마 콤
취 하 소 서 우 리 맘 에 거 하 소 서

할렐리 나프쉬
(내 혼아 찬양하라)

הללי נפשי

시편 146:1,2,10

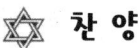
찬 양

찬 양

키 코 아하브 엘로힘
(하나님이 이처럼 사랑하셨다)

요 3:16

כי כה אהב אלוהים

Alex Atlas

예슈아 아니 오헤브 오트카
(예슈아, 당신을 사랑합니다.)

Elisheva Shonron

ישוע אני אוהב אותך

Elisheva Shonron

임 타암두 비드바리
(너희가 내 말에 거하면)

요한복음 8:31,32

אם תעמדו בדברי

Jill Shannon

찬 양

마 예디돝
(어찌 그리 사랑스러운지요)

시편 84:1,2; 아가서 2:4

מה ידידות

Yariv Goldman

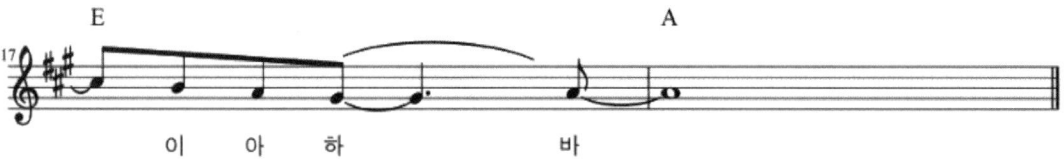

아니 쉘카
(나는 당신의 것)

אני שלך

찬 양

베콜 엩 아바르카 후
(모든 순간 그를 송축할 것입니다.)

시편 34:1-4

בכל עת אברכה הוא

할렐루 엩 아도나이
(아도나이를 찬양하라)

הללו את אדוני

시 117
Rachel Boskey

할렐루 엩 아 도 나이 콜 고임 샤베후 후
여호와를 찬양해 모 든 나 - 라 백성들아 찬송

콜 하우 밈 키 가 바르 알 레이누 하스 도 베에멜 아 도
할 - 지 라 여호와의 인 자 하심 - 진실하심 -

나이 레 올 람 할 렐 루 할 렐 루 야 할 렐 루
영 - 원 해

할 렐 루 야 할 렐 루 할 렐 루 야 할 렐 루 야

만 가지 이유 (송축해 내 영혼)

부 록

- ▣ 유대문헌
- ▣ 월별 영적기류
- ▣ 토라포션

 유대문헌

▣ 할라카

할라카(הלכה, Halakha)는 유대교의 종교적 율법의 총체를 말함.

할라카에는 모세 율법, 즉 히브리 성서인 《타나크》에 들어 있는 율법들인 613 계명과 후대의 탈무드 율법과 랍비 율법 그리고 유대교의 관습(Jewish customs)과 전통(Jewish traditions)이 포함된다.

◆ 모세 율법

모세 율법(Mosaic law)은 신이 모세와 맺은 계약에 따라 모세를 통해 고대 이스라엘 민족에게 주었던 율법으로 〈토라〉—모세오경 또는 펜타튜크라고도 한다—속에 따로 기록해 둔 것을 말한다.

◆ 탈무드 율법

탈무드 율법(Talmudic law)은 탈무드 시대(1-500 CE)의 현자들 또는 랍비들인 탄나임과 아모라임의 가르침에 근거하여 《탈무드》로부터 유도된 율법이다. 《탈무드》는 기원후 220 년 경에 형성된 미슈나와 기원후 500 년 경에 형성된 게마라로 구성되어 있다.

◆ 랍비 율법

랍비 율법(Rabbinic law)은 랍비 계명이라고도 한다. 후대에 제정된 것으로 총 7 가지가 있다. 모세 율법 613 가지와 합하여 이루어진 총 620 가지의 율법은 유대교의 율법(계명, 미쯔바)을 완성시킨다고 말한다. 탈무드에 따르면 모든 도덕률은 신의 법칙 또는 신의 계명이거나 이들로부터 유도된 것이다.

◆ 유대교 관습

유대교 관습(Jewish customs)은 민하그(מנהג, Minhag, 복수형: 민하김, Minhagim)라고 한다.

▣ 토 라

〈토라〉(תּוֹרָה, Torah)의 문자 그대로의 뜻은 "가르침" 또는 "법칙·율법"이다. 토라는 창세기·탈출기·레위기·민수기·신명기를 말하며 모세오경(Five Books of Moses) 또는 펜타튜크(Πεντάτευχος, Pentateuch)라고도 한다.

✡ 부 록

◆ 타나크

유대교 정경을 의미하는 《타나크》(תנ״ך, Tanakh)는 토라, 느비딤, 케투빔의 첫글자에서 따온 말이다.

- 율법서: 토라, 히브리어: תורה, 영어: Torah (Laws, Teachings)
- 예언서: 느비임, 히브리어: נביאים, 영어: Nevi'im (Prophets)
- 성문서: 케투빔, 히브리어: כתובים, 영어: Ketuvim (Writings)

§ 타나크의 구성

《타나크》는 총 24권으로 구성되어 있다.

◆율법서: 토라, 히브리어: תורה, 영어: Torah (Laws, Teachings)

1. 창세기 (Genesis, בראשית 브레쉬트)
2. 출애굽기 · 탈출기 (Exodus, שמות 쉬모트)
3. 레위기 (Leviticus, ויקרא 바이크라)
4. 민수기 (Numbers, במדבר 브밋바르)
5. 신명기 (Deuteronomy, דברים 드바림)

◆예언서: 느비임, 히브리어: נביאים, 영어: Nevi'im (Prophets)

※전기 예언서 (First Prophets)

6. 여호수아 (Joshua, יהושע 예호쉬아)
7. 사사기 · 판관기 (Judges, שופטים 숍팀)
8. 사무엘기 (Samuel I & II, שמואל 쉬무엘)
9. 열왕기 (Kings I, Kings II, מלכים 믈라킴)

※후기 예언서 (Latter Prophets)

10. 이사야 서 (Isaiah, ישעיה 이샤야후)

11. 예레미야 서 (Jeremiah, ירמיה 이르미야후)

12. 에스겔 · 에제키엘 서 (Ezekiel, יחזקאל 예헤즈켈)

13. 소예언서 (Twelve Minor Prophets, תרי עשר 토리 아샤르)
    1) 호세아 서 (Hosea, הושע 호쉐아)
    2) 요엘 서 (Joel, יואל 요엘)
    3) 아모스 서 (Amos, עמוס 아모스)
    4) 오바드야 · 오바디아 서 (Obadiah, עובדיה 오바디야)

5) 요나 서 (Jonah, יונה 요나)
6) 미가 · 미카 서 (Micah, מיכה 미카)
7) 나훔 서 (Nahum, נחום 나훔)
8) 하박국 · 하바쿡 서 (Habakkuk, חבקוק 하바쿡)
9) 스바냐 · 스바니야 서 (Zephaniah, צפניה 츠파니야)
10) 학개 · 하까이 서 (Haggai, חגי 하까이)
11) 스가랴 · 즈카르야 서 (Zechariah, זכריה 즈카르야)
12) 말라기 · 말라키 서 (Malachi, מלאכי 말라키)

◆ 성문서: 케투빔 כתובים, Ketuvim (Writings)

※ 시가서 (Poetic Books)

14. 시편 (Psalms, תהלים 티힐림)
15. 잠언 (Proverbs, משלי 미쉴레이)
16. 욥기 (Job, איוב 이요브)

※ 지혜서 (Five Scrolls)

17. 아가 (Song of Songs, שיר השירים 쉬르 하쉬림)
18. 룻기 (Ruth, רות 루트)
19. 예레미야 애가 · 애가 (Lamentations, איכה 에이카)
20. 코헬렛 · 전도서 (Ecclesiastes, קהלת 코헬렛)
21. 에스더 · 에스테르 기 (Esther, אסתר 에스테르)

※ 기타 · 역사서 (Other & Historical Books)

22. 다니엘 (Daniel, דניאל 다니엘)
23. 에스라 · 에즈라 기 (Ezra) · 느헤미야 기 (Nehemiah)
    (עזרא ונחמיה 에즈라 브네켐야).
24. 역대기 Chronicles I & II, דברי הימים 디브리 하야밈)

■ 탈무드

《탈무드》(תלמוד, Talmud)는 유대교의 율법, 윤리, 철학, 관습 및 역사 등에 대한 랍비의 토론을 담은 유대교의 주석으로 주류 유대교의 중심을 이루는 문헌이다.

부록

《탈무드》는 기원후 220 년 경에 형성된 《미쉬나》와 기원후 500 년 경에 형성된 《게마라》로 구성되어 있다. 《미쉬나》는 유대교의 구전 율법 즉 구전 토라를 최초로 집성하여 기록한 것이다. 《게마라》는 미쉬나에 대한 토론과 탄나임 즉 미쉬나 시대(1-220 CE)의 현자들 또는 랍비들의 관련 저작을 포함하고 있다. 이 때문에 《게마라》에서 다루는 주제는 〈토라〉에 한정되지 않고 《타나크》 전체를 포괄하는 경우가 흔하다. 또한 《게마라》에서는 《미쉬나》에 포함되지 않은 탄나임의 견해를 수록하여 《미쉬나》의 해당 구절들과 비교하는 경우가 다수 있는데, 이러한 《미쉬나》 밖의 탄나임의 견해를 바라이타라고 한다.

◆ 미쉬나

《미쉬나》(משנה, Mishnah)는 유대교의 구전 율법, 즉 구전 토라를 기록한 것이다. 기원후 220 년경 예후다 하나시(יהודה הנשיא)에 의해 편찬되었다. 총 6 부로 구성되어 있다. 미쉬나 시대(기원후 1-220)의 현자들이라 불리는 랍비들을 탄나임이라 한다.

《미쉬나》는 다음의 6 부로 구성되어 있다.

- 제라임(Zeraim): "씨앗", 농업법과 기도문들
- 모에드(Moed): "축제", 안식일과 축제일에 대한 율법
- 나쉼(Nashim): "여자", 결혼과 이혼에 대한 율법
- 네지킨(Nezikin): "손상", 민사 및 형사에 대한 율법
- 코다쉼(Kodashim): "거룩한 것들", 희생제와 예루살렘 성전에 대한 율법, 음식에 대한 율법(카슈룻)
- 토호롯(Tohorot): "정결법", 정결함과 부정함에 대한 율법. 죽은 자의 정결법, 신체의 정결법, 음식 정결법, 가족 정결법(월경법) 등이 들어있다.

◆ 게마라

《게마라》(גמרא, Gemara)의 문자 그대로의 뜻은 "완성"과 "공부"이다. 기원후 220 년 경의 《미쉬나》의 성립 후, 이후의 3 세기 동안 팔레스타인과 바빌로니아의 랍비들은 《미쉬나》를 연구하고 토론하였다. 《게마라》는 이러한 연구와 토론의 성과물들을 집성한 문헌이다. 게마라 시대의 랍비들을 아모라임이라 한다. 또한 아모라임은, 《탈무드》가 문헌으로 존재하기 훨씬 전부터, 《미쉬나》에 나오는 각각의 율법에 대해 정확한 성경적 근거를 확인하고 《미쉬나》의 여러 율법들 간의 논리적 연관 관계를 탐구하였는데 이러한 활동을 '탈무드(talmud)'라고 하였다.

◆ 바라이타

바라이타(ברייתא, Baraita)는 미쉬나의 6 부에 포함되지 못했으나 구전으로 전해져 온 율법들이다. 주로 미쉬나의 율법들의 다른 판본 또는 보다 상세한 설명들이다.

◆ 바빌로니아 탈무드와 예루살렘 탈무드

게마라 시대 랍비들인 아모라임에 의해 《탈무드》가 성립되었다. 당시에 아모라임은 바빌로니아와 팔레스타인의 두 곳에 별도로 존재하였는데 이 결과 서로 다른 두 종의 《탈무드》, 즉 《바빌로니아 탈무드》와 《예루살렘 탈무드》가 형성되었다. 그냥 《탈무드》라고 하면 《바빌로니아 탈무드》를 의미한다.

◆《바빌로니아 탈무드》(Talmud Bavli, 영어: Babylonian Talmud):

바빌로니아 탈무드는 기원후 5 세기 경에 바빌론에 거주하던 유대교 학자들인 바빌로니아의 아모라임에 의해 미쉬나와 바빌로니아 게마라의 집성을 통해 성립되었다. 그러나 바빌로니아 탈무드는 이 때의 수 세기 전부터 이미 구전으로 전승되어 왔다. 바빌로니아에서 탈무드가 형성될 수 있었던 것은 역사적으로 기원전 586 년의 바빌론 유수 이후 이 지역의 유대교 공동체들이 고대 이스라엘에 거주하는 학자들과의 교류 없이도 독자적인 종교적 가르침을 발달시킬 수 있을 정도로 인구와 가르침의 질 면에서 발전하였기 때문이다.

바빌로니아 탈무드의 경우, 랍비 예후다 하나시(Judah haNasi: ?-188/219)의 제자인 아바 아리카(175-247)가 미쉬나 분석의 토대를 세웠다. 전통에 따르면, 바빌로니아 탈무드를 편찬한 학자는 두 명의 바빌로니아 현자인 랍비 아쉬(352-427)와 라비나 2 세이다. 랍비 아쉬는 375-427 년 동안 수르야 아카데미의 교장이었는데 바빌로니아 탈무드의 편찬을 시작하였고, 그의 제자였던 라비나 2 세가 475 년에 편찬을 완료한 것으로 여겨지고 있다.

◆ 《예루살렘 탈무드》(Talmud Yerushalmi, Jerusalem Talmud):

예루살렘 탈무드는 기원후 350 년 경에 고대 이스라엘에 거주하던 유대교 학자들인 고대 이스라엘 지역의 아모라임에 의해, 미쉬나와 수 세기 전부터 구전으로 전수되어 오던 유대교의 가르침들을 집성하여 성립되었다. 예루살렘 탈무드는 티베리아스 학파, 세포리스 학파 그리고 카이사리아 학파의 가르침들을 집성한 것이다. 지역 관계상 이 학파들은 고대 이스라엘의 농업 관련 율법의 분석에 힘을 기울였다. 전통에 따르면, 예루살렘 탈무드는 랍비 무나와 랍비 요시에 의해 350 년 경에 편찬되었다고 여겨지고 있다. 전통적으로 "예루살렘 탈무드"라고 불리지만, 이 탈무드는 예루살렘에서 편찬된 것이 아니기 때문에 이 이름은 다소 혼란을 일으킬 여지가 있다. 때문에 보다 정확한 명칭으로 "고대 이스라엘의 탈무드(Talmud of the land of Israel)"라고 불리곤 하였다.

■ 미드라쉬

미드라쉬(מדרש, Midrash)는 히브리 용어로, 성경 주석의 설교 방식이다. 이 용어는 성경의 설교 교리의 편찬을 가리키기도 한다. 미드라쉬는 종교적, 법률적, 윤리적 교리의 단순화하는

✡ 부록

것 이상으로 성경 이야기를 해석하는 한 방법이다. 이 용어는 히브리어 성경 역대기 하 13장 22절, 24장 27절, 이렇게 두 번 나온다

문자 그대로의 뜻은 "**조사**" 또는 "**연구**"이다. 히브리어 성경인 타나크를 해석하는 방법을 뜻하는 낱말이기도 하고 또한 이를 통해 형성된 해석적 문헌들 전체를 지칭하는 낱말이기도 하다. 방법적인 측면에서, 미드라쉬는 타나크를 문자 그대로의 의미로 해석하기 보다는 더욱 깊은 의미를 발견하고 연구하려는 방법이다. 크게 "할라카식 미드라쉬"와 "아가다식 미드라쉬"의 두 가지로 나뉜다. 전자는 유대교의 율법인 할라카와의 관계에서 타나크를 연구하는 것이고 후자는 유대교의 율법 밖에서 타나크의 원문을 해석하는 것이다.

미드라쉬와 미쉬나의 차이점은 미드라쉬는 타나크를 구절별로 연구·해석하는 것이고 미쉬나는 타나크를 주제별로 연구·해석하는 것이다. 이 때문에 개별 주제에 대해서 미쉬나가 미드라쉬보다 더 자세한 내용을 담고 있다. 또한 미쉬나의 주제별 구성은 미드라쉬가 아니라 미쉬나가 탈무드의 전체적인 뼈대가 되게 하는 요인이 되었다.

◼ 분 파

현재는 크게는 율법의 문자적 해석을 주장하는 보수파와 자유로운 해석을 주장하는 개혁파로 나뉜다. 2007년 세계 유대인의 인구는 1,300만 명이었으며, 이 가운데 약 40%가 이스라엘에 거주하고, 나머지 40%가 미국에 거주한다. 가장 큰 유대인의 종교 운동은 정통파 유대교, 보수파 유대교와 개혁파 유대교로 분류할 수 있다. 이들 간의 주요 차이는 유대 법에 대한 접근법을 근원으로 한다. 정통파 유대교에서는 토라와 유대 법은 신성한 기원을 가지며, 영구적이고 불변의 것으로서, 그것들을 엄격히 따라야 한다고 주장한다. 보수파와 개혁파 유대교는 좀더 개방적이다. 보수파 유대교가 일반적으로 개혁파 유대교보다 유대교의 요구사항에 대하여 "전통적인" 해석을 권장한다. 전형적인 개혁의 입장은 유대 법은 모든 유대인으로부터 준수가 요구되는 한 집합의 제한과 의무라기 보다는 한 집합의 일반적인 지침으로 보아야 한다는 것이다.

출처 : 위키백과

 월별 영적기류

1월(닛산월/아빕월)

1) 아빕, 아비브 אביב 는 봄(spring)을 의미(출13:1), 니산 ניסן 은 꽃봉오리라는 의미(아2:12)이다. 아비브와 니산의 영적 의미는 '다시 태어나는 것(Rebirth)과 '꽃이 핌'이다.

2) 자유의 달(하그 하히롯 חג החירות -자유의 절기라는 뜻). 유월절과 무교절과 초실절을 통틀어 페삭 פסח 이라고 한다.

3) 찬양과 구원의 달. '예후다지파'의 달(창29:35)로 예후다지파는 이스라엘 진영이 행진할 때나 전쟁시에도 선두에 섰던 지파이다. '예후다야 너는 형제의 찬송이 될지라.(창49:8)', 형제 중 찬송이 되는 것은 리더가 된다는 뜻이다.

4) 계시의 달. 닛산월의 히브리어는 '헤이ה'로 의미는 '보다(see), 바라보다(behold)'의 뜻이며 '계시'를 의미한다.

2월(이야르월/시브월)

'시브'는 베벨 포로 전의 이름, '이야르'는 후의 이름

1) 이야르 אייר 는 빛을 의미(אור), 시브 זיו 는 광채를 의미함. 봄꽃이 만발한 시기라서 눈부시게 빛난다는 의미에서 빛의 달이다.

2) 지혜와 계시의 달. 빛은 성령의 조명을 뜻하므로 지혜와 계시의 달이라고 한다.

3) 잇싸카르 지파의 달. 대상12:32의 말씀에 '잇싸카르 자손중에 시세를 알고.. ' 이들은 시세를 아는 지혜가 있었다.

4) 예슈아께서 하늘로 올리우셨고, 승천이 있으신 10일 후 오순절에 성령이 오셨던 달이다.

5) 연결하는 달. 히브리어 'ו'의 달로 바브는 '못, 말뚝, connection'의 뜻이 있으며 숫자값은 6으로 인간을 의미하며 이는 인자, 즉 하늘과 땅을 연결하시는 '예슈아'를 뜻한다.

6) 쉴로모 성전을 건축하기 시작한 달, 바벨 포로 후 즈룹바벨 성전(2차성전)을 재건하기 시작한 달이다.

7) 두번째 유월절이 있는 달(민9:11)

3월(시반월)

✡ 부 록

1)'시반'은 고정된 시간

에스테르(에스더)에 처음 나오며(에8:9) 바벨 포로 후 생긴이름. 성경에는 '삼월'로 표기됨(대하 15:10)(대하31:7)

2)오순절의 달

출애굽의 달이 닛산월 첫째달이고, 시내산에 도착하여 토라를 받은 달이 셋째달(시반월)이다. (출19:1)

3)결혼식의 달

첫번 오순절 때에 엘로힘과 이스라엘 백성들은 시나이산에서 결혼을 하였고, 룻과 보아즈가 만난 때이기도 하다.

4)드리는 달

　오순절에는 보리와 밀의 추수가 끝나고 과일추수의 첫열매를 드리는 달이다.

5)즈불룬의 달

　(신33:19)(창49:13) 오순절 성령의 임재로 말미암아 풍성함의 삶이 시작됨.

6)자인 'ז'의 달. 자인의 숫자값은 7, '7은' 완성을 의미하고 안식에 들어감을 의미함.

　오순절은 유월절, 초실절, 무교절의 완성을 이루는 절기로 예슈아의 초림이 완성된 절기이다.

4월 (탐무즈월)

1)'탐무즈'는 바벨 포로 이후 쓰여진 이름이며, 성경에는 사월로 표기되어 있다.(왕하25:3)

2)수치스러운 우상숭배의 날 17일

　모쉐가 시나이산 돌판을 가지고 내려온 때 금송아지를 만들어 섬기며 뛰어노는 것을 보고 돌판을 깨뜨려 버린 날로 이스라엘 역사상 가장 수치스러운 날 중 하나이다. 1차성전의 희생제사가 중지되었고, 2차성전 때는 예루샬라임 성벽이 무너지고 토라를 불태우고 우상을 세운 날이다.

3)바벨 신의 이름을 4째 달의 이름을 정한이유는 17일의 금송아지 사건의 수치스러운 역사를 기억하고 후대에 경고하여 엘로힘과 떨어졌던 기억을 떠올리게 함에 있다.

4)르우벤의 달

르우벤은 아버지의 첩 빌하를 범함으로 아버지의 침상을 더럽혀 장자권을 잃어버리게 되었다. 죄를 범하면 자신의 권리와 자유를 잃어버리게 됨으로 우상을 섬기는 영적 간음과 관련이 있다.

5)헤 'ח'의 달

헤트는 울타리, 안의 방, 개인적인, 나누다, 분리하다. 죄는 은밀한 곳에서 이루어지며 엘로힘과의 관계를 떨어뜨리며 울타리, 방에 갇히게 된다.

엘로힘의 뜻이나 엘로힘 나라를 생각하지 않는 인본주의 신학, 자유주의 신학, 번영신학들은 자신을 위해 토라를 왜곡하게 됨으로 경계해야 한다.

5월(아브월)

1) 아브(אב)는 문자적으로 '아버지'라는 뜻인데 관습적으로는 므나헴(מנחם)으로 '위로자'라는 뜻을 가지고 있다. 진정한 위로자는 오직 여호와 엘로힘 뿐이시다.

2) 티샤베 아브(아브월9일), 투 베아브(아브월15일)은 우상숭배로 인해 쉴로모 성전과 2차성전이 무너진 비극적인 날이다. 스가랴 8:19에 '오월의 금식'으로 이 날 금식을 하고 있으며, 크나안 정탐꾼들이 40일 정탐 후 불평한 후 징계를 받았고, 1920년 영국 유대인 추방. 1942년 스페인 유대인 추방 등 역사적 불행이 많은 날이다.

또한 아브월 15일에는 실로의 포도원 축제가 있던 날인데 (삿21:19~21) 곡식 추수를 끝내고 여름과일이 익기를 기다리는 축제로 이 아브월에 셋팅이 된 것은 큰 슬픔으로 애통의 7일이 지난 후에 엘로힘의 위로하심과 자비가 찾아옴을 뜻한다.

3) 쉼온 지파의 달

쉼온은 '듣다'는 뜻으로 '쉐마'와 같다. 듣는다는 것은 엘로힘의 말씀을 순종함을 의미한다. 쉼온은 혈기와 분노로 폭력의 도구가 되었다. 쉼온과 같은 혈기와 분노를 버리고 엘로힘 말씀에 복종해야 한다.

4) 테트 'ט'의 달

숫자 값은 '9'이며 테트의 모양이 자궁의 모습을 하고 있어 9달 아이를 자궁에 두는 것을 생각하여 '임신'을 뜻한다고 한다. 이는 빛과 어두움이 공존하는 것으로 아이를 임신한 것은 보이지 않지만 앞으로 태어날 아이를 기대하는 것과 같은 것으로 아브월 9일과 15일의 연관성을 생각해 볼 수 있다.

6월(엘룰월)

1) 회개의 시즌(테슈바)으로 가을절기로 들어가는 나팔절과 대속죄일을 준비하는 달이다. 가을절기는 엘로힘의 심판이 시작되기 때문에 심판을 통과하기 위하여 회개하여 속죄를 받아 심판을 통과해야 하는 것이다.

금송아지 사건 후 두 번째 돌판을 받기 위해 다시 시나이산으로 올라가 있었던 40일이다.(출 34:27~29)

예슈아께서 성령에 이끌리어 마귀에게 시험을 받으러 광야로 가 40일동안 금식하고 엘로힘을 찾으신 시간이다.(마4:1~2)

✡ 부록

2) 엘룰(אלול)의 어원은 아가서 6장3절이다.

'나는 내 사랑하는 자에게 속하였고 내 사랑하는 자는 내게 속하였으며' 엘로힘의 심판을 앞두고 엘로힘 사랑 안에 속하여 있으면 안전한 것이다. 엘로힘은 우리의 신랑이시고 우리는 신부로 그 분을 만날 준비를 하는 달이며 엘로힘과 영적 친밀함을 위하여 (호2:14~15)를 읽는다.

3) 어머니의 달

지난달은 아브월로 아버지의 달이였는데, 엘룰월은 어머니의 달이라고 한다. 엘로힘님께서는 아버지처럼 자녀들을 징계하시며 바르게 양육하시고 어머니처럼 사람으로 품으시는 분이시다. 리브카는 이 엘룰월에 에싸브와 야아콥을 낳았다.

4) 갇지파의 달

갇 גד 은 '성공, 형통'이라는 뜻이다. '갓은 군대의 추격을 받으나 도리어 그 뒤를 추격하리로다 (창49:19)' 이달에는 성공과 승리를 주장하는 달이다.

7월(티슈리월)

1) 티슈리월/에다님월

'에다님 אתנים'은(왕상8:2) 크나안 시대 때에 쓰던 말로서 '영원히 넘쳐흐르는 샘물, 물이 넘치는'의 뜻을 가지고 있고, '티슈리'는 바벨 이후에 쓴 말로 성경에는 나오지 않으며, 뜻은 '시작,(농사의 에너지를)풀어주다, 용서될 것이다.' 등이 있다. 엘로힘께서 아담과 하봐를 창조하신 때가 티슈리월이라고 예후다인들은 믿고 있다.

2) 히브리력(민간력)이 시작되는 새해가 시작되는 달로 가을절기 '나팔절, 대속죄일, 초막절' 모두가 들어있는 달로 나팔을 불어 신랑 예슈아께서 오심을 선포하고 환란이 시작되며 대속죄일은 신랑과 결혼하는 재림의 날이고 초막절은 신랑과 혼인잔치인 천년왕국으로 들어가는 날로 절기가 완성이 된다. 이 가을절기들을 통하여 신랑이신 예슈아를 맞이할 예행연습 같은 것이다.

3) 에프라임지파의 달, 라메드'ל'의 달

에프라임은 '번성, 창성하다'의 뜻이고 '라메드 ל'는 목자의 지팡이 모양으로 '권위'를 뜻한다.

4) 신부가 결혼하는 달

칼라כלה는 '신부, 왕관을 쓰다'는 뜻도 있으나 '종말'이라는 뜻도 있다.

8월(헤쉬반월)

1) 헤쉬반월/불월

'불'은 '생산하다, 산출하다'라는 뜻으로 바벨 포로 이전에 크나안 땅에서 사용하던 말이며 어원' 마불'에서 온 말로 마불은 '홍수'라는 뜻이다. 이달에 노아 홍수가 시작되고 1년 후 이 달에 끝이 난다. '헤쉬반'은 '조용하다'의 뜻으로 바벨 포로 이후 사용하던 말이다.

2)므낫쉐지파의 달

므낫쉐는 요셒이 미쯔라임에서 낳은 첫아들이다. 이름의 뜻은 '잊다'라는 뜻이다.(창41:51)

3)눈 ב 의 달

물고기라는 뜻이며, 메시아를 상징하는 문자이다.

4)마르 헤쉬반 מר חשון

마르 מר 는 '쓰다'라는 의미로 노아 홍수심판으로 인해 쓴 아픔을 기억하는 뜻으로 지어진 이름이라고 하며, 역사적으로 홀로코스트가 있었던 달이었다.

5)고난에 대한 묵상

고난은 아담과 하봐의 지은 죄로 인해 우리 인생자체가 고난의 삶이 되며 가장 큰 고통은 죽음을 맞는 것이다. 이 고통은 예슈아께서 담당해 주심으로 죽음을 이길 수 있게 되었다. 우리 안의 쓴 뿌리들로 말미암아 예슈아께서 주시는 능력으로 살지 못해 고난가운데 살아가는 삶을 묵상하고 회개함으로 성령의 열매를 맺는 결실이 있어야 한다.

9월(키슬레브월)

1)키슬레브 כסלו 는 '희망, 소망'이란 뜻과 어리석음이라는 뜻을 같이 가지고 있다.

2)빈야민 지파의 달

빈야민은 야아콥의 사랑하는 아내 라헬이 낳은 막내 아들로 유일하게 이스라엘에서 태어났으며 다른 형제들은 아람(시리아)땅에서 태어났다. 야아콥이 언약을 이루며 살려고 도착하였을 때 태어난 아들인 셈이다.

3)싸멕 o의 달

싸멕은 '돕다, 지원하다'라는 뜻으로 엘로힘 안에서의 소망과 꿈을 가지는 달이다.

4)빛과 승리의 달

하누카(수전절)은 키슬레브 25일이다.(요 10:22) 기원전 173년 예후다지역을 다스린 안티오쿠스 에피파네스 4세가 예루샬라임 성전에 제우스 신상을 세우고, 예후다인들을 핍박하며 모든 예식을 금지하자 많은 예후다인들이 항거했고 기원전 170년에 빼앗겼던 성전을 정확히 3년 뒤인 기원전 164년 맛다디아의 아들 마카비의 혁명을 통해 이방인들이 더럽혀 놓은 성전을 되찾아 다시 여호와께 봉헌을 한 날이다. 이때 성소의 메노라에 불을 밝히려고 하는데 하루치 분량의 기름 밖에 없었으나 새 관유를 제조할 8일동안 메노라의 불이 꺼지지 않고 타올랐다고 한다. 하누카의 촛대는 총 9개로 하누키아라고 부르며 하누카를 '빛의 축제'라고 부른다.

부록

5) 키슬레브월은 겨울의 한 가운데이며 일년중 가장 밤이 긴 시간이므로 빛이 소중하게 느껴지는 때이다. 마지막 때를 살고 있는 우리는 어둠의 때를 지나고 있다. 동성애와 음란함, 테러와 폭력이 만연한 스돔(소돔)과 아모라(고모라)를 연상하는 시대를 살아가고 있으며 교회의 타락과 배교가 성행하며 진화론, 변질된 종말론, 번영신학, 대체신학과 반유대주의 등으로 인한 영적 암흑기를 지나고 있다. 마지막 때, 교회를 미혹하는 어둠의 세력을 물리치고 승리함으로 빛을 밝히는 빛의 달이 되어야 할 것이다.

10월(테벳월)

1) 에스테르(에스더)가 몸을 정결케하는 날이 끝나고 왕 앞으로 나아가 왕후로 뽑히게 되었던 달이다.(에2:16) 성경에는 '시월'로 나오는데, '시월의 금식'으로 슥 8장 19절에 표기되어 있다. 4월의 금식 (왕하25:3~4)은 예루샬라임 성벽이 바벨 군대에 의해 붕괴된 것을 기억하며 금식하는 날로 4월 17일이며, 5월의 금식(왕하25:8~9)은 예루샬라임 성전이 파괴된 날이며 2차 성전이 파괴된 날이기도 한 5월 7일에 금식을 한다. 7월의 금식(왕하25:25)은 예후다총독 그달리야의 암살을 기념하여 금식하는 날이며, 10월의 금식(왕하25:1)은 예루샬라임이 포위되기 시작함을 기억하기 위함이고, 바벨 포로 후 이스라엘의 두 지도자 에즈라와 느헴야가 이 테벳월에 죽었기에 그것을 슬퍼하며 금식하게 되었다.

2) 단지파의 달

단은 '재판'과 관련이 있다. '단은 이스라엘의 한 지파 같이 그의 백성을 심판하리로다. 단은 길 섶의 뱀이요 샛길의 독사로다 말굽을 물어서 그 탄자를 뒤로 떨어지게 하리로다 여호와여 나는 주의 구원을 기다리나이다(창49:16~18). 단지파에서 사사 쉼손(삼손)이 나오게 된다. 재판은 공의와 정의의 분별력을 가져야하는데 그러기 위해서는 밝은 눈(좋은 눈)을 가져야 한다.

3) 아인ע의 달

아인은 '눈'을 의미한다. 육신의 정욕과 안목의 정욕과 이생의 자랑은 우리의 영혼의 눈을 어둡게 한다. 청결한 마음은 엘로힘을 볼 수 있게 된다. (마5:18) 청결한 마음으로 영의 눈이 열려 주의 법의 기이한 것을 볼 수 있는 테벳월이 되어야 한다.

11월(쉐밧월)

1) 쉐밧월 15일은 식목일로 '투 비쉐밧'이라고 한다. 크나안 땅에 들어가면 나무를 심으라고 말씀하셨다.(레19:23) 이 날을 '나무들의 새해'라고 부른다. 나무와 꽃들이 겨울잠을 자고 깨어나기 시작하고 과실이 열리는 사이클이 시작되는 시점이기 때문이다. 투 비쉐밧이 겨울과 봄의 분기점이 되며, 가장 먼저 겨울잠에서 깨어나 피는 꽃은 아몬드꽃이다.(렘1:11)

2) 아몬드는 '샤케드'라고 하는데, '흔들어 깨우다'는 뜻이다.

3) 아쉐르지파의 달

'아쉐르는 아들들 중에 더 복을 받으며 그의 형제에게 기쁨이 되며 그의 발이 기름에 잠길지로다

(신33:24). 아쉐르אשר는 '똑바로 가다, 번성하다, 행복하다'의 의미이다. 엘로힘(א)의 형상(ש)을 머리(ר)가 되게 하는 지파이다. 엘로힘의 말씀을 따라 '똑바로 걸어갈 때' '부요함'을 주신다.

4)짜디צ의 달

짜디는 '의'라는 뜻으로 의인은 짜디크צדיק로 의צדי와 거룩ק의 합성어이다. 의는 쩨다카(구제)로 증명될 수 있는 것이다. 구제는 '가지는 삶'이 아니라 '주는 삶'인 것이다.

12월(아다르월)

1)아다르는 '힘, 능력, 높임'이라는 뜻이다. 바벨 포로 이전에는 열 두 째 달, 십이월로 표기되지만(겔32:1), 바벨 포로 이후에는 아다르월이라고 표기하였다.(스6:15)(에3:7)(에9:21)

2)납탈리지파의 달

이달은 기쁨과 웃음의 달이라고 하는데, 부림절이 있는 날이기 때문이다. 저주와 죽음이 기쁨과 생명으로 바뀌었으며, 토라포션의 내용으로 성막을 만들어 봉헌되어짐으로 엘로힘의 임재(쉐키나)가 있는 달이다.

3)카프כ의 달

카프는 '잠재력을 실현하는 힘(능력)'이라는 뜻이며, 손, 손바닥의 의미로 엘로힘의 손이 우리를 덮으심으로 우리를 보호하시고 권능으로 우리를 붙드심을 의미한다.(출33:22)

4)히브리력은 아달월에 윤달을 만든다. 히브리력에서는 19년을 주기로 7번의 윤달이 있는데 3,6,8,11,14,17,19번째 해에 윤달이 온다. 첫번째 아달월을 '아달 알렙', 두번째 아달월을 '아달 쉐니'라고 부른다. 아달월에 있는 부림절은 윤년인 경우 보통 두번째 아달월에 지키게 되며, 디아스포라 유대인들을 위해 이틀간 부림절을 지키며 부림절 두 번째 날을 '수산 부림'이라 부른다.

출처 : 뉴욕 샬롬 기도의 집

 부록

토라포션 Torah Portion

1	Parashat	בְּרֵאשִׁית 베레쉬트 in the beginning 태초에
	Torah	창세기(Gen) 1:1-6:8 / ▶1:1 ①1:1~2:3,②~2:19,③~3:21,④~4:18,⑤~4:22,⑥~5:24,⑦~6:8
	Haftarah	이사야 42:5~43:11
	Brit Chadashah	요한복음 1:1~14
2	Parashat	נֹחַ 노아흐 Noah 노아
	Torah	창세기(Gen) 6:9~11:32 / ▶6:9 ①6:9~22,②~7:16,③~8:14,④~9:7,⑤~9:17,⑥~10:32,⑦~11:32
	Haftarah	이사야 54:1~55:5
	Brit Chadashah	마태복음 24:36~46, 베드로전서 3:18~22
3	Parashat	לֶךְ־לְךָ 레크-레카 go force yourself! 가라
	Torah	창세기(Gen) 12:1-17:27 / ▶12:1 ①12:1~13,②~13:4,③~13:18,④~14:20,⑤~15:6,⑥~17:6,⑦~17:27
	Haftarah	이사야 40:27~41:16
	Brit Chadashah	로마서 4:1~25
4	Parashat	וַיֵּרָא 바예라 and he appeared 나타나시리니
	Torah	창세기(Gen) 18:1-22:24 / ▶18:1 ①18:1~14,②~18:33,③~19:20,④~21:4,⑤~21:21,⑥~21:34,⑦~22:24
	Haftarah	열왕기상 4:1~37
	Brit Chadashah	누가복음 1:26~38,24:36~53, 베드로후서 2:4~11
5	Parashat	חַיֵּי שָׂרָה 하예이 사라 life of Sarah 사라의 삶
	Torah	창세기(Gen) 23:1-25:18 / ▶23:1 ①23:1~16,②~24:9,③~24:26,④~24:52,⑤~24:67,⑥~25:11,⑦~25:18
	Haftarah	열왕기상 1:1~31
	Brit Chadashah	마태복음 1:1~17, 고린도전서 15:50~57
6	Parashat	תּוֹלְדֹת 톨도트 generations 후예
	Torah	창세기(Gen) 25:19-28:9 / ▶25:19 ①25:19~26:5,②~26:12,③~26:22,④~26:29,⑤~27:27,⑥~28:4,⑦~28:9
	Haftarah	말라기 1:1~2:7
	Brit Chadashah	로마서 9:1~31

7	Parashat	וַיֵּצֵא 바예쩨 and he went out 떠나
	Torah	창세기(Gen) 28:10-32:2 / ▶28:10 /28:10~32:3 תנ"ך ①28:10~22,②~29:17,③~30:13,④~30:27,⑤~31:16,⑥~31:42,⑦~32:2
	Haftarah	호세아 12:13~14:10, 요엘 2:26~27
	Brit Chadashah	요한복음 1:19~51
8	Parashat	וַיִּשְׁלַח 바이쉴라흐 and he sent 보내며
	Torah	창세기(Gen) 32:3-36:43 / ▶32:3 /32:4~36:43 תנ"ך ①32:3~13,②~32:30,③~33:5,④~33:20,⑤~35:11,⑥~36:19,⑦~36:43
	Haftarah	오바댜 1:1~21
	Brit Chadashah	마태복음 26:36~46, 히브리서 11:11~20
9	Parashat	וַיֵּשֶׁב 바예쉐브 and he settled 거주하였으니
	Torah	창세기(Gen) 37:1-40:23 / ▶37:1 ①37:1~11,②~37:22,③~37:36,④~38:30,⑤~39:6,⑥~39:23,⑦~40:23
	Haftarah	아모스 2:6~3:8
	Brit Chadashah	마태복음 1:1~6,16~25
10	Parashat	מִקֵּץ 미케쯔 At the end of ~후에
	Torah	창세기(Gen) 41:1-44:17 / ▶41:1 ①41:1~14,②~41:38,③~41:52,④~42:18,⑤~43:15,⑥~43:29,⑦~44:17
	Haftarah	열왕기상 3:15~4:1
	Brit Chadashah	로마서 10:1~13
11	Parashat	וַיִּגַּשׁ 바익가쉬 and he drew near 가까이 가서
	Torah	창세기(Gen) 44:18-47:27 / ▶44:18 ①44:18~30,②~45:7,③~45:18,④~45:27,⑤~46:27,⑥~47:10,⑦~47:27
	Haftarah	에스겔 37:15~37:28
	Brit Chadashah	에베소서 2:1~10
12	Parashat	וַיְחִי 바예히 and he lived 살았으니
	Torah	창세기(Gen) 47:28-50:26 / ▶47:28 ①47:28~48:9,②~48:16,③~48:22,④~49:18,⑤~49:26,⑥~50:20,⑦~50:26
	Haftarah	열왕기상 2:1~12
	Brit Chadashah	베드로전서 1:1~9

 부 록

13	Parashat	שְׁמוֹת 쉐모트 Names 이름들
	Torah	출애굽기(Exo) 1:1-6:1 / ▶1:1 ①1:1~17,②~2:10,③~2:25,④~3:15,⑤~4:17,⑥~4:31,⑦~6:1
	Haftarah	이사야 27:6~28:13, 29:22~23
	Brit Chadashah	사도행전 7:17~35, 고린도전서 14:18~25
14	Parashat	וָאֵרָא 바예라 and I appeared 나타났으나
	Torah	출애굽기(Exo) 6:2-9:35 / ▶6:3 ①6:2~13,②~6:28,③~7:7,④~8:6,⑤~8:18,⑥~9:16,⑦~9:35
	Haftarah	에스겔 28:25~29:21
	Brit Chadashah	로마서 9:14~33
15	Parashat	בֹּא 보 Enter 들어가라
	Torah	출애굽기(Exo) 10:1-13:16 / ▶10:1 ①10:1~11,②~10:23,③~11:3,④~12:20,⑤~12:28,⑥~12:51,⑦~13:16
	Haftarah	예레미야 46:13~28
	Brit Chadashah	누가복음 22:7~30, 고린도전서 11:20~34
16	Parashat	בְּשַׁלַּח 베샬라흐 When he let go 보낸후에
	Torah	출애굽기(Exo) 13:17-17:16 / ▶13:17 ①13:17~14:8,②~14:14,③~14:25,④~15:26,⑤~16:10,⑥~16:36,⑦~17:16
	Haftarah	사사기 4:4~5:31
	Brit Chadashah	요한복음 6:15~71
17	Parashat	יִתְרוֹ 이트로 Jethro 이드로
	Torah	출애굽기(Exo) 18:1-20:26 / ▶18:1 תדיך /18:1~20:23 ①18:1~12,②~18:23,③~18:27,④~19:6,⑤~19:19,⑥~20:14,⑦~20:26
	Haftarah	이사야 6:1~7:6, 9:6~7
	Brit Chadashah	마태복음 5:8~20
18	Parashat	מִשְׁפָּטִים 미쉬파팀 Judgements 법도
	Torah	출애굽기(Exo) 21:1-24:18 / ▶21:1 ①21:1~19,②~22:3,③~22:26,④~23:5,⑤~23:19,⑥~23:25,⑦~24:18
	Haftarah	예레미야 33:25~26, 34:8~22
	Brit Chadashah	마태복음 5:38~42, 17:1~11

19	Parashat	תְּרוּמָה 테루마 Contribution 예물	
	Torah	출애굽기(Exo) 25:1-27:19 / ▶25:2 ①25:1~16,②~25:30,③~26:14,④~26:30,⑤~26:37,⑥~27:8,⑦~27:19	
	Haftarah	열왕기상 5:12~6:13	
	Brit Chadashah	마태복음 5:33~37, 고린도후서 9:1~15	
20	Parashat	תְּצַוֶּה 테짜베 You shall command 명령하여	
	Torah	출애굽기(Exo) 27:20-30:10 / ▶27:20 ①27:20~28:12,②~28:30,③~28:43,④~29:18,⑤~29:37,⑥~29:46,⑦~30:10	
	Haftarah	에스겔 43:10~27	
	Brit Chadashah	히브리서 13:10~17	
21	Parashat	כִּי תִשָּׂא 키 티사 When you take 조사할 때에	
	Torah	출애굽기(Exo) 30:11-34:35 / ▶30:12 ①30:11~31:17,②~33:11,③~33:16,④~33:23,⑤~34:9,⑥~34:26,⑦~34:35	
	Haftarah	열왕기상 18:1~39	
	Brit Chadashah	고린도후서 3:1~18	
22	Parashat	וַיַּקְהֵל 바야크헬 And he assembled 모으고	
	Torah	출애굽기(Exo) 35:1-38:20 / ▶35:1 ①35:1~20,②~35:29,③~36:7,④~36:19,⑤~37:16,⑥~37:29,⑦~38:20	
	Haftarah	열왕기상 7:40~50	
	Brit Chadashah	고린도전서 3:11~18, 고린도후서 9:6~11	
23	Parashat	פְקוּדֵי 페쿠데이 Accountings of 물자 목록	
	Torah	출애굽기(Exo) 38:21-40:38 / ▶38:21 ①38:21~39:1,②~39:21,③~39:32,④~39:43,⑤~40:16,⑥~40:27,⑦~40:38	
	Haftarah	열왕기상 7:51~8:21	
	Brit Chadashah	히브리서 1:1~14	
24	Parashat	וַיִּקְרָא 바이크라 And he called 부르시고	
	Torah	레위기(Lev) 1:1-5:26 / ▶1:1 /1:1~6:7 תרך ①1:1~13,②~2:6,③~2:16,④~3:17,⑤~4:26,⑥~5:10,⑦~5:26	
	Haftarah	이사야 43:21~44:23	
	Brit Chadashah	히브리서 10:1~18	

부록

25	Parashat	צַו 짜브 Command 명하여
	Torah	레위기(Lev) 6:1-8:36 / ▶6:9 /6:8~8:36 תנ"ך ①6:1~11,②~7:10,③~7:38,④~8:13,⑤~8:21,⑥~8:29,⑦~8:36
	Haftarah	예레미야 7:21~8:3, 9:23~24
	Brit Chadashah	히브리서 7:24~8:6
26	Parashat	שְׁמִינִי 쉐미니 Eighth 팔일에
	Torah	레위기(Lev) 9:1-11:47 / ▶9:1 ①9:1~16,②~9:23,③~10:11,④~10:15,⑤~10:20,⑥~11:32,⑦~11:47
	Haftarah	사무엘하 6:1~7:17
	Brit Chadashah	히브리서 7:1~19, 8:1~6
27	Parashat	תַזְרִיעַ 타즈리아 She conceives 잉태하여
	Torah	레위기(Lev) 12:1-13:59 / ▶12:2 ①12:1~13:5,②~13:17,③~13:23,④~13:28,⑤~13:39,⑥~13:54,⑦~13:59
	Haftarah	열왕기하 4:42~5:19
	Brit Chadashah	마태복음 8:1~4, 요한복음 6:8~13
28	Parashat	מְצֹרָע 메쪼라 Leper 문둥병자
	Torah	레위기(Lev) 14:1-15:33 / ▶14:2 ①14:1~12,②~14:20,③~14:32,④~14:53,⑤~15:15,⑥~15:28,⑦~15:33
	Haftarah	열왕기하 7:3~20
	Brit Chadashah	마태복음 8:1~17
29	Parashat	אַחֲרֵי מוֹת 아하레 모트 After the death 죽은 후에
	Torah	레위기(Lev) 16:1-18:30 / ▶16:1 ①16:1~17,②~16:24,③~16:34,④~17:7,⑤~18:5,⑥~18:21,⑦~18:30
	Haftarah	에스겔 22:1~16
	Brit Chadashah	히브리서 9:11~28
30	Parashat	קְדֹשִׁים 케도쉼 Holy ones 거룩
	Torah	레위기(Lev) 19:1-20:27 / ▶19:2 ①19:1~14,②~19:22,③~19:32,④~19:37,⑤~20:7,⑥~20:22,⑦~20:27
	Haftarah	아모스 9:7~15
	Brit Chadashah	고린도전서 6:9~20, 베드로전서 1:13~16

31	Parashat	אֱמֹר 에모르 Say 말하여
	Torah	레위기(Lev) 21:1-24:23 / ▶21:1 ①21:1~15,②~22:16,③~22:33,④~23:22,⑤~23:32,⑥~23:44,⑦~24:23
	Haftarah	에스겔 44:15~31
	Brit Chadashah	베드로전서 2:4~10
32	Parashat	בְּהַר 베하르 On the mountain 산에서
	Torah	레위기(Lev) 25:1-26:2 / ▶25:1 ①25:1~13,②~25:18,③~25:24,④~25:28,⑤~25:38,⑥~25:46,⑦~26:2
	Haftarah	예레미야 32:6~27
	Brit Chadashah	누가복음 4:16~21
33	Parashat	בְּחֻקֹּתַי 베후코타이 In my statutes 규례대로
	Torah	레위기(Lev) 26:3-27:34 / ▶26:3 ①26:3~5,②~26:9,③~26:46,④~27:15,⑤~27:21,⑥~27:28,⑦~27:34
	Haftarah	예레미야 16:19~17:14
	Brit Chadashah	마태복음 21:33~46, 고린도후서 6:14~18
34	Parashat	בְּמִדְבַּר 베미드바르 wilderness 광야에서
	Torah	민수기(Num) 1:1-4:20 / ▶1:1 ①1:1~19,②~1:54,③~2:34,④~3:13,⑤~3:39,⑥~3:51,⑦~4:20
	Haftarah	호세아 2:1~22
	Brit Chadashah	로마서 9:22~33
35	Parashat	נָשֹׂא 나소 Take 계수하다
	Torah	민수기(Num) 4:21-7:89 / ▶4:22 ①4:21~37,②~4:49,③~5:10,④~6:27,⑤~7:41,⑥~7:71,⑦~7:89
	Haftarah	사사기 13:2~25
	Brit Chadashah	사도행전 21:17~26
36	Parashat	בְּהַעֲלֹתְךָ 베하아로테카 When you set up 등을 켤때에
	Torah	민수기(Num) 8:1-12:16 / ▶8:2 ①8:1~14,②~8:26,③~9:14,④~10:10,⑤~10:34,⑥~11:29,⑦~12:16
	Haftarah	스가랴 2:14~4:7
	Brit Chadashah	고린도전서 10:6~13, 요한계시록 11:1~19

37	Parashat	שְׁלַח לְךָ 쉘라흐 레카 Send for yourself 보내어
	Torah	민수기(Num) 13:1-15:41/ ▶13:2 ①13:1~20,②~14:7,③~14:25,④~15:7,⑤~15:16,⑥~15:26,⑦~15:41
	Haftarah	여호수아 2:1~24
	Brit Chadashah	히브리서 3:7~4:1
38	Parashat	קֹרַח 코라흐 Korah 고라
	Torah	민수기(Num) 16:1-18:32 / ▶16:1 ①16:1~13,②~16:19,③~16:43,④~16:50,⑤~17:9,⑥~18:20,⑦~18:32
	Haftarah	사무엘상 11:14~12:22
	Brit Chadashah	로마서 13:1~7
39	Parashat	חֻקַּת 훅카트 Decree of 율례
	Torah	민수기(Num) 19:1-22:1 / ▶19:2 ①19:1~17,②~20:6,③~20:13,④~20:21,⑤~21:9,⑥~21:20,⑦~22:1
	Haftarah	사사기 11:1~33
	Brit Chadashah	요한복음 3:10~21, 히브리서 9:11~28
40	Parashat	בָּלָק 발락 Balak 발락
	Torah	민수기(Num) 22:2-25:9 / ▶22:2 ①22:2~12,②~22:20,③~22:38,④~23:12,⑤~23:26,⑥~24:13,⑦~25:9
	Haftarah	미가 5:7~6:8
	Brit Chadashah	로마서 11:25~32
41	Parashat	פִּינְחָס 핀하쓰 Phinehas 비느하스
	Torah	민수기(Num) 25:10-29:40 / ▶25:11 /25:10~30:1 תנ"ך ①25:10~26:4,②~26:51,③~27:5,④~27:23,⑤~28:15,⑥~29:11,⑦~29:40
	Haftarah	열왕기상 18:46~19:21 or 예레미야 1:1~2:3 　　　　Before 18 Tammuz　　　　After 17 Tammuz
	Brit Chadashah	로마서 11:2~32
42	Parashat	מַטּוֹת 마토트 Tribes 지파
	Torah	민수기(Num) 30:1-32:42 / ▶30:1 /30:2~32:42 תנ"ך ①30:1~17,②~31:12,③~31:24,④~31:41,⑤~31:54,⑥~32:19,⑦~32:42
	Haftarah	예레미야 1:1~2:3
	Brit Chadashah	마태복음 5:33~37

43	Parashat	מַסְעֵי 마쓰에 Journeys of 노정
	Torah	민수기(Num) 33:1-36:13 / ▶33:1 ①33:1~10,②~33:49,③~34:15,④~34:29,⑤~35:8,⑥~35:34,⑦~36:13
	Haftarah	예레미야 2:4~28, 3:4
	Brit Chadashah	야고보서 4:1~12
44	Parashat	דְּבָרִים 데바림 Words 말씀들
	Torah	신명기(Deut) 1:1-3:22 / ▶1:1 ①1:1~11,②~1:21,③~1:38,④~2:1,⑤~2:30,⑥~3:14,⑦~3:22
	Haftarah	이사야 1:1~27
	Brit Chadashah	사도행전 9:1~21; 디모데전서 3:1~7
45	Parashat	וָאֶתְחַנַּן 바에트한난 And I pleaded 간구하기를
	Torah	신명기(Deut) 3:23-7:11 / ▶3:23 ①3:23~4:4,②~4:40,③~4:49,④~5:18,⑤~6:3,⑥~6:25,⑦~7:11
	Haftarah	이사야 40:1~26
	Brit Chadashah	마태복음 23:31~39, 마가복음 12:28~34
46	Parashat	עֵקֶב 에케브 Consequently 행하면
	Torah	신명기(Deut) 7:12-11:25 / ▶7:12 ①7:12~8:10,②~9:3,③~9:29,④~10:11,⑤~11:9,⑥~11:21,⑦~11:25
	Haftarah	이사야 49:14~51:3
	Brit Chadashah	로마서 8:31~39; 히브리서 11:8~13
47	Parashat	רְאֵה 레에 Look 보라
	Torah	신명기(Deut) 11:26-16:17 / ▶11:26 ①11:26~12:10,②~12:28,③~13:19,④~14:21,⑤~14:29,⑥~15:18,⑦~16:17
	Haftarah	이사야 54:11~55:5
	Brit Chadashah	요한복음 4:1~6,7:37~52
48	Parashat	שֹׁפְטִים 쇼페팀 Judges 재판관들
	Torah	신명기(Deut) 16:18-21:9 / ▶16:18 ①16:18~17:13,②~17:20,③~18:5,④~18:13,⑤~19:13,⑥~20:9,⑦~21:9
	Haftarah	이사야 51:12~52:12
	Brit Chadashah	요한복음 1:19~27, 사도행전 3:22~23

부록

49	Parashat	כִּי־תֵצֵא 키-테쩨 When you go out 나가서
	Torah	신명기(Deut) 21:10-25:19 / ▶21:10 ①21:10~21,②~22:7,③~23:7,④~23:24,⑤~24:4,⑥~24:13,⑦~25:19
	Haftarah	이사야 54:1~10, 54:11~55:5
	Brit Chadashah	마태복음 5:27~30, 고린도전서 5:1~5
50	Parashat	כִּי־תָבוֹא 키-타보 When you go in 들어가서
	Torah	신명기(Deut) 26:1-29:9 / ▶26:1 /26:1~29:8 תנ"ך ①26:1~11,②~26:15,③~26:19,④~27:10,⑤~28:6,⑥~28:68,⑦~29:8
	Haftarah	이사야 60:1~22
	Brit Chadashah	에베소서 1:3~6, 요한계시록 21:10~27
51	Parashat	נִצָּבִים 니짜빔 You are standing 서 있는 것은
	Torah	신명기(Deut) 29:10-30:20 / ▶29:10 ①29:9~11,②~29:14,③~29:28,④~30:6,⑤~30:10,⑥~30:14,⑦~30:20
	Haftarah	이사야 61:10~63:9
	Brit Chadashah	로마서 10:1~12
52	Parashat	וַיֵּלֶךְ 바엘렉 And he went 가서
	Torah	신명기(Deut) 31:1-30 / ▶31:1 ①31:1~3,②~31:6,③~31:9,④~31:13,⑤~31:19,⑥~31:24,⑦~31:30
	Haftarah	호세아 14:2~10, 요엘 2:11~27
	Brit Chadashah	로마서 10:14~18
53	Parashat	הַאֲזִינוּ 하아지누 Give ear 귀 기울이라
	Torah	신명기(Deut) 32:1-52 / ▶32:1 ①32:1~6,②~32:12,③~32:18,④~32:28,⑤~32:39,⑥~32:43,⑦~32:52
	Haftarah	호세아 14:2~10, 요엘 2:11~27 or 사무엘하 22:1~51 　　　　　　Before Yom Kippur　　　　　　After Yom Kippur
	Brit Chadashah	로마서 10:14~11:12
54	Parashat	וְזֹאת הַבְּרָכָה 붸조트 하브라카 And this is the blessing 이것이 축복이다.
	Torah	신명기(Deut) 33:1-34:12 / ▶33:1 ①33:1~7,②~33:12,③~33:17,④~33:21,⑤~33:26,⑥~33:29,⑦~34:12
	Haftarah	여호수아 1:1~18
	Brit Chadashah	요한계시록 22:1~5